现代知识产权法体系化判解研究丛书

Series of Systematical Case Law Research on Modern Intellectual Property Law

总主编 齐爱民

副总编 谭筱清 陈宗波 董炳和 朱谢群

著作权法体系化判解研究

齐爱民 周伟萌 等 著

WUHAN UNIVERSITY PRESS
武汉大学出版社

图书在版编目(CIP)数据

著作权法体系化判解研究/齐爱民,周伟萌等著.—武汉:武汉大学出版社,2008.4

现代知识产权法体系化判解研究丛书/齐爱民总主编

ISBN 978-7-307-06190-3

Ⅰ.著… Ⅱ.①齐… ②周…[等] Ⅲ.著作权法—判例—研究—中国 Ⅳ.D923.415

中国版本图书馆 CIP 数据核字(2008)第 033292 号

责任编辑:张　琼　　　责任校对:程小宜　　　版式设计:詹锦玲

出版发行:**武汉大学出版社**　(430072　武昌　珞珈山)

(电子邮件:wdp4@whu.edu.cn　网址:www.wdp.com.cn)

印刷:武汉中科兴业印务有限公司

开本:720×1000　1/16　印张:19.5　字数:281 千字　插页:1

版次:2008 年 4 月第 1 版　　2008 年 4 月第 1 次印刷

ISBN 978-7-307-06190-3/D·803　　定价:28.00 元

总　序

大陆法系多以演绎法构建法系学科体系，知识产权法学也不例外。我国现有的知识产权法著述往往从概念阐释与特征分析入手，继而剖析问题的法理，最后指导实践——指明现行法之不足并提出改进建议，其运用的是从一般的理论到一般的立法实践的演绎式推理方法。此种方法是大陆法系的法学思维和大陆法系国家的传统法学教育的主导方法，长久以来被无数国家和学校所承继发展。然而，其弊端也日渐显露，比如说不适应知识产权法学这样的抽象性和应用性都很强的法学学科的研究和教育。于是人们开始研究英美法的案例教学和诊所教育。本丛书就是在此契机下，将英美法系的案例教学的可取之处，融入我国知识产权法学的教育和研究之中，直接目的是使抽象的知识产权法理论清晰化、感性化，使读者学以致用，而并不在于教育模式等抽象问题的改变。

大陆法系从解释抽象的概念与原理出发构建学科体系，这有利于保持知识产权法的理论体系的完整性并充分体现该法的基本价值，高屋建瓴地指导知识产权法的实施；英美法系长于通过分析具体案例来阐释法的原理，这种利用归纳方法得出的结论因具有个性和时新性显得更具有灵活性，从法学教育角度看，此种方法给读者提供了一个更加直观的学习机会，便于研习。我国有关知识产权法判例的著述不可谓不丰，但大多是就一个案例的所有方面进行全面分析，再将经过这样分析的诸多案例罗列在一起，一来这样事无巨细的分析难免产生很多雷同的方面，二来无法兼顾学科体系的严密性，这是一种由案例到寻找解决途径的有关法律适用的再现和模拟过程，而不是由案例到探究法理的过程，不是利用案例对知识产权法的核心问题按照学科体系的编排进行解释的穷理过程。

大陆法系和英美法系知识产权法学研究方法，犹如十八般兵器用于搏击各有所长，就像在兵器领域最终出现了戟这种凝结多种武器特点的工具一样，兼采两大法系固有研究分析方法优势的新方法也必将形成和得到应用。在借鉴知识产权法学界前辈和同仁研究成果的基础上，我们撰写了这一套《知识产权法体系化判解研究丛书》，在写作当中贯彻了判解研究法，即按照大陆法系的演绎方法构架学科体系，然后利用英美法系的案例分析法对典型案例进行剥茧抽丝，诠释对应理论问题，并以此为依托阐发对相关法学理论的新认识。在大陆法系的思维模式下，凝结了利用案例解释法理的英美方法，既注意到知识产权法的理论性和抽象性，又注意到它的技术性和应用性，使得理论阐释深入浅出、清晰明了，制度剖析可感可知。这样，能更好地使知识产权法走入社会，方能使大陆法系的知识产权法教育培养出既深谙知识产权法理论，又长于实际操作与知识创新的高素质的专业人才。

我们希冀通过以上努力达到以下效果：第一，在作为一个有机整体的知识产权法学理论体系背景下，通过对案情的具体分析发现蕴含于其中的法学价值、原则以及理论，并将处理案件中的实践经验融合于学说当中，使知识产权法学理论研究与教育透明化、感性化。第二，在阐释理论的同时，兼顾司法与执法中的具体操作，从而搭建知识产权法教育与统一司法考试、律师从业以及相关司法实践活动之间的沟通桥梁。第三，在法理的分析方面，以我国现行法的解释与评论为起点和重点，结合与案例相关问题的国外先进立法例以及新时代的发展趋势，指出现行法的发展动向以及需进一步完善的地方，为读者提供一个思考的窗口，为我国未来知识产权立法提供建设性参考意见。

谨以此丛书求教于学界前辈与同仁，恳请赐教，批评指正。

齐爱民

2007年3月14日

于重庆沙坪坝

目　录

第一章　著作权的主体

第一节　著作权主体的概念和分类

本节要点

1. 自然人作者。自然人作者即直接创作作品并对其作品享有著作权的人。

2. 法人作者。由法人或者其他组织主持，代表法人或者其他组织意志创作，并由法人或者其他组织承担责任的作品，法人或者其他组织视为作者。

网络作者主体的认定

【案例1】王强诉江苏电信侵犯著作权纠纷案

（一）案情简介

1999年，原告王强将其创作的《戏为咏古四大美眉绝句之（貂蝉）》在清韵书院网站以“白衣卿相”的网名发表，诗的内容为：“董卓霸业君侯礼，吕布雄姿天下夺。都道死生为汉室，后人怜我在《三国》?”2000年11月，被告江苏电信公司拟发行一套古代“四大美人”电话卡，委托其下属单位的电话公司具体经办。深圳泽为公司为获得该业务，遂委托“点线公司”进行卡面设计。“点线公司”从中国唐诗集中选取相应的唐诗作为“杨贵妃”、“王昭君”、“西施”和“貂蝉”的电话卡面文字。深圳泽为公司将上述四张卡面设计稿交电话公司审核，电话公司对“貂蝉”电话卡面所配文字不满意，将其变更为原告王强创作的古体诗词《戏为咏古四大美眉绝句之（貂蝉）》，但省略了标点符号和第四句“三国”的书名号。此后，电话公司与深圳泽为公司签订了《电话卡制作合同》，约定由电话公司委托深圳泽为公司设计制作“四大美人”201超值电话卡图案一套四张，每张5万枚，共20万枚，单价0.80元，合计金额16万元。2000年12月，被告江苏电信公司在全省范围内公开发行“四大美人”201超值电话卡一套4张，共20万枚，其中涉及“貂蝉”卡5万枚，每枚面值50元。该电话卡未标注诗词作者。2003年，原告王强以江苏电信公司和深圳泽为公司为被告提起侵权诉讼，要求两公司停止侵权，赔礼道歉，赔偿损失150万元。[1]

（二）本案所涉及的知识点

1. 网络作品及其著作权保护。

2. 网络作品的作者认定。

（三）我国现行法中的相关规定

1.《著作权法》第11条：著作权属于作者，本法另有规定的除外。

创作作品的公民是作者……如无相反证明，在作品上署名的公民、法人或者其他组织为作者。

2.《最高人民法院关于审理涉及计算机网络著作权纠纷案件适用法律若干问题的解释》第2条：受著作权保护的作品，包括著作权法第3条规定的各类作品的数字化形式。在网络环境下无法归于著作权法第3条列举的作品范围，但在文学、艺术和科学领域内具有独创性并能以某种有形形式复制的其他智力创作成果，人民法院应当予以保护。

（四）双方意见以及法院判决结果

原告认为，其对在清韵书院网站以“白衣卿相”网名发表的《戏为咏古四大美眉绝句之（貂蝉）》的作品享有著作权。被告未经

---

〔1〕 案例来源：谭筱清．数字时代知识产权保护的理论与判解研究[M]．苏州：苏州人民出版社，2005：224.

原告同意擅自将该作品用于电话卡的设计，并且未标注作者姓名和支付报酬，被告的行为侵犯了原告的著作权。

被告江苏电信公司申请将电话磁卡的制作方——深圳泽为公司追加为第二被告，并称“该电话卡使用的图案设计及文字均由泽为公司提供”。

被告深圳泽为公司辩称，其设计稿并没有采用原告的诗词，是被告江苏电信公司自行将其改为原告的诗词。而且，泽为公司曾提醒江苏电信公司注意“是否侵权”的问题，但对方依然我行我素。

法院经审理判决如下：(1) 被告江苏电信公司立即停止侵害原告著作权的行为；(2) 被告江苏电信公司刊登声明向原告道歉；(3) 被告江苏电信公司赔偿原告经济损失 2 万元；(4) 被告深圳泽为公司不承担侵权责任；(5) 驳回原告其他诉讼请求。

（五）对本案的法理分析

1. 网络作品及其著作权保护

所谓网络作品是指出现在互联网上的作品，包括已有作品的数字化形式和直接以数字化形式创作的作品。

网络作品和传统作品一样受到著作权法的保护。我国《最高人民法院关于审理涉及计算机网络著作权纠纷案件适用法律若干问题的解释》第 2 条规定：“受著作权保护的作品，包括著作权法第 3 条规定的各类作品的数字化形式。”其所称的“各类作品的数字化形式”即网络作品。这一规定表明我国已经将网络作品纳入著作权法的保护范围。[1]

网络技术的普及，一方面使得作品的发表及其数字化过程变得相对简单、高速和便捷，网络作品得以源源不断地涌现，用户能够在全球范围内迅速复制和下载网络作品。而另一方面，在网络环境下，作品已经逐渐脱离了权利人的控制，其相对而言更容易受到侵害。因此，对于网络作品著作权的保护尤为重要。根据网络作品的类别，其

〔1〕 谭筱清．数字时代知识产权保护的理论与判解研究 [M]．苏州：苏州人民出版社，2005：226.

著作权保护的模式也不尽相同：对于传统作品的数字化形式的使用，作品的使用者应该事先获得传统作品的著作权人的许可，并向其支付相应的报酬。传统作品一般都已在传统媒介上发表，作品的数字化过程不过是著作权人对信息网络传播权的行使。进一步说，对传统作品数字化形式的保护事实上不过是著作权法对传统作品的保护在网络媒介上的延伸，其保护模式是建立在传统作品著作权保护的基础上的。并且，传统作品的数字化形式的著作权归属基本明确，在遭受侵害的时候权利人的救济及其举证也较为简单。对于网络原创作品而言，由于网络空间的虚拟性，网络主体的不确定性等众多因素的存在，就网络传播而言，如果网站转载和摘编网络原创作品时要事先获得著作权人的许可在实践中存在较大的难度，倘若要求其适用传统作品的保护标准则会严重阻碍网络文化的发展。我国《最高人民法院关于审理涉及计算机网络著作权纠纷案件适用法律若干问题的解释》第3条规定："已在报刊上刊登或者网络上传播的作品，除著作权人声明或者上载该作品的网络服务提供者受著作权人的委托声明不得转载、摘编的以外，网站予以转载、摘编并按有关规定支付报酬注明出处的，不构成侵权。但网络转载、摘编作品超过有关报刊转载作品范围的，应当认定为侵权。"其规定事实上已经把网站转载、摘编网络原创作品归入到法定许可的范畴。即只要著作权人没有特别声明的，网站对网络原创作品的转载、摘编事先可以不必获得著作权人的许可，但必须按照有关规定支付报酬并注明出处。但是，网络原创作品的法定许可只限于网站对其的转载和摘编，如果使用超出转载和摘编的范围，使用人仍然必须事先征得权利人的许可。

本案中，原告的作品即属于网络原创作品。原告王强对其在清韵书院网站以"白衣卿相"网名发表的诗词《戏为咏古四大美眉绝句之（貂蝉）》享有著作权。由于著作权产生于作品完成之时，因此无论原告是将其发表在传统媒介上还是网络上，只要其发表的诗词具有独创性而构成作品，原告就对其享有著作权。本案被告江苏电信公司及其下属单位在其发行的电话卡上使用原告的作品，不属于《最高人民法院关于审理涉及计算机网络著作权纠纷案件适用法律若干问题的解释》第3条规定可以事先不必经著作权人许可的条件。因此，被告必须事先征得原告的许可并且按照规定向原告支付相应的报酬并注明出处。但被告并没有履行上述义务，因而其行为侵犯了原告对涉案网络作品享有的著作权。

2. 网络作品的作者认定

网络作者是网络作品的创作主体，和传统作品的作者一样，网络作者对其发表的网络作品依法享有著作权。在两类网络作品中，被数字化的传统作品其权利的主体较为明确，因此在司法实践中一般很少发生争议。但是对于网络原创作品而言，如何认定网络作者的身份成为侵权诉讼过程中的难题，主要有以下几个方面的原因：第一，身份的虚拟性。网络作者一般很少使用真实姓名，往往使用注册的"网名"来发表作品。本案原告即以"白衣卿相"的网名发表诗词。这就使得网络作者在举证时需要证明本人与"网名"之间现实和虚拟的对应关系。第二，网络的开放性。互联网是一个开放的空间，网上信息的更改相对容易完成。在此情形下，具备一定网络技术的人员可以利用技术手段更改和删除相应的电子权属信息，因此有关网络作者身份的权属信息（如注册网名的信息等）往往被法院认为欠缺证明力而不被接受。由此可见，网络作者主体身份的证明较为复杂，整个过程在实践中操作起来也较为困难。本案作为国内司法界对于网络原创作品保护的尝试，其为网络作者在主体身份认证方面提供了相应的实践经验。本案中针对网络身份认定的难点，原告通过以下几个方面实现了自己的身份认定：

首先，原告复制了其发表涉案网络作品的最初网页，同时向法庭提交了涉案网络作品的创作底稿。

其次，为了证明原告的现实身份与其发表网络作品的虚拟身份之间的对应关系，原告出具了清韵书院网站负责人书面证明：（1）涉案作品为"白衣卿相"这个ID在1999年11月12日所著，发表在清韵的诗韵雅聚论坛上；（2）原告以真实姓名和电子邮箱注册的ID——"白衣卿相"相对应的密码是认定此部分主张真实性的关键。

再次，针对于网络的开放性，为了进一步确定原告提交的电子资料的证明力，原告对取证内容及其过程进行了公证，并形成了一份客观完整的公证书。公证的内容包括原告在清韵书院网站的登陆及其注册资料以及原告在电子邮箱的注册资料。〔1〕根据以上的举证，法院在庭审中通过一一核对原告注册资料上的真实姓名、身份证号码、生日、住址等内容，最终认定原告是涉案网络作品的作者。

（六）本案启示

随着网络技术以及个人电脑的普及，每个人都可以在网络这个平台上畅所欲言，发表作品。网络原创作品已经成为作品的重要组成部分。但是由于其涉及作者身份的认定，如何让法庭采信能够证明作者身份的电子资料成为侵权诉讼过程中的难题。电子资料不同于使用电子签名的电子证据，其不具有法定的证明效力；同时因为网络的虚拟性和开放性，电子资料能够被当事人轻易改动，因此其可信度较低。所以，当事人在侵权诉讼中对电子资料进行有效的证据保全时应当注意：第一，由于当事人自行出具的电子资料可信度低，因此对电子资料的取证应当直接向网站服务商进行。本案原告出具的网站服务商提供的注册资料及其书面证明对此案的帮助较大。第二，经过公证证明的书证具有较强的证明力，因此当事人在取证的过程中应当申请中立的公证机关对涉案的电子资料进行公证，公证的内容包括电子资料的完整页面以及电子资料的获取方式和获取过程。本案中，原告对电子资料的内容及其相关的取证过程进行了公证，并形成了一份客观完整的公证书。这使得法庭采信了原告提供的电子资料，最终认定原告是涉案网络作品的作者。

（七）思考题

甲为一网络写手，在乙网站发表原创作品数篇，如果丙网站未经甲允许，转载甲的作品，但是却按照所谓的“网络规则”注明了网

---

〔1〕 白衣卿相．邂逅古人或江苏电信——兼看网络写手著作权的确认和保护[EB/OL].[2007-03-30]. http://www.law.cn/bbs/archiver/tid1875.html.

络作品的出处及甲的网名，请问丙网站的行为是否构成侵权？

第二节　特殊作品著作权的归属

本节要点

1. 合作作品。合作作品是指两人以上合作创作的作品，著作权应由合作作者共同享有。合作作品可以分割使用的，作者对各自创作的部分可以单独享有著作权，但行使著作权时不得侵犯合作作品整体的著作权；合作作品不可以分割使用的，其著作权由各合作作者共同享有，通过协商一致行使；不能协商一致，又无正当理由的，任何一方不得阻止他方行使除转让以外的其他权利，但是所得收益应当合理分配给所有合作作者。

2. 委托作品。委托作品是指一方接受他人的委托，根据委托人的要求或者委托合同的约定进行创作而产生的作品。著作权由双方通过委托合同约定，合同未作明确约定或者没有订立合同的，著作权属于受托人。

3. 职务作品。职务作品是指公民为完成法人或者其他组织工作任务所创作的作品。著作权归作者享有。但是有下列情形之一的职务作品，作者享有署名权，著作权的其他权利归法人或者其他组织享有：（1）主要是利用法人或者其他组织的物质技术条件创作并由法人或者其他组织承担责任的工程设计图、产品设计图、地图、计算机软件等职务作品；（2）法律、行政法规规定或者合同约定著作权由法人或者其他组织享有的职务作品。

4. 汇编作品。汇编作品是指汇编若干作品、作品的片段或者不构成作品的数据或者其他材料，对其内容的选择或者编排体现独创性的作品。著作权由汇编人享有，但是行使著作权时不得侵犯原作品的著作权。

5. 演绎作品。演绎作品是指对已有作品进行改编、翻译、注释、整理等行为而产生的作品。著作权由演绎人享有，但是行使著作权时不得侵犯原作品的著作权。

一、合作作品著作权的归属

【案例2】张淳诉中国戏剧协会等侵犯著作权纠纷案

（一）案情简介

原告张淳与被告宋安群、谢国权于1988年共同创作完成了大型历史壮剧《瓦氏夫人》（以下简称《瓦》剧），并首次发表在1988年11月1日出版的《影剧艺术》杂志第6期上。同年，广西壮剧团联合南宁供电局文艺演出队按照该剧本演排并在1988年“庆祝广西壮族自治区成立三十周年文艺晚会”上进行了首演。2001年，宋安群、谢国权、常剑钧事先未与张淳协商，对1988年张淳、宋安群、谢国权合著《瓦》剧的剧本进行了改编。2001年11月，广西壮剧团根据改编后的剧本排演的《瓦》剧在南宁“第七届中国戏剧节”上展演，演出节目单上署名编剧宋安群、谢国权、常剑钧（根据1988年演出本改编），该剧目获得第七届中国戏剧节“中国曹禺戏剧奖、优秀剧目奖”。2002年9月，广西壮剧团又在柳州举办的广西戏剧优秀剧目展演上演出该剧，演出节目单上署名编剧宋安群、谢国权、常剑钧（根据1988年演出本改编）。2002年8月，戏剧家协会《剧本》杂志社出版发行的2002年第8期（总第447期）《剧本》杂志上刊登了《瓦》剧剧本，作者署名为宋安群、谢国权、常剑钧，2002年第10期（总第449期）《剧本》杂志上又刊登“广西戏剧优秀剧目展演举行”的信息报道，该报道在介绍参加展演的剧目时，写明“壮剧《瓦氏夫人》（编剧宋安群、谢国权、常剑钧）”。原告认为上述被告的行为侵犯了自己的著作权，遂于2002年向法院起诉。

（二）本案所涉及的知识点

1. 合作作品著作权的归属。

2. 合作作品著作权的利用。

（三）我国现行法中的相关规定

1.《著作权法》第13条：两人以上合作创作的作品，著作权由合作作者共同享有。没有参加创作的人，不能成为合作作者。

合作作品可以分割使用的，作者对各自创作的部分可以单独享有著作权，但行使著作权时不得侵犯合作作品整体的著作权。

2.《著作权法实施条例》第9条：合作作品不可以分割使用的，其著作权由各合作作者共同享有，通过协商一致行使；不能协商一致，又无正当理由的，任何一方不得阻止他方行使除转让以外的其他权利，但是所得收益应当合理分配给所有合作作者。

3.《著作权法》第46条第（2）项关于侵犯合作作品著作权的规定。

（四）双方意见以及法院判决结果

原告认为，原告与被告宋安群、谢国权共同创作完成了大型历史壮剧《瓦》剧，其著作权应该由原告和被告宋安群、谢国权共同享有。但是，从2001年开始，被告广西壮剧团、宋安群、谢国权和常剑钧以“修改”、“新编”为名，未与原告协商，对《瓦》剧进行了歪曲篡改，并将修改后的剧本进行编排公演，同时交由被告戏剧家协会发表在其出版发行的《剧本》杂志2002年第8期上；同时，在发表的剧本上、该剧的演出宣传中及对外演出节目单上均称《瓦》剧的编剧为宋安群、谢国权、常剑钧，而没有原告的署名。上述五被告的行为侵犯了原告的署名权、修改权、保护作品完整权和获得报酬权，并给原告带来精神创伤。遂诉至法院，要求判令五被告立即停止侵权；在《剧本》杂志、一家全国性综合报纸和一家广西主要报纸上向原告公开赔礼道歉，消除影响，恢复名誉；赔偿原告经济损失、精神损失5万元；承担本案的受理费。

被告剧作家协会辩称：我们刊登《瓦》剧是按照广西壮剧团交付的剧本署名的，并按规定支付了稿酬，后又按照广西壮剧团的来函刊登了更正启事。我们遵循了正常的组织和工作程序，编辑部没有界定作品权利归属的义务，因此，我们的行为不构成侵权，也不应承担赔偿责任。

被告广西壮剧团、宋安群、谢国权和常剑钧共同辩称：张淳、宋安群与谢国权于1988年创作完成的《瓦》剧为职务作品，广西壮剧团有权进行改编重拍。2001年，广西壮剧团决定改编此剧，考虑到原告张淳身在北京，遂由宋安群、谢国权外邀常剑钧先进行改编，并于2001年10月赴京征求张淳对改编初稿的意见，张淳表示不参加改编，亦不署名，但未表示不同意二合作作者改编。被告广西壮剧团后根据原告张淳的意见，在排演剧本和演出宣传品上标注了“根据《瓦氏夫人》1988年创作演出本改编”及“根据《瓦氏夫人》1988年张淳、宋安群、谢国权创作演出本改编”字样。被告宋安群、谢国权和常剑钧在《剧本》月刊上刊出该剧剧本，由于疏漏，忽略了标明《瓦》剧改编本的出处，后及时进行了更正。《瓦》剧改编本的演出仅三场，均为公益性演出，没有营业性收入。被告宋安群、谢国权和常剑钧曾派人赴京将剧本的奖金2 000元交付原告，但原告拒收。综上，四被告并未侵犯原告的著作权。

法院认为，宋安群、谢国权、常剑钧、广西壮剧团、戏剧家协会的行为构成了对张淳著作权的侵犯，应承担停止侵权、赔礼道歉、赔偿经济损失的法律责任。张淳请求5万元的赔偿数额，缺乏合理的依据，本院不予全额支持，本院将根据本案侵权行为的方式、性质、后果及原告为诉讼支出费用的合理性等因素，酌情判定本案的赔偿数额。鉴于责令五被告承担公开赔礼道歉的法律责任足以消除被告侵权行为对张淳所造成的影响，可弥补张淳因此受到的精神损害，故张淳要求五被告赔偿其精神损失的诉讼请求，本院不予支持。鉴于涉案《瓦》剧剧本为不可分割的合作作品，本院将结合本案的具体实际情况确定被告承担停止侵权、赔礼道歉法律责任的具体方式。

（五）对本案的法理分析

本案案情较为简单，主要涉及合作作品著作权的归属以及著作权的使用。

1. 合作作品的定义

合作作品是指两人以上基于合意而共同创作的作品。关于合作作品，理论上有两种定义：一种是狭义定义，仅指不可分割使用的作品；另一种是广义定义，认为除了不可分割使用的作品，合作作品还包括可以分割使用的作品。我国著作权法所持合作作品定义即是广义的。通常确认合作作品应当具备如下条件：（1）合作作者之间应有共同创作某一作品的意思表示；（2）在创作过程中合作作者之间始终贯彻合作创作的意图，有意识地调整各自的创作风格和习惯，以便使他们的创作成果相互照应、衔接、协调和统一，达到整体的和谐；（3）每个合作作品所完成的文学艺术形式，应当达到著作权法所要求的作品的标准。这三个条件互为补充，缺一不可。

2. 合作作品著作权的归属

合作作品的著作权由合作作者共同享有。《著作权法》第13条明确规定："两人以上合作创作的作品，著作权由合作作者共同享有。没有参加创作的人，不能成为合作作者。"因此，自己未实际创作，却以合作作者的身份在他人创作的作品上署名的行为，或作者在自己作品上署以未参加创作者姓名的行为，是无效民事行为，其中前者根据《著作权法》第46条构成侵权。所以在本案中，对1988年《瓦》剧剧本而言，它是由原告张淳和被告宋安群、谢国权共同创作的，它的著作权应该由张淳和宋安群、谢国权共同享有。张淳作为合作作者之一，其对该剧本所享有的著作权应受法律保护。

3. 合作作品著作权的行使

一般而言，对于合作作品著作权的行使，有规定的按规定，有约定的从约定。约定不得违反著作权法，既无规定又无约定的，按财产共有原则处理。根据《中华人民共和国著作权法实施条例》第9条规定："合作作品不可以分割使用的，其著作权由各合作作者共同享有，通过协商一致行使；不能协商一致，又无正当理由的，任何一方不得阻止他方行使除转让以外的其他权利，但是所得收益应当合理分配给所有合作作者。"本案《瓦》剧剧本作为合作作品是不可以分割使用的，张淳、宋安群、谢国权作为1988年《瓦》剧剧本的合作作者，行使该剧的著作权应共同进行协商。宋安群、谢国权与常剑钧共同对该剧本进行再度创作，在原剧本的基础上，部分人物、故事情节等均发生了较大的变化，形成了在1988年《瓦》剧剧本基础上的改编剧本，但宋安群、谢国权在改编前并未就改编原剧本一事与张淳协商，且在《剧本》杂志上以宋安群、谢国权、常剑钧的名义发表三人改编后的《瓦》剧剧本，并未为原剧本作者署名，由此，宋安群、谢国权、常剑钧共同侵害了张淳对1988年《瓦》剧剧本所享有的改编权以及署名权。

（六）本案启示

合作作品中各合作作者对著作权的共同享有，从本质上来看，其属于民法上的“准共有”。准共有是指两个或两个以上的权利人共同享有所有权以外的财产权的情形，即按份共有或共同共有所有权以外的财产权共有。[1] 因此，关于合作作品著作权的行使，一般而言，有规定的按规定，有约定的从约定。约定不得违反著作权法，既无规定又无约定的，按财产共有原则处理。合作作品可以分为可分割的合作作品和不可分割的合作作品。关于可分割的合作作品，其著作权的行使相当于按份共有。按份共有中，共有人对整个共有物的处分，须取决于全体共有人的意志，但是可以就其应有的财产份额享有权利。因此，可分割的合作作品中，作者对各自创作的部分可以享有著作权，但行使著作权时不得侵犯合作作品整体的著作权；关于不可分割的合作作品，其著作权的行使相当于共同共有。共同共有中，对共有物的处分行为，只有在全体共有人协商一致的情况下，才对外发生效力。因此对于不可分割的合作作品，其著作权由各合作作者共同享有，通过协商一致行使；不能协商一致，又无正当理由的，任何一方不得阻止他方行使除转让以外的其他权利，但是所得收益应当合理分配给所有合作作者。

（七）思考题

甲为一个技术工人，乙为甲徒弟，乙在工作之余将甲言传身教的技术方法通过自己的整理撰写成一本手册。手册的作者署名为乙，甲认为乙是将自己的技术方法加以总结，自己理应是合作作者。请问甲的观点是否正确？

---

〔1〕 江平．民法学［M］．北京：中国政法大学出版社，2000：393.

二、委托作品的著作权归属

【案例3】韩建华与上海生物科技有限公司著作权纠纷案

（一）案情简介

2000年4月18日，韩建华应北京中视台艺术广告中心（简称北京广告中心）负责上海健特生物科技有限公司（简称上海健特公司）“脑白金”产品平面广告的拍摄人员郭燕琪的要求，以姜昆、“大山”为拍照对象，拍摄了规格为120型的反转片60张。其中有些照片突出表现姜昆、“大山”相互争抢“脑白金”产品十分喜悦的中心内容。在照片中，“脑白金”产品处于明显的位置，“脑白金”产品的外包装及“脑白金”文字清晰可见。邀请姜昆、“大山”及广告设计的其他事宜均由上海健特公司及北京中视台艺术广告中心负责，韩建华只负责拍摄120型反转片。韩建华拍摄后，除自己存留5张外，将其余的反转片均交给了郭燕琪，并从郭燕琪处领取了酬金1000元人民币。2001年12月5日至2002年2月8日，《北京晚报》刊登“送礼当然还送脑白金”照片和文字广告，所使用的照片为韩建华所拍摄系列照片中的一张，该照片为姜昆、“大山”相互争抢“脑白金”产品。照片中“脑白金”产品和“脑白金”文字明显、清晰。《北京晚报》刊登韩建华所拍摄照片共计12次。

（二）本案所涉及的知识点

1. 委托作品及其著作权归属。

2. 委托人对委托作品的使用。

（三）我国现行法中的相关规定

《著作权法》第17条：受委托创作的作品，著作权的归属由委托人和受托人通过合同约定。合同未作明确约定或者没有订立合同的，著作权属于受托人。

《最高人民法院关于审理著作权民事纠纷案件适用法律若干问题的解释》第12条：按照著作权法第17条规定委托作品著作权属于受托人的情形，委托人在约定的使用范围内享有使用作品的权利；双方没有约定使用作品范围的，委托人可以在委托创作的特定目的范围内免费使用该作品。

（四）双方意见以及法院判决结果

原告韩建华认为，原告对所拍摄的照片依法享有著作权，其向郭燕琪处领取1000元酬金只是拍摄照片的劳务费，拍摄的照片也只是作为资料使用，而不是被告上海健特生物科技有限公司所称的委托拍摄平面广告。被告上海健特生物科技有限公司和北京日报报业集团未征得自己的允许擅自使用以及刊登原告拍摄的照片，侵犯了原告对该照片享有的著作权。

被告上海健特生物科技有限公司辩称，韩建华是受其委托为“脑白金”产品拍摄广告照片，并且被告也已经向原告支付了委托创作费用。被告使用涉案照片属在委托创作的特定目的范围内使用，该使用行为不构成对原告著作权的侵害。请求法院依法驳回原告的诉讼请求。

一审法院认为，本案韩建华系接受上海健特公司的委托为“脑白金”产品拍摄广告照片。韩建华享有接受委托拍摄的涉案照片的著作权，但上海健特公司在涉案广告中使用涉案照片属在委托创作的特定目的范围内使用，该使用行为不构成对韩建华著作权的侵害。北京日报报业集团发布涉案广告的行为，亦不构成对韩建华著作权的侵害。依据《中华人民共和国著作权法》第17条的规定，判决驳回韩建华的诉讼请求。

二审法院认为，第一，涉案广告照片属于委托作品，由于双方未约定著作权的归属，其著作权依法属于受托人韩建华。第二，上海健特公司以广告形式使用涉案照片属于在委托创作涉案照片的特定目的范围之内使用作品，该使用行为不构成对韩建华著作权的侵害。综上所述，韩建华所提上诉理由不能成立，驳回上诉，维持原判。

（五）对本案的法理分析

本案涉及的著作权理论主要表现在两个方面：一是委托作品及其著作权的归属；二是委托人使用委托作品的特定范围。

1. 委托作品及其著作权的归属

委托作品是指一方接受他人的委托，根据委托人的要求或者委托合同的约定进行创作而产生的作品。在委托作品中，受托人和委托人之间的权利由双方通过委托合同约定，这一方面包括委托合同中双方本身的权利和义务，另一方面也包括根据委托合同创作的作品的著作权归属。需要注意的是，委托方和受托方对于著作权归属的约定只限于财产权利，精神权利在我国是不能约定和转让的。如果双方对著作权的归属未约定或者约定不明确，根据法律的规定著作权属于受托人。在这一点上美国版权法与大陆法系国家著作权的立法原则刚好相反。美国版权法将委托作品作为雇佣作品的一个特殊类型，而雇佣作品的雇主在美国版权法上被视为作者并享有版权。因此，美国版权法中的委托作品的版权归属于委托人而不是受托人，除非双方事先约定版权归属于受托人。〔1〕大陆法系国家一般将著作权看作是作者的“天赋人权”，一般较为重视作者的权利，因此其从自然人创作作品并享有著作权的理论基点出发，认为委托作品的著作权在没有约定的情形下归属于受托人。我国《著作权法》第17条规定：“受委托创作的作品，著作权的归属由委托人和受托人通过合同约定。合同未作明确约定或者没有订立合同的，著作权属于受托人。”因此在本案中，原告韩建华接受被告的委托拍摄“脑白金”产品的平面广告照片，双方对涉案照片的著作权归属并没有进行约定，根据《著作权法》第17条的规定，原告韩建华享有涉案照片的著作权。

2. 委托人对委托作品的使用

对于原告韩建华享有著作权的照片，被告上海健特公司作为委托人，可以根据双方的委托合同在约定的范围内使用。在本案中，原告韩建华只是应郭燕琪的要求拍摄“脑白金”产品平面广告，其与被告上海健特公司并没有签订书面的委托合同，因此对于涉案照片的使用也没有具体的约定。我国《最高人民法院关于审理著作权民事纠纷案件适用法律若干问题的解释》第12条规定：“按照著作权法第

〔1〕 郑成思．版权法［M］．北京：中国人民大学出版社，1997：290.

17 条规定委托作品著作权属于受托人的情形，委托人在约定的使用范围内享有使用作品的权利；双方没有约定使用作品范围的，委托人可以在委托创作的特定目的范围内免费使用该作品。”因此，在委托方和受托方没有约定作品使用范围的情形下，委托方可以在委托作品创作的特定目的范围之内使用该作品。本案中，涉案照片的拍摄对象是姜昆、“大山”及“脑白金”产品，内容为姜昆、“大山”正在争抢“脑白金”产品，因此所拍摄的照片旨在宣传“脑白金”产品的目的是明确、特定的，照片的拍摄者应能认识到照片欲作为广告使用的意图。综上所述，被告上海健特公司以广告形式使用涉案照片属于在委托创作涉案照片的特定目的范围之内使用作品，其并没有侵犯原告韩建华的著作权。

（六）本案启示

在本案中，原告韩建华其实是应北京广告中心负责上海健特公司“脑白金”产品平面广告的拍摄人员郭燕琪的要求拍摄照片，其与被告上海健特公司并没有签订书面的委托合同。所以，郭燕琪委托原告韩建华拍摄照片的行为事实上构成了民法意义上的转委托。转委托，又称复委托，是指受托人经委托人同意，将委托人委托的部分或者全部事务转由第三人处理，在委托人与第三人之间直接发生委托合同关系的行为。〔1〕著作权领域的委托创作是一种特殊的委托，委托作品的转委托由于存在双重委托关系因而增加了著作权归属以及使用的复杂性。我国著作权法对此没有明确的规定，笔者认为由于转委托作品在实践中容易引起纠纷，因此需要在理论上进行阐释。在委托作品的转委托中，一般存在两个委托合同，也就有可能对著作权的归属甚至适用范围进行两次约定。当委托人与受托人的约定和受托人与次受托人的约定出现不一致的时候，委托人与次受托人就会在著作权的归属及其使用范围上发生纠纷。例如，委托人与受托人约定委托人享有著作权，而受托人在转委托后未与次受托人对著作权的归属进行约定致使著作权依法归属于次受托人，在这种情况下，委托作品的著作权究

〔1〕 崔建远．合同法［M］．北京：法律出版社，2000：502.

竟由谁享有？笔者认为，作者是作品的直接创造者，只有直接创作作品的作者才有和委托人分享著作权归属的权利。出于对作者创作行为的尊重，因此转委托作品应该以次委托的约定或者法定的著作权归属为准，这和大陆法系著作权法保护作者权利的精神也是一脉相承的。

（七）思考题

如果甲委托乙创作作品并约定著作权由甲享有，乙接受委托后又转委托丙进行创作，乙和丙约定作品的著作权由丙享有。请问甲、乙、丙三人中谁对转委托作品的著作权享有权利？

三、职务作品的著作权归属

【案例4】《洪湖水，浪打浪》著作权纠纷案〔1〕

（一）案情简介

著名歌剧《洪湖赤卫队》由音乐家张敬安和欧阳谦叔两人在1959年创作，其插曲《洪湖水，浪打浪》成为家喻户晓的音乐作品。自1998年开始，中国蓝田公司擅自使用《洪湖水，浪打浪》作商业广告，并在中央电视台和地方台大规模播出。1999年12月18日湖北省歌舞剧院（以下简称“省歌”）向武汉市中级人民法院提起诉讼，诉称蓝田公司未经其许可擅自使用其著作权作品歌剧《洪湖赤卫队》的插曲《洪湖水，浪打浪》的音乐进行产品广告，索赔人民币200万元。2000年4月《洪湖水，浪打浪》的词曲作者张敬安和欧阳谦叔以有独立请求权的第三人的身份提起参加之诉，请求蓝田公司赔偿人民币200万元，并驳回省歌的诉讼请求。2000年6月21日，湖北省天门县花鼓剧团离休老干部吴群要求参加诉讼，诉称蓝田在广告中使用的音乐是其于1950年创作的《襄河谣》，并要求赔偿损失人民币20万元。

---

〔1〕 本书作者齐爱民教授为本案著名音乐家张敬安和欧阳谦叔的诉讼代理人。

（二）本案所涉及的知识点

1. 音乐作品的著作权。

2. 职务作品的著作权归属。

3. 著作权的集体管理。

（三）我国现行法中的相关规定

《著作权法》第 8 条：著作权人和与著作权有关的权利人可以授权著作权集体管理组织行使著作权或者与著作权有关的权利。著作权集体管理组织被授权后，可以以自己的名义为著作权人和与著作权有关的权利人主张权利，并可以作为当事人进行涉及著作权或者与著作权有关的权利的诉讼、仲裁活动。

著作权集体管理组织是非营利性组织，其设立方式、权利义务、著作权许可使用费的收取和分配，以及对其监督和管理等由国务院另行规定。

《著作权法》第 16 条：公民为完成法人或者其他组织工作任务所创作的作品是职务作品，除本条第 2 款的规定以外，著作权由作者享有，但法人或者其他组织有权在其业务范围内优先使用。作品完成两年内，未经单位同意，作者不得许可第三人以与单位使用的相同方式使用该作品。

有下列情形之一的职务作品，作者享有署名权，著作权的其他权利由法人或者其他组织享有，法人或其他组织可以给予作者奖励：

（1）主要是利用法人或者其他组织的物质技术条件创作，并由法人或者其他组织承担责任的工程设计图、产品设计图、地图、计算机软件等职务作品；

（2）法律、行政法规规定或者合同约定著作权由法人或者其他组织享有的职务作品。

《著作权法》第 24 条第 1 款：使用他人作品应当同著作权人订立许可使用合同，本法规定可以不经许可的除外。

《民法通则》第 135 条："向人民法院请求保护民事权利的诉讼时效期间为二年，法律另有规定的除外。"

《最高人民法院关于贯彻执行〈民法通则〉若干问题的意见（试

行)》第165条：在民法通则实施前，权利人知道或者应当知道其民事权利被侵害，民法通则实施后，向人民法院请求保护的诉讼时效期间，应当适用民法通则第135条和第136条的规定，从1987年1月1日起算。

（四）双方意见以及法院判决结果

原告省歌认为其对歌剧《洪湖赤卫队》以及插曲《洪湖水，浪打浪》享有著作权，被告未经其同意擅自在商业广告中使用，侵犯了原告的著作权。

词曲作者张敬安和欧阳谦叔认为自己是《洪湖赤卫队》插曲《洪湖水，浪打浪》的词曲作者，因此对其享有著作权。作为具有独立请求权的第三人，两作者请求法院判令蓝田公司赔偿人民币200万元，并驳回省歌的诉讼请求。

第三人吴群认为蓝田在广告中使用的音乐是其于1950年创作的《襄河谣》，并要求赔偿损失人民币20万元。

被告蓝田公司认为，其使用涉案音乐作品的行为是经过中国音乐著作权协会授权的，并没有侵犯原告的著作权，并出示了中国音乐著作权协会出具的两份书证，其一为《音乐著作权使用费收费证明》，其二为《对1999年7月12日我会发出的关于〈洪湖水，浪打浪〉音乐著作权使用收费证明第四条第六条的补充说明》。

本案最终由当事人达成和解。

（五）对本案的法理分析

本案源于中央电视台《焦点访谈》栏目前（中央电视台黄金时段A特段）的一曲侵权广告而引起的著作权纷争，其使用了我国著名的现代歌剧《洪湖赤卫队》的插曲《洪湖水，浪打浪》，由于涉案音乐作品在我国具有其特殊的历史意义和广泛的社会影响力，因此整个案件的审理备受社会关注。本案的理论问题涉及职务作品和法人作品的区分、著作权侵权诉讼的时效、音乐作品的借鉴与抄袭、音乐作品的使用和保护以及著作权的集体管理等几个方面：

1. 涉案作品的著作权归属——法人作品还是职务作品

《著作权法》将作品分为法人作品、职务作品和个人作品。法人作品是指由法人或非法人单位主持，代表法人或非法人单位的意志并由法人或非法人单位承担责任的作品。其著作权依《著作权法》第11条第3款的规定归法人或非法人单位所有；职务作品是指公民为完成法人或者其他组织工作任务所创作的作品，其著作权除《著作权法》第16条第2款规定的特例外，依《著作权法》第16条第1款的规定，其著作权归作者享有；个人作品即个人自行创作的作品，其著作权依《著作权法》第11条的规定归作者享有。本案中，涉案作品《洪湖赤卫队》的插曲《洪湖水，浪打浪》是音乐家张敬安和欧阳谦叔共同创作的。结合当时的创作环境来看，第一，两作者当时虽然在原告单位工作，但是涉案作品并不是由原告单位直接主持并进行创作的法人作品，因此其著作权不属于原告省歌；第二，两作者创作的涉案作品虽然是职务作品，但是其并没有构成《著作权法》第16条第2款所称的“主要利用法人或者其他组织的物质技术条件创作并由法人或者其他组织承担责任”的情形。因此该作品为职务作品，著作权由两作者享有，原告省歌只是在业务范围内有优先使用的权利。

2. 第三人吴群的请求与诉讼时效

在本案的审理过程中，湖北省天门县花鼓剧团离休老干部吴群要求参加诉讼，称涉案作品《洪湖水，浪打浪》抄袭了其于1950年创作的《襄河谣》，因此其才是涉案作品的著作权人，并要求被告蓝田公司承担侵权责任。吴群主张《洪湖水，浪打浪》起头两句的音乐与《襄河谣》雷同，但庭审中著名音乐家欧阳谦叔提供了湖北民歌《月望朗》，经过甄别，《洪湖水，浪打浪》以及《襄河谣》的起头两句的音乐均出自《月望朗》。因此，吴群的主张不能被采信。再此，从法律程序上讲，吴群对《洪湖水，浪打浪》提起诉讼已过《中华人民共和国民法通则》规定的诉讼时效。本案中查明，涉案作品《洪湖水，浪打浪》产生于1959年，并在同时就引起了全国范围内的轰动。吴群在2000年7月9日的《武汉晚报》上公开承认：“1960年《洪湖赤卫队》电影出来时，《洪湖水，浪打浪》用了我的曲子也没有经过我的同意，但我没去较真。”这说明至少在1960年，吴群就知道了歌曲《洪湖水，浪打浪》，因此，根据最高人民法院《关于贯彻执行〈民法通则〉若干问题的意见（试行）》第 166 条“民法通则实施前，民事权利被侵害超过 20 年的，民法通则实施后，权利人向人民法院请求保护的诉讼时效期间，分别为民法通则第 135 条规定的 2 年或者第 136 条规定的 1 年，从 1987 年 1 月 1 日起算”及《民法通则》第 135 条“向人民法院请求保护民事权利的诉讼时效期间为二年，法律另有规定的除外”的规定，第三人吴群认为《洪湖水，浪打浪》侵犯其《襄河谣》著作权的诉讼时效应该从 1987 年 1 月 1 日起算，至 1989 年 1 月 1 日起诉讼时效期间已经届满。所以在本案中，张敬安和欧阳谦叔才是涉案作品的著作权人。

3. 被告出具的《音乐著作权使用费收费证明》的法律效力

在本案中，被告出示了两份书证，以此证明其与中国音乐著作权协会对涉案作品《洪湖水，浪打浪》达成了著作权的使用许可。这两份书证均由中国音乐著作权协会出证：其一为《音乐著作权使用费收费证明》，其二为《对 1999 年 7 月 12 日我会发出的关于〈洪湖水，浪打浪〉音乐著作权使用收费证明第四条第六条的补充说明》。其中，《收费证明》第 4 条规定：“使用期限：1999 年 4 月 1 日至 2000 年 4 月 1 日”，而《收费证明》的中国音乐著作权协会的落款日期却是 1999 年 7 月 12 日。另外，《补充说明》中写明：“北京大道广告有限责任公司已于 1999 年 7 月交付了使用费 3 万元整，其中：2 万元为 1999 年 4 月 1 日至 2000 年 4 月 1 日的使用费。1 万元为其对使用单位在此使用之前使用音乐著作权的补偿。”涉案作品早在 1998 年起就已经被被告进行大规模使用，而被告与中国音乐著作权协会却在 1999 年达成使用收费合同。由此可见，中国音乐著作权协会出具的两份证明均是其在侵权行为发生之后为使被告逃避责任而采取的补救措施。其行为给著作权人造成了较大的损害：第一，降低了二原告的音乐著作权的使用费，在相同的使用期间（1999 年 4 月 1 日至 2000 年 4 月 1 日）将原定的 3 万元的使用费减为 2 万元；第二，抹掉了被告中国蓝田的侵权记录，将中国蓝田自 1998 年起开始的侵权，通过 1 万元使用费的支出成为合法使用。因此，本案中被告提交的书证是其与中国音乐著作权协会相互勾结而产生的虚假证明，故而不具有法律效力。

（六）本案启示

在我国，对于音乐作品的保护一般通过音乐著作权协会等著作权集体管理组织来实现。音乐作品的作者委托音乐著作权协会管理其作品，并由音乐著作权协会对零散的作品进行统一的保护，其包括发放许可、征收费用、分配报酬、对侵犯该协会管理的音乐作品的行为提起诉讼等。音乐著作权协会在维护作者权利的过程中发挥了重要的作用，从而进一步促进了我国音乐的创作水平以及音乐的交流与合作。但是，不容否认的是在现实生活中存在一部分侵权者与音乐著作权协会相互勾结损害作者权利的行为。本案中，1998 年中国蓝田广告侵权之初，中国音乐著作权协会的不作为，怠于维护作者的权利。在二原告郑重警告中国音乐著作权协会之后，其行为的性质发生了质的变化，由怠于维护作者的权利转变为恶意串通，和侵权人一起坑害二原告的合法权益。在此种情形下，音乐著作权协会的行为已经严重背离了其成立的宗旨和精神，其作为共同侵权者，应该与侵权者一起承担相应的责任。

（七）思考题

构成职务作品的要件有哪些？职务作品的著作权由谁享有？

四、汇编作品的著作权归属

【案例 5】张旭龙诉汤加丽侵犯著作权纠纷案

（一）案情简介

张旭龙系专业人像摄影师，曾为汤丽（又名汤加丽）拍摄了二十余组人体艺术照片，并依约拥有上述照片的著作权。2002 年 7 月 9 日，张旭龙为汤丽出具了一份《授权书》，内容是：“我授权将我与汤加丽合作拍摄的照片用于她个人写真集的出版、发行及展览。”双方未就使用上述作品的付酬事宜进行约定。2002 年 9 月，人民美术出版社出版发行了《汤加丽写真》一书，该书收录了汤丽的个人简介，陈醉为该书作的序，汤丽撰写的文章——《美丽的女人无处不在》以及 144 幅摄影图片，其中张旭龙享有著作权的摄影图片 136 幅（3 幅系重复使用）。该书定价 68 元，截至 2003 年 2 月已第 5 次印刷，现实际印数已经达 5 万余册。图书在版编目（CIP）数据和版权页均显示“汤加丽著”，封面内侧折页标明摄影为张旭龙，封底内侧折页载有摄影者张旭龙的简介。另外，《汤加丽写真》一书将张旭龙享有著作权的 39 幅摄影作品的部分人体、背景或者道具进行裁剪。

（二）本案所涉及的知识点

1. 人体艺术摄影作品的著作权。

2. 汇编作品著作权的行使。

3. 作者保护作品的完整权。

（三）我国现行法中的相关规定

《著作权法》第 14 条：汇编若干作品、作品的片段或者不构成作品的数据或者其他材料，对其内容的选择或者编排体现独创性的作品，为汇编作品，其著作权由汇编人享有，但行使著作权时，不得侵犯原作品的著作权。

《著作权法》第 10 条第（4）项、第 46 条第（4）项关于保护作品完整权及其侵权的规定。

（四）双方意见以及法院判决结果

原告认为其作为专业人像摄影师，为模特汤丽拍摄了二十余组人体摄影照片。依据双方签订的《拍摄协议》，其享有所摄照片的著作权。2002 年 7 月 9 日，其向汤丽出具授权书许可将其拍摄的照片用于汤个人写真集的出版、发行和展览。2002 年 7 月 15 日，汤丽与人民美术出版社就出版其个人写真集签订协议，其中约定了稿酬的计算方法。2002 年 9 月，《汤加丽人体艺术写真》（简称《汤加丽写真》）一书出版，该书所收录的 144 幅照片中有 136 幅为原告拍摄，但版权页却署名“汤加丽著”，这种署名方式侵犯了原告的署名权。汤丽改动了原告拍摄的 39 幅照片，破坏了作品的完整性，侵犯了原告享有的保护作品完整权，且汤丽至今未向原告支付报酬。因此，原告起诉要求汤丽就其侵权行为在《中国摄影报》上刊登赔礼道歉声明，支付报酬 206080 元，并承担案件受理费。

被告辩称，被告是在征得张旭龙许可的情况下使用其摄影作品并进行改动的，作为《汤加丽写真》一书的汇编人，被告依法享有署名权，因此不存在侵犯张旭龙署名权和保护作品完整权问题。被告应向张旭龙支付报酬，但其索要的报酬数额过高，被告仅同意按照国家规定的标准支付。

法院认为：第一，《汤加丽写真》为汇编作品，汇编人汤加丽对其享有著作权。第二，虽然汤丽以“著”的方式进行署名存在不当之处，但从《汤加丽写真》一书封面内侧折页标注“摄影张旭龙”，以及封底内侧折页载有摄影者张旭龙的简介等情况来分析，张旭龙作为《汤加丽写真》一书摄影作者的身份已经得到体现，因此汤丽并未侵犯张旭龙的署名权。第三，虽然汇编人对汇编作品享有著作权，但行使著作权时，不得侵犯原作品的著作权。未经原作品著作权人许可，汇编人不得对原作品进行修改，更不能歪曲篡改原作品。被告未提供充分的证据证明其对作品所作的改动征得了张旭龙的许可，因此其擅自对涉案39幅摄影作品的部分人体、背景和道具进行剪裁，损害了张旭龙对其作品的构思和艺术追求，破坏了上述作品的完整性，侵犯了张旭龙对上述作品享有的保护作品完整权，应就此向张旭龙赔礼道歉。综上及依我国著作权法的规定，著作权人享有许可他人使用其作品，并因此获得报酬的权利。本案中，张旭龙许可汤丽使用其作品，虽然双方未就报酬进行约定，但汤丽作为作品的使用人仍应向张旭龙支付报酬。鉴于张旭龙提出的报酬数额缺乏合理的依据，本院将根据汤丽使用作品的方式、幅数以及汤丽因出版《汤加丽写真》一书获得的收益等因素，酌情判定具体数额。现依据《中华人民共和国民法通则》第84条第2款、《中华人民共和国著作权法》第10条第1款第（4）项、第46条第（4）项之规定，判决如下：（1）被告于本判决生效之日起30日内，就其侵犯张旭龙涉案39幅摄影作品完整权的行为在《中国摄影报》上刊登向张旭龙赔礼道歉的声明（内容须经本院核准，逾期不执行，本院将在一家全国性报纸上刊登本判决内容，所需费用由被告负担）；（2）被告于本判决生效之日起10日内支付张旭龙报酬10万元；（3）驳回原告的其他诉讼请求。

（五）对本案的法理分析

本案的法律关系较为简单，主要涉及汇编作品的著作权。我国《著作权法》第 14 条规定："汇编若干作品、作品的片段或者不构成作品的数据或者其他材料，对其内容的选择或者编排体现独创性的作品，为汇编作品，其著作权由汇编人享有，但行使著作权时，不得侵犯原作品的著作权。"虽然我国立法上对汇编作品的著作权有明确的规定，但是在司法实践中，由于汇编作品的特殊性，其导致的著作权纠纷往往层出不穷而且不易把握。从本质上讲，汇编作品也是一种演绎作品。与改编等其他演绎方式不同，汇编主要是一个将零碎的作品、作品的片断甚至是不构成作品的数据以及材料按照一定的创作思路汇集起来的过程。被用以汇编的作品或者数据材料在被汇编之前是已经存在的。因此，就作品汇编而言，汇编是建立在原作品著作权人所享有的汇编权的基础上的，汇编他人的作品首先要征得他人的同意，否则就侵犯了原作品著作权人的汇编权。其次，汇编作品提供的信息量与没有汇编之前零碎的作品或者数据材料提供的信息量在数量上是一致的。也就是说，汇编从本质上讲并没有创造出新的作品，也不是针对原作品或者数据材料在表现形式上的演绎。汇编作品之所以能够称之为著作权法意义上的作品而受到其保护主要是因为汇编人对原作品或者数据材料的选择和编排上体现出了一定的独创性。根据以上的推论，汇编人享有对汇编作品的著作权，但是其不能排斥他人用同样的作品和数据材料进行汇编，除非他人采用了与汇编人相同的编排方式。再次，仍然就作品汇编而言，由于汇编作品必然以原作品作为其汇编的具体内容，因此其具有双重著作权的属性。汇编人的著作权是不完整的，其受到非常严格的限制。一方面，汇编人要注意尊重原作品著作权人的精神权利；另一方面，汇编人对汇编作品任何一项财产权利的行使，除了法律特别规定或者约定之外，都要事先征得原作品著作权人的允许并支付相应的报酬。

在本案中，被告对涉案作品进行汇编前经过了张旭龙的书面授权：内容是被告授权将其与原告汤某合作拍摄的照片用于原告个人写真集的出版、发行及展览。因此，被告进行汇编之前，已经事先得到了原告的许可，其享有对涉案作品进行汇编的权利。同时，被告对原告为其拍摄的人体写真照片进行选择和编排，其对内容的选择和编排具有一定的独创性，因此《汤加丽写真》一书为汇编作品，被告对汇编作品享有相应的著作权。但是，被告行使其对汇编作品的著作权时不得侵犯原作品的著作权。根据我国著作权法的规定，著作权人有许可他人使用作品并获得报酬的权利。被告在《汤加丽写真》一书出版并收到稿酬后未向原著作权人支付相应的稿酬，侵犯了原告获得报酬的权利。

（六）本案启示

庭审法院认为"汤丽在汇编照片时，擅自对涉案39幅摄影作品的部分人体、背景和道具进行剪裁，损害了张旭龙对其作品的构思和艺术追求，破坏了上述作品的完整性，侵犯了张旭龙对上述作品享有的保护作品完整权"，同时判令被告"于本判决生效之日起30日内，就其侵犯张旭龙涉案39幅摄影作品完整权的行为在《中国摄影报》上刊登向张旭龙赔礼道歉的声明"。按照法院的这种认定，汇编人只要对原作品进行了部分改动就很有可能破坏作品的完整性，从而侵犯原作者保护作品完整权。笔者认为值得商榷。作者保护作品完整权的权利是有着严格的法律界定的。保护作品完整权是保护作品不受歪曲和篡改的权利。根据伯尔尼公约的规定，认定他人侵犯了保护作品完整权必须是其对作品的歪曲和篡改达到了"有损作者荣誉或名声"的程度，我国著作权法虽然没有明文规定"有损作者荣誉或名声"，但是学术界一般认为保护作品完整权还是应该有所限制。[1] 因为从主观上讲，如果任何情形的改动都可以构成对保护作品完整权的侵犯就会导致作者滥用权利，而作品的利用者却动辄得咎，这样不利于作品的传播和利用；从客观上讲，在汇编他人作品的过程中，汇编人为了体现自己在内容的选择和编排上具有独创性会不可避免地对部分作

---

〔1〕 郑成思．版权法［M］．北京：中国人民大学出版社，1997：150. 李明德，许超．著作权法［M］．北京：法律出版社，2003：78-80. 孟祥娟．版权侵权认定［M］．北京：法律出版社，2001：54-57.

品进行改动。所以，如果对原作品的改动并没有损害原作者的“荣誉或者名声”，那么就不应该认定为侵害了原作者的保护作品完整权。本案中，法院以“汤丽未提供充分的证据证明其对作品所作的改动征得了张旭龙的许可”，从而认定其对涉案照片的改动侵犯了原告的保护作品完整权。事实上，作品的利用者是否侵犯作品的完整性应该以其改动是否损害了作者的“荣誉或者名声”为依据，而不是其改动是否征得原告的许可。因为即便作品的利用者征得作者的许可对作品进行改动，如果其恶意歪曲或者篡改作品就仍然可能会对作品的完整性造成侵害。所以，如果作者允许他人对作品进行汇编或者改编等形式的利用，应该认为作者已经默认作品的利用者可以对原作品进行善意的改动。本案中，被告所著《汤加丽写真》一书并没有歪曲或者篡改张旭龙拍摄的人体照片，更不存在损害原告张旭龙“荣誉和名声”的事实，所以法院简单地判定被告汤丽侵犯原告张旭龙保护作品完整权是不妥当的。

（七）思考题

本案中，原告以被告为模特拍摄人体艺术照片，被告使用照片时需要征得原告的允许并支付报酬，如果反过来，原告使用这些照片时是否需要征得被告的允许？如果原告未经被告允许而擅自使用以被告为模特的照片，其侵犯了被告的何种权利？

五、改编作品的著作权归属

【案例6】一个馒头引发的血案

（一）案情简介

2005年12月，著名导演陈凯歌执导的影片《无极》在国内各大城市隆重上映。与此同时，一个名不见经传的小人物胡戈的恶搞短片“一个馒头引发的血案”（以下简称馒头血案）在网络上流传得沸沸扬扬。作为对影片《无极》的恶搞，“馒头血案”以独特的视角评论和荒诞的画面组合让每一个看过的人都忍俊不禁。而正当人们在感慨胡戈天才创意的同时，《无极》的制片人和导演——陈凯歌夫妇认为“馒头血案”侵犯了影片《无极》的著作权并进一步表示要起诉胡戈。胡戈显然没有预料到自己的信手之作居然会掀起轩然大波。他一面通过媒体向陈凯歌夫妇道歉，但同时仍然认为自己的创作属于我国《著作权法》上的“合理使用”而不构成侵权。对于陈凯歌夫妇准备起诉胡戈的声明，社会上大多数的网友包括部分学者出于对胡戈的同情而倾向于支持胡戈，他们认为陈凯歌导演小题大做，胡戈的“馒头血案”只是一种新兴的网络评论方式，甚至有不少学者跨越“馒头血案”争论本身的范围从著作权的保护上升到公民宪法权利的维护。而与此同时，我国著作权法理论界和实务界却大多认为胡戈侵犯了影片《无极》的著作权。一时间对于胡戈的“馒头血案”是否侵权的问题，大家众说纷纭。胡戈和他饱受争议的“馒头血案”不但在网络上引起强烈的反响，而且在社会上引发了传统的电影作品的著作权人与新兴的网络评论者之间的权利冲突。

（二）本案所涉及的知识点

1. 电影作品著作权的归属及其利用。

2. 著作权的合理使用。

3. 保护作品完整权与修改权。

（三）我国现行法中的相关规定

《著作权法》第 10 条关于著作权内容的规定。

《著作权法》第 15 条规定：电影作品和以类似摄制电影的方法创作的作品的著作权由制片者享有，但编剧、导演、摄影、作词、作曲等作者享有署名权，并有权按照与制片者签订的合同获得报酬。

电影作品和以类似摄制电影的方法创作的作品中的剧本、音乐等可以单独使用的作品的作者有权单独行使其著作权。

《著作权法》第 22 条关于著作权合理使用的规定。

《著作权法》第 46 条、第 47 条关于著作权侵权责任的规定。

（四）双方争议

陈凯歌夫妇：胡戈的“馒头血案”是对影片《无极》的歪曲和恶意的讽刺，是对影片《无极》的创作者的不尊重，其行为侵犯了影片《无极》的著作权。

胡戈：自己创作“馒头血案”并没有恶意，属于我国《著作权法》上的“合理使用”而不构成侵权。

（五）对争议的法理分析以及相关启示

1. 电影作品的著作权归属

电影作品是一种较为特殊的作品，其牵扯到的权利较为复杂，各国的规定不尽相同：美国版权法将电影作品的版权划归制片人享有；法国著作权法关于电影作品的规定刚好与美国版权法相反，其规定电影作品的著作权属于参加电影创作的每一个自然人；德国著作权法规定电影作品的著作权属于参加电影创作的自然人，但是又规定这些享有电影著作权的自然人在一开始就把自己的经济权利转让给了制片人，由制片人行使电影的著作权。[1] 我国的规定与德国较为接近，《著作权法》第15条规定：“电影作品和以类似摄制电影的方法创作的作品的著作权由制片者享有，但编剧、导演、摄影、作词、作曲等作者享有署名权，并有权按照与制片者签订的合同获得报酬。”本案中，电影《无极》制片人的落款为陈红，以此判断，陈红为影片《无极》的著作权人。但是由于我国影片的拍摄通常都是由电影公司投资及其制作，因此实际上我国一部分影片的财产权利通常根据投资协议的约定归属于电影公司。

2. 胡戈的“馒头血案”是否构成著作权的合理使用

著作权的合理使用，是指他人根据法律的规定使用享有著作权的作品，可以不经著作权人许可，不向其支付报酬，但应当指明作者姓名、作品名称，并且不得侵犯著作权人依法享有的其他权利。胡戈的“馒头血案”是否构成著作权的合理使用是决定其是否侵犯影片《无极》著作权的重要依据。如果严格依照我国《著作权法》第22条的规定，胡戈的“馒头血案”不属于著作权的合理使用：第一，胡戈的“馒头血案”不属于“为个人学习、研究或者欣赏使用他人已经发表的作品”。著作权法上的“为个人学习、研究或者欣赏”只限于满足个人使用的目的而不可以扩展至第三人或家庭以及单位。当然也

---

〔1〕 郑成思．版权法［M］．北京：中国人民大学出版社，1997：297-298. 李明德，许超．著作权法［M］．北京：法律出版社，2003：152.

有一部分学者认为个人的空间过于狭隘，可以扩展至家庭，但是使用原作品也必须局限在家庭的范围内。胡戈在接受采访时曾表示其制作“馒头血案”是为了锻炼视频剪辑技术，纯属自娱自乐，并且在“馒头血案”中声明“本东西仅限个人欣赏，禁止传播”。因此胡戈认为自己没有上传“馒头血案”的故意，是朋友间互相交流导致“馒头血案”在网络上愈演愈烈，在社会上引起如此大的影响也完全出乎他的意料，所以被陈凯歌夫妇指责其侵权是委屈的。但事实上胡戈在“馒头血案”制作完成后，一方面将其上传到个人的音频应用论坛，另一方面通过网络将“馒头血案”传送给身边的朋友欣赏交流。所以胡戈对《无极》的使用在形式上已经超出了个人使用的范围而扩散到了一个群体，最终导致广泛流传，因此其不属于“为个人学习、研究或者欣赏”。第二，胡戈的“馒头血案”也不属于“适当引用”。一部分人认为胡戈是在对影片《无极》进行评论，并引用《著作权法》中的第22条第（2）项的“适当引用”来肯定胡戈的评论方式。事实上，如果是为了介绍、评论某一作品或者说明某一问题，适当引用他人已经发表的作品不构成侵权。但是对于引用的范围是有严格限制的，其所引用的部分不能构成引用人作品的主要部分或实质部分。胡戈的“馒头血案”主要是将影片《无极》的部分片断剪辑之后进行编排组合同时附加上个人旁白而成。“馒头血案”整部片长近20分钟，却有将近17分钟的内容原封不动地源于影片《无极》的镜头片断。胡戈对影片《无极》片段的剪辑利用显然已经超出了“适当引用”的范围，所以“馒头血案”中对于影片《无极》的使用不属于“为了介绍、评论或者说明”的适当引用。另外，著作权的合理使用只是对经济权利的限制，因此不管是“为了个人学习、研究或者欣赏”还是“为了介绍、评论或者说明”，著作权的合理使用者不得损害被引用作品著作权人的合法利益，特别是在使用过程中应该对著作权人的人身权利予以尊重。我国《著作权法实施条例》第21条规定：依照著作权法有关规定使用可以不经著作权人许可的已经发表的作品的，不得影响该作品的正常使用，也不得不合理地损害著作权人的合法利益。“馒头血案”对影片《无极》的恶搞则在一定程度上侵害了著作权人保护作品完整的权利，其与著作权法对于电影作品中著作权的保护原则相抵触。根据我国著作权法的规定，胡戈的“馒头血案”始终逃脱不出侵权的阴影。

3. 胡戈的“馒头血案”是否侵犯影片《无极》的改编权

依照我国《著作权法》的规定，胡戈的“馒头血案”侵犯了影片《无极》著作权人的著作权。从精神权利上讲，其歪曲和篡改了影片的内容和情节，破坏了影片《无极》的“同一性”，因此侵犯了著作权人的保护作品完整权；从财产权利上看，其未经著作权人同意复制并上传了影片片段，侵犯了著作权人的复制权和信息网络传播权。

一部分学者认为“馒头血案”是对影片《无极》的改编，胡戈侵犯了影片《无极》著作权人的改编权。事实上，胡戈并没有侵犯影片《无极》著作权人的改编权。“改编”一词在著作权法上具有特殊的意义，它是指在原作品的基础上，通过改变作品的表现形式，创作出具有独创性的新作品。和修改不同，改编一般不改变原作品的中心内容和实质情节，而是通过对原作品表现形式的更改来再现原作品的内容。例如将小说改编成剧本或者对原作品进行缩写。从严格的意义上来讲，著作权法上的改编是不改变原作品的内容而改变原作品的表现形式。〔1〕反观胡戈的“馒头血案”，其主要是将影片《无极》的剧情内容、人物关系、角色属性进行夸张地修改，从而将一部讲述人生哲理的文艺片改成令人捧腹大笑的喜剧片。但是“馒头血案”由于直接剪辑影片《无极》的镜头片断加以组合，除加入了一些其他的视频镜头和旁白，在表现形式上与原作品基本上一致。“馒头血案”和影片《无极》在内容上大相径庭，在表现形式上却几乎相同。这种改变原作品的方式和著作权法上的改编恰恰相反，所以胡戈的“馒头血案”应该不属于对影片《无极》的改编，因而并未侵犯其改编权。

---

〔1〕 孟祥娟．版权侵权认定［M］．北京：法律出版社，2001：128.

（六）本案启示

一部分学者指出，胡戈的“馒头血案”虽然根据我国著作权法的规定构成侵权，但是在美国却属于合理使用，其构成美国版权法上“滑稽模仿”（parody）。“滑稽模仿”又叫“讽刺模仿”、“戏仿”或者“戏谑”，是指滑稽夸张地模仿他人的已有作品。〔1〕“滑稽模仿”可以是对文字作品的模仿，也可以是对影视作品的模仿。其中对影视作品的“滑稽模仿”又俗称为“spoof”，其主要是模仿影视作品中的人物角色的显著特征来讽刺或者评论原作品，同时起到喜剧的效果。“滑稽模仿”在西方国家深受大众喜爱，不仅在社会生活中喜闻乐见，并且在著作权法上也有较为成熟的规定。美国虽然没有在法条中明文规定“滑稽模仿”，但是根据司法判例一般将其纳入到《美国版权法》第107条的保护范围。在1994年著名的Campbell v. Acuff-Rose Music，Inc.一案中，联邦最高法院的Souter大法官认为，“滑稽模仿”不是原作品的替代物，而是真正意义上（对原作品）的变化使用，其和原作品相比较则已经是一种不同性质的新作品。同时Souter大法官在此案中重新阐述了“滑稽模仿”的判断原则，即对原作品的使用是否构成侵权的关键不在于“滑稽模仿”者使用原作品的数量而在于其使用原作品的目的（purpose）。Souter大法官进一步阐明，即使“滑稽模仿”者使用了原作品的核心部分，只要他使用的目的仅仅在于模仿讽刺以及评论，那么他的“滑稽模仿”也不会构成对原作品的侵权。因为纯粹的“滑稽模仿”一般不会给原著作权人带来经济上的损失，所以美国的版权法将其归为合理使用（fair use）。〔2〕但遗憾的是，事实上胡戈的“馒头血案”并不属于“滑稽模仿”。严格依照美国版权法的理论，“滑稽模仿”中对原作品的“使用”其实是对原作品的模仿，而不是原作品的直接再现。同时这种对原作品的模仿，不管程度如何夸张，其都会限制在原作品思想内

〔1〕郑成思．版权法［M］．北京：中国人民大学出版社，1997：684.

〔2〕阿瑟．R．米勒，迈克．H．戴维斯．知识产权法：专利、商标和著作权［M］．北京：法律出版社，2004：367.

容的框架里。如果再次审视“馒头血案”，我们会发现其实胡戈在“馒头血案”中大量使用了影片《无极》的剪辑镜头并不是对影片《无极》的模仿，而是通过对影片《无极》的人物角色和剧情片段的利用创造了一个面目全非的新故事。虽然这个故事含蓄地讽刺了影片《无极》的剧情瑕疵，但是其和影片《无极》的思想内容没有任何的联系。因此，胡戈对影片《无极》的使用并不是“滑稽地模仿他人的已有作品”，而是利用他人的已有作品来创作一个新作品。所以胡戈的“馒头血案”不是美国版权法上的“滑稽模仿”。

（七）思考题

网络上盛行的“恶搞”已经成为一个不容忽视的问题，其中除了胡戈恶搞影片《无极》的视频短片“一个馒头引发的血案”之外，还有曾一度闹得沸沸扬扬的《大史记》系列的恶搞短片，与“一个馒头引发的血案”只针对电影《无极》不同的是，其是截取多部电影片断进行荒诞地组合喜剧性地来说明一些事情。请问此类网络“恶搞”是否侵犯了原作品著作权人的著作权，侵犯了原作品著作权人的何种权利？

第二章　著作权的客体

第一节　作品的概念和特征

本节要点

1. 作品的概念。作品是指在文学、艺术和科学领域内具有独创性的，并能以某种有形形式复制的智力创作成果。作品应具有独创性和可复制性。

2. 思想和思想表达的区分

思想包括作者在创作的过程中所产生的创意、灵感、想法、对客观事实以及规律的发现等。思想表达是对上述思想观念通过文字、符号、数字、色彩、音符、造型以及形体动作等形式表现出来。著作权法保护的是思想的表达而非思想观念本身。

思想与思想表达的区分

【案例7】塞尔登诉贝克案

（一）案情简介

本案原告的遗嘱人查尔斯·塞尔登（Charles Selden）在1859年就一本介绍一种特殊的簿记法的名为《塞尔登分类账精编——简化簿记》（Selden's Condensed Ledger，or Booking Simplified）的书取得了著作权。在1860年和1861年，他又获得了其他几部包含了对上述簿记法的修改书的著作权。贝克使用并销售包含了与塞尔登作品中所描述的簿记法相似的账簿。原告塞尔登诉贝克侵犯了上述作品的著作权，声称上述作品所介绍的簿记法中所包含的线条和排列受著作权法保护，由这些线条和排列构成的簿记法因而也受保护。被告贝克在他的答辩中否认原告的侵权指控，并辩称被指控侵权的那部分内容不是著作权法所保护的主题。巡回法院判决被告侵权。被告不服，向美国联邦最高法院提起上诉。最高法院查明，被上诉人主张著作权的作品中包括了一篇介绍簿记方法的文章，文章中附有一些由特定的线条和标题组成的使用上述特殊簿记法的表格（包括一些空白表格）。这种簿记法的特点是，在账簿中只须用一页或相对的两页就可记录表现每一天、一周或一月的所有业务，其效用与复式簿记一样。上诉人使用了一种相同的方法，但是，在栏目的安排和标题上都与被上诉人的有所不同。〔1〕

（二）本案所涉及的知识点

1. 作品的特征：独创性和可复制性。

2. 著作权法保护的是思想观念的表达而非思想观念本身。

3. 专利保护和著作权保护的差异。

（三）我国现行法中的相关规定

《著作权法实施条例》第 2 条：著作权法所称作品，是指文学、艺术和科学领域内具有独创性并能以某种有形形式复制的智力成果。

（四）双方意见以及法院判决结果

原告认为，被告未经原告许可而使用并销售包含了与塞尔登作品中所描述的簿记法相似的账簿，侵犯了原告依法享有的著作权。

被告辩称，其被指控侵权的那部分内容不是著作权法所保护的主题，因此其并不侵权。

美国联邦最高法院认为，空白账簿不受著作权保护，著作权并不赋予著作权人对由其设计并在其作品中予以描述及表现的账簿的使用以独占权。撤销巡回法院的判决，发回重审。巡回法院驳回原告的起诉。

---

〔1〕 王春燕．塞尔登分类账精编——简化簿记［EB/OL］.［2006-12-05］. http：//www. duozhao. com/lunwen/dai4/lunwen_ 9100_ 3. html.

（五）对本案的法理分析

本案发生在1879年，距今已有近130年的历史，但是仍然具有非常重要的影响。本案是美国著作权司法保护史上一个重要的里程碑。在该案中，美国最高法院确立了著作权只保护思想观念的表达而不保护思想观念的原则。

思想观念与思想观念表达的区分一直是著作权案件中的重点所在，思想观念包括作者在创作的过程中所产生的创意、灵感、想法、对客观事实以及规律的发现等，其往往蕴含于作品这个载体中。而所谓表达是对上述思想观念通过文字、符号、数字、色彩、音符、造型以及形体动作等形式表现出来的。按照著作权法的传统和原则，其保护的是思想表达的独创性，而思想观念本身是不受保护的。例如某个厨师根据多年的厨艺经验写了一本菜谱，其多年的厨艺经验在著作权法上则属于思想观念，而其通过著书立说的方式解释和说明其多年的厨艺经验以及对烹饪过程的介绍则属于思想观念的表达。对于厨师来说，他既不能阻止他人按照他的菜谱介绍的方法烹饪菜肴，也不能阻止他人对相同的菜肴甚至是相同的烹饪过程来撰写菜谱，但是他完全可以阻止他人抄袭他在菜谱中对厨艺经验以及烹饪过程的语言表达和描述，如果菜谱中有图片或者照片的他还可以阻止他人复制或者转载其图片以及照片。对于思想观念与思想观念的表达的区分，无论是英美法系的版权法，还是大陆法系的著作权法，两大法系在立法上都表现出了难得的一致性。其中美国版权法第102条第2款规定："在任何情况下，对于作者原创性作品的版权保护，都不延及于思想观念、程序、工艺、系统、操作方法、概念、说明或体现的。"法国知识产权法第112条之1也规定，只要是智力创作的作品，不论其作品的种类或表述形式如何，都应受到保护。而《TRIPS协议》第9条第2款也规定："版权保护应延及表述，而不延及思想观念、工艺、操作方法或数学概念之类。"〔1〕我国虽然在《著作权法》和《著作权法实施条例》中没有明确的规定，但是在《计算机软件保护条例》第6

〔1〕李明德，许超．著作权法［M］．北京：法律出版社，2003：27.

条规定“本条例对软件著作权的保护不延及开发软件所用的思想、处理过程、操作方法或者数学概念等”，因此可以看出我国对著作权的保护也是以保护表达而不保护思想作为原则的，事实上在司法实践中也是贯彻这一原则的。

在本案中，原告的遗嘱人查尔斯·塞尔登发明了一种新型的账簿记法，并且在其出版的《塞尔登分类账精编——简化簿记》一书及其修订版中介绍了这种新型簿记法以及相应的账簿表格。其后，被告贝克出版并销售了与塞尔登作品《塞尔登分类账精编——简化簿记》一书，以及根据《塞尔登分类账精编——简化簿记》一书的修订版中所描述的簿记法相似的账簿。原告认为其侵犯了其著作权而向法院提起侵权诉讼。美国最高法院在本案中提出了思想观念和思想观念的表达的区分，同时认为原告的新型簿记方法是受专利法调整的，而对簿记方法的表述则是受著作权法保护的：“在书籍中描述某一技术，虽然可以获得版权的好处，但不能因此而对技术本身获得排他性的权利。一个的目的是解释，另一个的目的是使用。前者可以通过版权来保护；后者则只能通过专利权来保护”。美国最高法院最后得出的结论是：“空白账簿不是版权的客体。塞尔登书籍的版权并不赋予他享有排他性的制作和使用账簿的权利，尽管该账簿是由他编排设计的，并在该书中加以描述和说明的。”

（六）本案启示

专利权的保护模式和著作权的保护模式是不同的，两者保护的客体在现实生活中比较容易混淆，特别是专利技术与以表述和介绍技术为内容的作品。从理论上进行比较，专利技术与以表述和介绍技术为内容的作品所受到的保护依据以及保护模式都是不同的：第一，专利需要申请，一旦专利申请通过审查并且申请人获得授权之后，专利权人对其专利技术享有排他性使用的权利，在未经权利人许可之前，其他人依法不得擅自使用权利人的专利技术；而著作权采用自动保护的原则，其无需申请，作者在作品完成之日即自动享有著作权。对于以表述和介绍技术为内容的作品，即便在其表述或者介绍的专利技术没有通过审查而无法获得授权的情况下仍然可以享有著作权。同样，以表述和介绍技术为内容的作品对其表述和介绍的技术、方法没有排他性使用的权利，任何人都可以自由使用作品中表述和介绍的技术与方法。第二，申请专利的要求较为严格，专利申请要求三性：新颖性、创造性和实用性。相比而言，构成著作权意义上的作品只需要具备独创性和可复制性，著作权保护中对作品的要求较为宽松。一方面，即便是丧失新颖性的内容，只要在表达方式上具有独创性同样可以受到著作权的保护；另一方面，即便是丝毫不具有实用性因而无法受到专利法保护的方法和技术，只要对其的表述和介绍具有独创性也同样可以构成著作权法意义上的作品而享有著作权。

（七）思考题

如果思想观念和思想观念的表达密不可分，或者说当某种思想观念只有一种或者有限的几种表达时，这种思想观念的表达能否受到著作权法的保护？

第二节　特殊作品著作权的保护

本节要点

1. 作品的特征

作品应具有独创性和可复制性。

独创性的要求包括两个方面：一是“原创性”，即作品是作者独立于其他人而亲自创作出来的；二是“创造性”，即作品应体现作者不同于一般的创作水平。

可复制性是指作品应该能够以某种有形方式固定下来并复制出来被人们所感知、传播、利用。

2. 数据库的保护

数据库是指对于作品、数据或者材料的汇编集合。数据库包括作品数据库和非作品数据库。数据库的保护模式主要有两种：一种是著作权的保护模式，即将在内容的选择和编排上具有独创性的数据库归入汇编作品而受到著作权法的保护；另一种是欧盟数据库保护指令所规定的特殊权利保护模式，即赋予数据库制作者特殊的权利来保护其利益。

一、作品与作品载体之间的关系

【案例8】高丽娅诉重庆市四公里小学侵犯教案著作权纠纷案

（一）案情简介

原告高丽娅是被告重庆市南岸区四公里小学的语文教师。四公里小学规定，从事教学工作的教师必须在课前备课、编写教案，并在每学期期末向学校上交教案备学校检查。从1990年至2002年，高丽娅每学期均按学校规定编写和上交教案，先后上交教案本48册。2002年4月，高丽娅为了写教学论文要求学校返还自己编写的48本教案。在高丽娅提出要求返还教案本后，四公里小学曾返还给高丽娅教案本4册，其余44册已被销毁或以变卖等方式处理，下落不明。

2002年5月30日，原告高丽娅向重庆市南岸区人民法院起诉，要求被告四公里小学归还44册教案本或赔偿损失。2003年10月24日，该院以原告高丽娅不享有教案本所有权为由判决驳回其诉讼请求。高丽娅不服，上诉至重庆市第一中级人民法院。2004年3月29日，重庆一中院判决驳回上诉，维持原判。2004年11月25日，重庆市人民检察院提出抗诉，重庆一中院决定再审，并于2005年5月23日判决维持二审判决。2005年9月7日，高丽娅接受了检察院改变诉讼请求的建议，以侵犯著作权为由向重庆市第一中级人民法院提起诉讼。

（二）本案所涉及的知识点

1. 作品与作品的载体之间的关系。

2. 作品的范围与构成作品的要件。

3. 职务作品中著作权的归属。

（三）我国现行法中的相关规定

《著作权法》第3条、《著作权法实施条例》第2条规定的关于作品的定义以及作品的范围。

《著作权法》第16条：公民为完成法人或者其他组织工作任务

所创作的作品是职务作品，除本条第2款的规定以外，著作权由作者享有，但法人或者其他组织有权在其业务范围内优先使用。作品完成两年内，未经单位同意，作者不得许可第三人以与单位使用的相同方式使用该作品。

有下列情形之一的职务作品，作者享有署名权，著作权的其他权利由法人或者其他组织享有，法人或者其他组织可以给予作者奖励：

（1）主要是利用法人或者其他组织的物质技术条件创作，并由法人或者其他组织承担责任的工程设计图、产品设计图、地图、计算机软件等职务作品；

（2）法律、行政法规规定或者合同约定著作权由法人或者其他组织享有的职务作品。

（三）双方意见以及法院判决结果

原告高丽娅认为，其编写的48本教案是自己长期从事语文教学研究的智力成果，具有独创性而构成作品。自己对其编写的48本教案享有著作权。被告四公里小学漠视原告的劳动成果，擅自处分其上交的教案，致使其中44本教案遗失或者毁损。被告的行为侵犯了原告对教案所享有的著作权。

被告辩称，原告是小学教师，小学教案都不强调创造性，现存的4册教案本所载小学教案缺乏独创性，不属我国《著作权法》中作品的范畴，不受《著作权法》保护。如果教案属于作品，那么就应当属于职务作品。原告作为四公里小学的教师，其编写语文教案的行为是履行工作职责，因此原告对教案不享有著作权。学校才是教案职务作品的著作权人，享有对教师的教案进行使用和处分的权利。所以，原告认为被告侵犯其教案职务作品的著作权没有法律上的依据，请求法院驳回原告的诉讼请求。

法院认为，四公里小学返还给高丽娅的4本教案本中对教学过程等栏目的记载主要是原告高丽娅独立创作，被告也未就“该内容系抄袭”的反驳事实主张提供证据，由此可以认定涉案的4本教案具有独创性，属于著作权法保护的作品，著作权由作者高丽娅享有。而对其他44本教案本是否属作品，因被告四公里小学错误地进行了销毁或变卖处理，法院推定44本教案本所载教案也具有独创性，属于著作权法上所称作品。涉案的教案作品属于一般职务作品，著作权由作者原告高丽娅享有，被告四公里小学有权在其业务范围内优先使用。但是学校对教案的随意处分导致作品灭失，从而侵犯了高丽娅享有的教案作品著作权，学校应当承担民事责任。鉴于高丽娅的实际损失不能确定，法院最终判定赔偿数额为5000元。

（四）对本案的法理分析

原告和被告之间关于侵犯教案著作权纠纷一案主要涉及三个方面的问题：

1. 教案是否属于著作权法意义上的作品

教案属于作品。《保护文学艺术作品伯尔尼公约》第2条规定："'文学和艺术作品'一词包括文学、科学和艺术领域内的一切成果，不论其表现形式或方式如何，诸如书籍、小册子和其他文字作品。"我国《著作权法实施条例》第2条规定："著作权法所称作品，是指文学、艺术和科学领域内，具有独创性并能以某种有形形式复制的智力成果。"作品的"独创性"不同于被告所说的"创造性"，而是指作品系作者独立创作，而不是剽窃他人作品。显然，教案作为教师备课中以课时为单位设计的方案与计划，付出了教师的时间、精力、智力与劳动，凝结了教师丰富的教学积累和深刻的思考规划，其本身又不延及思想、过程、操作方法或数学概念，因而无论教案是否发表，应属一项智力成果、知识产品。虽然被告返还给原告的4本教案所载的只是小学语文教案，但是教学过程等栏目中记载的内容主要是原告高丽娅独立创作，被告也未就该内容系抄袭这一反驳事实主张提供证据加以证明，故教学过程等栏目中记载的内容具有独创性，应当属于著作权法上所称的作品。

2. 教案著作权的归属

教案作品属于职务作品。根据我国《著作权法》第16条的规定，公民为完成法人或者其他组织工作任务所创作的作品是职务作品。涉案的教案作品是原告为完成被告的教学工作任务而编写的，应当属于职务作品。涉案教案职务作品著作权由作者享有，学校有权在其业务范围内优先使用。涉案的教案不属于法律、行政法规规定或者合同约定著作权由被告享有的职务作品；其次，虽然原告创作涉案的教案职务作品利用了被告一定的物质技术条件（如空白教案本等），但并不是主要地利用了被告的物质技术条件，而且涉案的教案职务作品也不是由被告承担著作权法律责任。因此，涉案的教案应当属于我国《著作权法》规定的一般职务作品，著作权由作者高丽娅享有，但四公里小学有权在其业务范围内优先使用。

3. 教案本与教案的关系

被告四公里小学曾经主张：教案本是学校统一购买然后下发给各位任课教师的，因而教案本是教学中使用的物品，就像上课时使用的粉笔一样，因此学校对教案享有所有权并且可以随意使用和处分。在检查完教案后，可以不退还给教师，因此不应承担赔偿责任。这里需要理清教案和教案本的关系，即作品和作品载体的关系。教案不同于教案本，其是教师独立创作的以语言文字、符号等形式所反映出的智力成果。学校分发给教师的是教案本，而教案本只是教师智力成果的物质载体。作品与作品载体存在显著的区别：作品载体是载有作品的物质实体，属于物权保护的范围。而作品作为著作权的客体，具有无形性、永久性的特征，属于著作权保护的范围。在本案中被告显然混淆了教案和教案本的基本概念，从而在很大程度上错误地引导了人们的判断思路。

（五）本案启示

本案是全国首例侵犯教案著作权纠纷案。在本案中，法院首次认定教师对自己的教案享有著作权。原告为了维护自身的权利，经历了一审、二审、再审到再审败诉后变更诉讼请求重新起诉最终胜诉的漫长过程。案件审理的整个过程折射出我国著作权保护中职务作品的著作权归属问题。我国《著作权法》第 16 条规定职务作品的著作权属于作者，但是在两种情况下除署名权外的其他著作权归单位：一个是主要利用单位的物质条件创作并由单位承担责任的职务作品；另一个是法律、法规规定或合同约定著作权由单位享有的职务作品。在实践中，是否使用了单位的物质条件或者是否由单位承担责任往往很难区分清楚，因而造成职务作品的著作权归属不明。因此为避免以后发生权属纠纷，实践中往往突破了法律原先设定的原则而强制当事人选择。例如在计算机软件登记前，著作权行政管理部门往往要求登记人在合同中写明计算机软件著作权的归属，否则不予登记。事实上，随着市场经济的逐步建立与深入，社会生活朝着多元化的方向发展，法律不可能也不必要对此作出统一的规定。由法律殚精竭虑地规定职务作品的著作权权属已经不合时宜，所以对于职务作品的归属，应该鼓励劳动者和工作单位之间通过合同自行约定，这样既能明确权属，又能提高效率。[1]

（六）思考题

侵犯他人作品的载体是否必然构成侵犯他人对其作品享有的著作权？为什么？

二、作品与数据库之间的关系

【案例9】美国教育考试服务中心诉北京市海淀区私立新东方学校侵犯著作权和商标专用权纠纷案

（一）案情简介

原告美国教育考试服务中心（Educational Testing Service）（简称“ETS”）是世界最大的非营利性教育研究和考试机构。“ETS”主持开发了美国大学和研究生院的入学考试，包括英语作为外语的考试（英文为“Test of English as a Foreign Language”简称“TOEFL”）。“ETS”对所有TOEFL试题在美国版权局进行了著作权登记，并将TOEFL文字作为商标在相关类别予以注册。因此，“ETS”的著作权和商标权均受中国法律的保护。自90年代中期以来，新东方学校未经“ETS”的同意大量复制、出版和发行“ETS”享有著作权和商标权的TOEFL考试试题，非法获利巨大，给“ETS”造成了损害。

[1] 齐爱民．现代知识产权法学［M］．苏州：苏州大学出版社，2005：123. 朱波尔，朱宏涛．浅析教案的著作权保护问题［EB/OL］．［2006-11-05］．http：//biyelunwen. net/minfa/41626_ 1. htm.

1996 年 1 月和 1997 年 1 月，国家工商行政管理部门在新东方学校查抄到大量侵权物品。1997 年查抄后，新东方学校的法定代表人俞敏洪曾承认违反中国著作权法，侵犯了“ETS”的著作权，并保证今后未经授权不再使用“ETS”享有著作权的资料。尽管作了如上承诺，新东方学校仍在未经“ETS”授权的情况下，继续复制、销售和发行“ETS”拥有著作权的考试题，使用和展示“ETS”的注册商标。新东方学校在其书店、上海和广州的分校出售侵权物品，并直接将侵权物品提供给接受培训的学生。2000 年 11 月 13 日，“ETS”在公证员的监督下，从新东方学校书店购得大量侵权 TOEFL 材料。2000 年 12 月 13 日，在公证员的参加下，“ETS”的委托代理人从新东方学校网站上下载了证明新东方学校侵权的证据。新东方学校还未经授权向其他国家的个人提供侵权的 TOEFL 材料。为制止新东方学校的侵权行为，“ETS”第三次向国家工商行政管理机关举报，国家工商行政管理机关于 2000 年 11 月 15 日对新东方学校进行了检查并封存了侵权的 TOEFL 材料。但新东方学校在被查处后仍然无视“ETS”的著作权和商标权，在其书店中继续大肆销售侵权的 TOEFL 材料。尤为严重的是，新东方学校于 2000 年 12 月 13 日起将侵权材料上传到一个新的网站上，任何国家的任何人均可以从网站上下载这些材料。

（二）本案所涉及的知识点

1. 英语考试试题的性质。

2. 为学校课堂教学对他人享有著作权的作品的合理使用。

（三）我国现行法中的相关规定

《著作权法》第 2 条第 2 款：外国人、无国籍人的作品根据其作者所属国或者经常居住地国同中国签订的协议或者共同参加的国际条约享有的著作权，受本法保护。

《著作权法》第 47 条第 1 款：有下列侵权行为的，应当根据情况，承担停止侵害、消除影响、赔礼道歉、赔偿损失等民事责任；同时损害公共利益的，可以由著作权行政管理部门责令停止侵权行为，没收违法所得，没收、销毁侵权复制品，并可处以罚款；情节严重的，著作权行政管理部门还可以没收主要用于制作侵权复制品的材料、工具、设备等；构成犯罪的，依法追究刑事责任：

(1) 未经著作权人许可，复制、发行、表演、放映、广播、汇编、通过信息网络向公众传播其作品的，本法另有规定的除外

……

《著作权法实施条例》第2条：著作权法所称作品，是指文学、艺术和科学领域内具有独创性并能以某种有形形式复制的智力成果。

(四) 双方意见以及法院判决结果

原告认为，被告新东方学校未经原告的允许，擅自复制、销售、出版、发行以及通过信息网络向公众提供原告享有著作权的TOEFL试题，其行为不仅侵犯了“ETS”拥有的著作权及商标权，而且危及TOEFL考试的安全和权威性，贻害中国考生。综上，请求人民法院判令被告：1. 停止一切侵犯“ETS”著作权和商标权的行为；2. 销毁其所有的侵权资料和印制侵权资料的软片；3. 在全国媒体上向“ETS”公开赔礼道歉；4. 消除因侵权造成的影响；5. 赔偿“ETS”经济损失人民币20 292 439.75元；6. 承担“ETS”为制止其侵权行为而支付的合理费用人民币1 418 197.09元和本案诉讼费。

被告辩称，第一，新东方学校是非营利性教育机构，主要从事英语、计算机等专业的教育培训和研究。新东方学校在英语的教学过程中必然以使用TOEFL试题作为教学条件。第二，TOEFL试题流传广泛，难以保密，在法律上应没有权利要求禁止特定TOEFL考试试题信息的流传。第三，新东方学校在未经得原告许可的情况下复制和销售原告享有著作权的TOEFL试题主要是为满足学生的学习需要以及用于课堂教学。总体而言，新东方学校复制的TOEFL试题，是由新东方学校在课堂教学中使用的，根据中国著作权法第22条的规定，这种使用属于合理使用，无须获得“ETS”的授权。因此，“ETS”要求全面禁止新东方学校复制其TOEFL试题，缺乏法律依据，不能成立。第四，新东方学校使用TOEFL字样作为资料名称的组成部分，是在TOEFL已经成为“ETS”某一考试的专有名称后，为说明和叙述有关资料而作的使用，与作为商标的使用在目的和实际效果上完全不同，根据中国商标法的有关规定，不应被视为侵犯商标专用权的行

为。因此，“ETS”要求新东方学校承担侵犯其商标权的法律责任，缺乏法律依据，不能成立。综上所述，“ETS”起诉的部分诉讼请求不能成立，请法院依法作出裁判。另外，在一审判决后，被告新东方学校不服，上诉称一审判决认定 ETS 对其 TOEFL 试题享有著作权，缺乏事实依据。TOEFL 试题是不能作为作品受到我国法律保护的。

一审法院认为，第一，关于著作权部分，新东方学校大量复制并销售“ETS”享有著作权的作品，超出了课堂教学合理使用作品的范围。其关于教学所涉及的学习方法必然以使用 TOEFL 考试试题为教学条件的抗辩理由，不是法定的免责事由，不能成立。因此，新东方学校提交的有关证据均不能佐证其“合理使用”的主张，对其抗辩理由本院不予支持。由于新东方学校在未经得“ETS”许可的情况下，擅自复制“ETS”享有著作权的 TOEFL 考试试题，并将试题以出版物的形式通过互联网等渠道公开销售，其行为侵害了“ETS”的著作权。第二，关于商标权部分，新东方学校在与“ETS”核定使用的商品类别相同的商品上使用了“ETS”的注册商标，构成对“ETS”注册商标专用权的侵犯。新东方学校关于其对“TOEFL”的使用属于“为说明和叙述有关资料而作的使用”，从而不构成侵权的抗辩理由不能成立，本院不予支持。综合上述两方面，新东方学校的行为已经构成对“ETS”有关 TOEFL 试题的著作权和有关“TOEFL”商标专用权的侵犯，应当承担停止侵害、赔偿损失、消除影响、向“ETS”赔礼道歉等民事责任。“ETS”因本案诉讼支出的合理费用，新东方学校亦应赔偿。

二审法院认为，第一，TOEFL 试题具有独创性，属于我国著作权法意义上的作品，应受我国法律保护。由此汇编而成的整套试题也应受到我国法律的保护。第二，新东方学校未经著作权人“ETS”许可，以商业经营为目的，以公开销售的方式复制发行了 TOEFL 试题，其使用作品的方式已超出了课堂教学合理使用的范围。第三，新东方学校是否为营利性教育机构与是否侵犯“ETS”著作权并无必然联系，新东方学校实施的行为具有营利性，对“ETS”的著作权构成侵害。综上，新东方学校复制并且对外公开销售 TOEFL 试题的行为已侵犯了“ETS”的著作权，理应承担相应的法律责任。另外，新东方学校对“TOEFL”的使用目的是为了说明和强调出版物的内容与TOEFL考试有关，是为了便于读者知道出版物的内容，而不是为了表明出版物的来源，并不会造成读者对商品来源的误认和混淆，故不构成侵犯“ETS”的商标权。

（五）对本案的法理分析

本案是北京市高级人民法院公布的“2005年十大知识产权案件”之一，曾一度引起众多媒体的密切关注，整个案件从一审到二审都在社会上引起了较大的反响。就案件本身的法律关系来说，首先应厘清以下两个问题：

1. 试题的著作权属性

在讨论该案件之前，必须从我国著作权法保护的客体出发确定试题的著作权属性。试题、试卷和试题库是一组相关概念。就单一的试题来讲，如果要受到著作权法的保护，其必须符合“作品”的属性。根据我国《著作权法实施条例》第2条的规定：“著作权法所称作品，是指文学、艺术和科学领域内具有独创性并能以某种有形形式复制的智力成果。”因此，“独创性”成为试题能否受到著作权法保护的主要判断标准。相当一部分学者认为，试题作为一种衡量人们知识水平的工具，往往都是通过出题者精心设计的，因此具有独创性。笔者认为仍然应该分开讨论，试题同样分为具有独创性的试题和不具有独创性的试题。例如法学课程的考试，为了考察学生的理论常识，往往会出现类似“名词解释”这样的试题类型，“名词解释”这种出题方式就很难说具有多少独创性。再例如每年一度的司法考试，为了考察应试者法律知识的应用能力和业务能力，往往每道题都是出题者精心策划、巧妙构思的结果，此类试题具有独创性应该是毫无疑问的。当然，判断一道试题是否具有独创性并不是根据它的难易程度，而是看其是否为出题者原创的，是否具有出题者创造性的智力劳动。因此，只有具有独创性的试题才能构成著作权法意义上的作品，才能够受到著作权法的保护。

事实上，纯粹讨论试题能否受到著作权法的保护在现实生活中意义并不大，因为在现实中，通常试题都以试卷或者试题库的形式出现。试卷是由一些相关的试题根据一定的形式组合而成的，其能否受到著作权法的保护取决于试卷中的试题是否具有独创性而构成作品。试题库是一种典型的数据库。对于试题库的保护，我们同样应该分别讨论：首先，对于由具有独创性试题组成的试题库或者虽然是不具有独创性的试题但是在对试题的选择和编排上体现独创性的试题库，其构成著作权法意义上的汇编作品而受到著作权法的保护。根据我国《著作权法》第14条的规定："汇编若干作品、作品的片段或者不构成作品的数据或者其他材料，对其内容的选择或者编排体现独创性的作品，为汇编作品，其著作权由汇编人享有，但行使著作权时，不得侵犯原作品的著作权。"因而在上述两种试题库中，如果试题本身具有独创性，那么出题者对试题本身享有著作权，而试题库的制作人对整个试题库享有基于汇编后产生的"汇编者权"；如果试题本身不具有独创性或者试题库是由不同出题人的试题汇编而成的，那么试题库的制作人根据我国《著作权法》第14条享有相应的著作权。这里需要注意的是，试题库的制作人在汇编试题的时候不能侵犯原试题出题者的著作权，必须征得原试题出题者的许可或者授权。其次，对于由不具有独创性试题组成的且在内容的选择和编排上不具有独创性的试题库，目前在我国尚不能受到著作权法的保护。

本案所讨论的TOEFL试题，从内容和形式上来讲都是具有独创性的试题，因此不管其是以试卷的形式还是试题库的形式表现出来，都应该受到我国著作权法的保护。对于著作权人享有权利的试题库，其他人在未征得著作权人许可之前，除了《著作权法》第22条规定的合理使用的情形外，不得擅自复制、发行、销售以及通过信息网络向公众传播。

2. 新东方学校在课堂教学使用TOEFL试题能否构成著作权的合理使用

新东方学校在一审答辩时称：其是非营利性教育机构，其未经得原告许可的情况下复制和销售原告享有著作权的TOEFL试题主要是用于课堂教学，因此其行为属于《著作权法》第22条的合理使用，不构成侵权。我们暂不讨论被告新东方学校对侵权试题的使用范围，如果被告只是在课堂教学时使用了TOEFL试题是否构成《著作权法》第22条的合理使用？根据我国《著作权法》第22条第1款的规定："为学校课堂教学或者科学研究，翻译或者少量复制已经发表的作品，供教学或者科研人员使用，但不得出版发行。"这一项合理使用的规定是为了保护和促进教育以及科研的发展，各国著作权法一般都有类似规定，但具体做法有很大的差距。即使在我国，适用这一项合理使用也具有较为严格的限制：第一，课堂教学应该限定在非以营利为目的的学校，其他营利性质的培训班、函授、电大都不适用本项合理使用。新东方学校是典型的带有营利性质的培训机构，因此从主体上说，其不属于"为课堂教学"的合理使用的范围。第二，对合理使用的作品不得出版发行，新东方学校显然用已经出版发行的侵权教材在课堂教学中使用，因此从形式上说，其超出了合理使用的范围。

（六）本案启示

本案中的试题集、试题库即所谓的数据库，在实践中已经引起了国际知识产权界的重视，数据库的国际保护正在逐步形成。其中主要的保护模式分为两种：

1. 著作权的保护模式

以著作权法来保护数据库是由于一部分数据库构成了著作权法意义上的汇编作品。汇编作品是指以作品、作品的片段或者不构成作品的数据材料为内容进行编排，在内容的选择或者编排上具有独创性的作品。因此，不管是作品数据库还是非作品数据库，只要其在内容的选择或者编排上具有独创性，就构成了汇编作品应受到著作权法的保护。我国《著作权法》第14条规定："汇编若干作品、作品的片段或者不构成作品的数据或者其他材料，对其内容的选择或者编排体现独创性的作品，为汇编作品，其著作权由汇编人享有，但行使著作权时，不得侵犯原作品的著作权。"另外，我国《实施国际著作权条约的规定》第8条也规定："外国作品是由不受保护的材料编辑而成，但是在材料的选取或者编排上有独创性的，依照著作权法第 14 条的规定予以保护。此种保护不排斥他人利用同样的材料进行编辑。"〔1〕在著作权的保护模式中，数据库制作者是以汇编者权的形式对其制作的数据库享有权利，其权利受到一定的限制。首先，如果是以作品或者作品的片段为内容制作数据库，除了法律特别规定或者约定之外，数据库制作者都要事先征得原作品著作权人的许可并支付相应的报酬。其次，数据库的制作从本质上讲并没有创造出新的信息，也不是针对作品或者数据材料在表现形式上的演绎。数据库的价值在于通过一定的方式对信息进行选择和编排，从而方便用户查阅和使用信息。因此，数据库制作者享有对数据库的著作权，但是其不能排斥他人用同样的作品和数据材料制作数据库。也就是说，著作权法对数据库的保护不延及数据库的内容。由此可见，以著作权法保护数据库的模式存在着不足。一方面是由于数据库制作者对其数据库享有的权利受到较大的限制，因此其不能满足数据库制作者保护自己投资的要求；另一方面是由于著作权法只能保护一部分数据库，汇编作品的范围无法涵盖一些在内容的选择和编排上不具有独创性的数据库。

2. 特殊权利的保护模式

已如前述，著作权法对数据库的保护并不完整。考虑到一些数据库虽然在内容的选择和编排上不具有独创性，但是数据库制作者在制作数据库时仍然投入了大量的人力、资金和技术。这些数据库制作者的利益同样应当受到法律的承认和保护。因此，欧盟和世界知识产权组织都试图为数据库制作者创设一种不同于著作权的特殊权利。这种特殊权利又被称为数据库权，其将赋予对数据库的制作付出了"重大投资"的数据库制作者许可或者禁止他人对其制作的数据库进行提取或者使用的权利。其中"重大投资"是指在数据库内容的收集、

〔1〕《实施国际著作权条约的规定》第 8 条所称的著作权法第 14 条是指修订前的《著作权法》第 14 条。该条规定："编辑作品由编辑人享有著作权，但行使著作权时，不得侵犯原作品的著作权。编辑作品中可以单独使用的作品的作者有权单独行使其著作权。"

汇集、核对、组织或者表达方面进行任何质量上或者数量上重大的人力、财政、技术或者其他资源的投资。〔1〕在特殊权利的保护模式中，不论是何种数据库，只要数据库制作者对数据库的制作付出了“重大投资”，其对数据库就享有相应的权利。但是这种保护模式与著作权的保护模式在保护范围上存在差异。著作权法对数据库的保护并不延及数据库的内容，而特殊权利保护的恰好是数据库的内容。数据库使用者提取或者使用数据库中的数据材料应当事先征得特殊权利人的许可并支付相应的报酬。因此，以特殊权利保护数据库能比较完整全面地保护数据库制作者的利益。但是，特殊权利的保护模式过于注重数据库制作者的利益，容易产生信息垄断从而损害社会公共利益。〔2〕

总而言之，随着信息技术的发展和普及，国际上对数据库的保护日益重视，如何平衡数据库制作者与社会公众之间的利益是解决数据库保护的关键。我国的知识产权界有必要适当调整法律法规，依照我国国情并结合国际惯例来解决数据库的保护问题。

（七）思考题

我国的四、六级大学英语等级考试的英语试题是否应受到我国著作权法的保护，为什么？

三、作品与计算机软件之间的关系

【案例10】北京市北大方正电子有限公司诉潍坊文星科技开发有限公司侵犯著作权纠纷案

（一）案情简介

2001年4月27日，原告北京北大方正电子有限公司（以下简称方正电子公司）开发完成《方正兰亭 V4.0》版字库软件，并于2002年9月3日取得国家版权局颁发的计算机软件著作权登记证书。《方正兰亭 V4.0》版字库软件包含多款 TrueType 格式的 GBK 字库软件，

〔1〕李明德，许超．著作权法［M］．北京：法律出版社，2003：324.

〔2〕孟祥娟．版权侵权认定［M］．北京：法律出版社，2001：44-46.

该字库中的字型是方正电子公司独立创作完成的字体的数字化表现形式，是由线条构成的具有审美意义的平面造型艺术作品。其后，方正电子公司发现被告山东潍坊文星科技开发有限公司（以下简称文星公司）在市场上销售的《文星 2000 字处理系统 V3.1》版软件，其中挂接的 12 款 GBK 字库的字型，不论是从字的间架结构、笔画的长短，到字体的整体风格，与方正电子公司的《方正兰亭 V4.0》版软件中同款字库的字型相同。方正电子公司认为被告侵犯了其对《方正兰亭 V4.0》版字库软件享有的著作权，依法对《文星 2000 字处理系统 V3.1》版软件的生产商——文星公司及销售商——北京南宸公司在北京市第一中级人民法院提起了侵权诉讼。

（二）本案所涉及的知识点

计算机字库的性质——美术作品还是计算机软件

（三）我国现行法中的相关规定

《著作权法实施条例》第 2 条规定，著作权法所称作品，是指文学、艺术和科学领域内具有独创性并能以某种有形形式复制的智力创作成果。

《著作权法实施条例》第 4 条第 8 项规定，美术作品，是指绘画、书法、雕塑等以线条、色彩或者其他方式构成的有审美意义的平面或者立体的造型艺术作品。

（四）双方意见以及法院判决结果

原告认为，原告投入了大量的智力劳动，创作完成了《方正兰亭 V4.0》版字库软件，并取得国家版权局颁发的计算机软件著作权登记证书，对字库软件依法享有著作权。被告文星公司的《文星 2000 字处理系统 V3.1》版软件抄袭原告的 GBK 字库的字型，其行为侵犯了原告的著作权。

被告辩称，被告的行为不构成对原告著作权的侵犯，请求法院驳回原告的诉讼请求。

一审法院认为：《方正兰亭 V4.0》版字库中的字型是方正电子公司独立创作完成的文字的数字化表现形式，是由线条构成的具有审美意义的平面造型艺术作品，属于我国著作权法规定的美术作品，受

《著作权法》保护，其文字的坐标数据和指令构成的字库可以被计算机执行，属于我国《计算机软件保护条例》规定的计算机软件，受该条例保护，方正电子公司对“方正兰亭”字库中的每个文字的字型以及由这些文字的数据坐标和指令程序构成的字库软件享有著作权。判令文星公司侵犯方正字库的字型著作权和兰亭字库软件著作权成立。判令文星公司停止发行、复制侵权软件，在《计算机世界》上公开致歉，赔偿方正电子公司经济损失 30 万元。

二审法院认为：方正电子公司投入了大量的智力劳动，创作完成了《方正兰亭 V4.0》计算机字库，其智力劳动成果应当受到法律保护。根据法院委托中国版权保护中心版权鉴定委员会出具的鉴定报告，《方正兰亭 V4.0》与文星 2000V3.1 两字库的报宋、仿宋等 12 款 GBK 字库中的字的对应点坐标相同或基本相同，字型重合或基本重合。这一结论说明被告文星公司的文星 2000V3.1 的上述 12 款 GBK 字库非其独立创作完成，而是在《方正兰亭 V4.0》中相应字库的坐标数据和指令程序上进行简单修改得到的，其行为构成对原告美术作品著作权的侵犯，应当承担相应的法律责任。判令文星公司停止发行、复制侵权软件，在《计算机世界》上公开致歉，赔偿方正电子公司经济损失 30 万元。

（五）对本案的法理分析

本案是北京市高级人民法院公布的“2005 年十大知识产权案件”之一，是我国首例计算机字库侵权案，同时这也首次确立了我国司法对计算机汉字库的著作权保护。该案历时 3 年，最终原告北京北大方正电子有限公司胜诉。虽然从整个案件的审理结果来看，一审法院和二审法院都毫无疑问地认为被告侵犯了原告的著作权，判令被告承担侵权责任，但是两审的判决理由和依据是不一样的。一审法院认为，原告的《方正兰亭 V4.0》字库软件，一方面是由线条构成的具有审美意义的平面造型艺术作品，属于我国著作权法规定的美术作品，受《著作权法》保护；另一方面其文字的坐标数据和指令构成的字库可以被计算机执行，属于我国《计算机软件保护条例》规定的计算机软件，受该条例保护。因此，被告分别侵犯了原告的字型著作权和字库软件著作权。二审法院却避开了计算机软件的保护，直接以被告的行为构成对原告美术作品著作权的侵犯而判令被告承担侵权责任。到底被告侵犯了原告的什么权利？这里就需要讨论一下计算机字库的著作权属性。

从著作权法的角度来分析，计算机字库是由两种不同性质的作品构成的，即计算机字体与计算机字库软件。也可以说，计算机字库软件是计算机字体的载体，其中，计算机字库中的字体属于美术作品，而计算机字库软件则属于计算机软件。因此，针对计算机字库的侵权与保护，首先需要分别讨论计算机字体（美术作品）和计算机字库软件（计算机软件）的著作权属性。

1. 计算机字库的字体构成美术作品

文字作品和美术作品的基本特性是不一样的，前者最大的特性是以文字或者符号的排列来表达特定的思想内容，不具备这一特征的，则不能称为文字作品；而后者的“独创性”主要体现在视觉感官上给人以某种美的享受。计算机字体虽然以文字的方式表现出来，但是它的作用显然不在于表达特定的思想内容，因此其不属于文字作品。我国《著作权法实施条例》第 4 条规定：“美术作品，是指绘画、书法、雕塑等以线条、色彩或者其他方式构成的有审美意义的平面或者立体的造型艺术作品。”传统的字库是由中文汉字通过各种字体的形式表现出来的造型艺术作品，其每种字体的风格、线条、造型和大小都具有一定的审美意义。著作权法意义上的美术作品可以分为传统的美术作品和美术作品的数字化表现形式。本案中，原告的计算机字库中的字体则属于传统字库的数字化表现形式，因此其属于我国著作权法规定的美术作品。

2. 计算机字库软件构成计算机软件

根据我国《计算机软件保护条例》第 2 条和第 3 条的规定，构成计算机软件的计算机程序是指“为了得到某种结果而可以由计算机等具有信息处理能力的装置执行的代码化指令序列，或者可以被自动转换成代码化指令序列的符号化指令序列或者符号化语句序列”。其中前者指的是目标代码（object code），后者指的是源代码（source code)。目标代码就是一种用0和1来指示开和关的二进制机器语言；源代码是指人们可以直接读懂并编写的计算机语言，通常用英文和符号表示，例如BASIC语言。在本案中，计算机字库软件是通过一定的坐标数据和代码指令将传统的字体以数字化的形式表现出来的，其本身是可以由计算机识别的程序指令，因此计算机字库软件本身属于我国《计算机软件保护条例》规定的计算机软件，而其同时又是计算机字体以数字化形式表现出来的载体。被告文星公司在市场上销售的《文星2000字处理系统V3.1》版软件，其中挂接的12款GBK字库的字体，不论是从字的间架结构、笔画的长短，到字体的整体风格，与原告方正电子公司的《方正兰亭V4.0》版软件中同款字库的字体相同。其实质上侵犯的是原告字库软件中字体美术作品的著作权，而并非侵犯原告计算机字库软件本身的著作权。

（六）本案启示

随着数字技术和信息技术的发展，一些以美术作品为内容的数据库应运而生。由于其数据庞大且使用方便而广受欢迎，但是针对这些数据库的侵权行为也层出不穷。由于其涉及美术作品、数据库、计算机软件等客体在信息网络传播过程中各个方面的权利，在司法实践中不易厘清其法律关系。一般而言，这些数据库本身就是一个计算机软件，数据库中的美术作品通过计算机软件来管理和使用。所以其主要涉及三方面的权利：其一是美术作品的著作权；其二是计算机软件的著作权；其三是数据库上的权利。另外，由于这些数据库一般都存在于计算机网络上，因此其又较多地涉及著作权中的信息网络传播权。所以，实践中针对这些数据库的侵权行为，首先需要分辨侵犯的为何种客体的权利，不能眉毛胡子一把抓。例如在本案中，被告并不是采用了和原告相同的软件程序，而是在其字库中挂接了与原告相同的字体。因此，被告实际上侵犯的是原告软件中字体的著作权，而不是计算机软件本身的权利。

（七）思考题

本案中原告为何将侵权软件的销售商北京南宸公司列为被告，其法律依据是什么？

第三节 不受著作权法保护的对象

本节要点

1. 不受著作权法保护的对象：(1) 依法禁止出版、传播的作品；(2) 保护期满的作品。

2. 不适于著作权法保护的对象：(1) 法律法规、国家机关的决议、决定、命令和其他具有立法、行政、司法性质的文件，及其官方正式译文；(2) 时事新闻；(3) 历法、通用数表、通用表格和公式。

【案例11】罗耀先诉广东万家乐集团公司著作权纠纷案

(一) 案情简介

原告罗耀先自1987年至1992年在被告万家乐公司担任英文翻译。1988年，被告推出以“万家乐”为特有名称的“万家乐牌”热水器和燃气炉，并委托广告公司将其产品商标设计为“万家乐——WANJIALE”。1990年6月，原告把被告的“万家乐——WANJIALE”商标，设计为“万家乐——MACRO”，但未被被告采纳。1992年4月，原告因故离开被告。自1998年起，被告未经原告许可，擅自将原告的设计“万家乐——MACRO”用作新商标，取代了被告原有的“万家乐——WANJIALE”商标。“万家乐——MACRO”商标广为使用，为被告赢得了很好的商业信誉和利益。

(二) 本案所涉及的知识点

1. 作品的特征。

2. 不受著作权法保护的对象。

(三) 我国现行法中的相关规定

《著作权法》第3条：本法所称的作品，包括以下列形式创作的文学、艺术和自然科学、社会科学、工程技术等作品：(1) 文字作品；(2) 口述作品；(3) 音乐、戏剧、曲艺、舞蹈、杂技艺术作品；(4) 美术、建筑作品；(5) 摄影作品；(6) 电影作品和以类似摄制电影的方法创作的作品；(7) 工程设计图、产品设计图、地图、示意图等图形作品和模型作品；(8) 计算机软件；(9) 法律、行政法规规定的其他作品。

《著作权法实施条例》第 2 条：著作权法所称作品，是指文学、艺术和科学领域内具有独创性并能以某种有形形式复制的智力成果。

(四) 双方意见以及法院判决结果

原告认为，“万家乐——MACRO”是原告自己将创意性文字翻译与抽象艺术意念设计相结合创作出来的独创性智力成果，同时其也是原告翻译以外的业余作品，自己对“万家乐——MACRO”这一设计享有合法的著作权。被告未经原告的同意使用了原告的作品，侵害了原告的著作权，请求法院判令被告停止这一侵权行为，停止使用“万家乐——MACRO”这一特有名称中的特有英文译名“MACRO”，由被告承担本案诉讼费用并保留向被告索赔的权利。

被告辩称，“MACRO”是英文单词，源于公知公有领域，不是原告罗耀先独创的，不属于《著作权法》所称的作品，不受《著作权法》的保护。

一审法院认为，“MACRO”是英语中的固有单词，其含义亦是固有的，该词源于公知、公有领域，不属于原告原创的作品，故不受《著作权法》保护。原告提议的“MACRO”在读音、寓意、形态上等与“万家乐”巧妙结合，有一定的新意，且原告付出了一定的劳动，被告可给予适当的补偿。由于原告没有该项诉讼请求，故法院不予处理。根据《著作权法实施条例》第 2 条的规定，判决如下：驳回原告罗耀先的诉讼请求。

二审法院认为，“万家乐——MACRO”和“MACRO”既不是上诉人（原告）独创的，也不具备我国《著作权法》所称作品的基本特征，不受我国《著作权法》的保护。罗耀先主张上述单词及中英文组合享有著作权，没有法律依据，其上诉理由不成立，法院予以驳回。原判认定事实清楚，适用法律正确，应予维持。

(五) 对本案的法理分析

本案的主要焦点在于，原告罗耀先设计的产品商标特有名称“万家乐——MACRO”是否构成著作权法意义上的作品。一项创作成果是否构成著作权法所称的作品，是否受到著作权法的保护，主要看其是否具备作品的基本特征。我国《著作权法实施条例》第2条有较为明确的规定："作品是指文学、艺术和科学领域内具有独创性并能以某种有形形式复制的智力成果"。根据其规定，作品必须具有"独创性"和"可复制性"。作品的"独创性"由于较为抽象，因此在司法实践中对一项创作是否具有"独创性"往往很难把握和判断。按照一般的著作权理论，作品的"独创性"体现在两个方面：一是作品应该具有"原创性"，即作品应该是作者独立创作完成的，而不是抄袭的；二是作品应该具有"创造性"，即作品应该体现作者创造性的智力劳动：作品应该达到一定的创作水平，而不是对原有作品的简单变化或者是对材料纯粹的列举和汇集。

在本案中，两审法院都认为原告的设计不构成著作权法意义上的作品，不受著作权法的保护。其主要理由为：第一，"MACRO"是英语中的固有单词，其含义亦是固有的，该词源于公知、公有领域，不属于原告原创的作品，即原告的设计不具有原创性；第二，原告的整个设计只是把"MACRO"这个单词用于被告的产品商标名称上而并没有改变或者创造出新的表达方式，即原告的设计不具有创造性。因此，原告的设计由于不具有著作权法意义上的"独创性"从而对设计的名称不享有著作权，不能够要求被告停止使用。

笔者认为两审法院的判决值得商榷，本案中关键的问题并不在于"MACRO"一词是否具有独创性而构成作品，而在于原告设计的商标特有名称"万家乐——MACRO"是否具有独创性而构成作品。"MACRO"作为外语固有单词，毫无疑问，其不具有独创性，不受著作权法保护。但是原告设计的"万家乐——MACRO"这一组合是具有独创性的：首先，"万家乐——MACRO"这一商标特有名称是原告首次提出的，"MACRO"不具有原创性，但是"万家乐——MACRO"是具有原创性的；其次，"MACRO"的英语发音和中文"万家乐"相谐，在形态上也能够和"万家乐"巧妙结合，而"MACRO"一词的词意是"巨大的"和"大量使用的"意思，和中文的"万家乐"相映成趣。作为原告设计的产品商标特有名称"万家乐——

MACRO”，原告能够从众多的英语单词里面挑选出“MACRO”作为“万家乐”对应的英文名称，其无论从中英文的读音上还是英文单词本身的寓意上都体现了原告的创意，具有一定的创造性。两审法院认为“MACRO”系外语固有单词，因此原告的设计不具有独创性，不受著作权保护，其忽略了“万家乐——MACRO”这一设计的独创性。事实上，作品的独创性不在于作品中所使用的文字或者单词是否具有独创性，而在于文字或者单词的组合、搭配是否具有独创性，因为任何作品都是使用公共领域中的文字或者单词来完成的。综上所述，笔者认为原告的设计“万家乐——MACRO”具有独创性而构成作品。

（六）本案启示

本案中，原告将被告的产品商标特有名称设计为“万家乐——MACRO”。虽然英文单词“MACRO”属于公有领域的文化遗产，不是著作权法意义上的作品，但是原告的设计“万家乐——MACRO”是具有独创性的作品，受著作权法的保护。事实上，现在的国内企业在向海外发展的同时越来越意识到建立企业品牌的重要价值，他们在建立品牌的时候已经逐渐放弃使用外语中的固有单词而是根据品牌的中文意境创造出新的字母组合。例如联想公司就把以前的商标特有名称更替为“Lenovon”。“Lenovon”并不是一个现实存在的外语单词，但是也不是随意的字母组合。其是联想公司花费巨资委托专业的设计人员设计的，在字面上与读音上都有特殊的涵义。在这种情况下，如果不考虑“联想”和“Lenovon”的搭配，就“Lenovon”这一字母组合本身能否成为著作权法意义上的作品是值得我们进一步思考的。首先，“Lenovon”这一名称具有原创性，其本身就不属于公有领域的文化遗产，而是设计人员创造出来的，在此之前没有任何人使用过这样一个字母组合；其次，“Lenovon”不是简单的字母组合，其具有创造性。联想原来一直以“legend”作为品牌商标，而国外已经有很多行业都有“legend”这个商标。因此联想重新打造了一个全新的国际化品牌“Lenovon”，其前段继承原来“legend”的一部分，后半部分来源于拉丁文，具有创新之意。其是经过深思熟虑后才采用的具有特殊含义的品牌名称。因此，“Lenovon”具备了作品的基本特性而应该受到著作权法的保护。

（七）思考题

作品的基本特征有哪些？如何判定作品的独创性？

第三章　著作权的内容

第一节　精神权利

本节要点

1. 精神权利的概念辨析

作者的精神权利是指“作者就作品中所体现的人格或精神所享有的权利”〔1〕。在诸多关于著作权法的论著中，有的使用“著作人身权”的概念〔2〕。《伯尔尼公约》第6条之2的规定中使用的是“Moral Right”〔3〕。从严格意义上来说，以人身权利指精神权利并不准确，人身权是民法上的概念，包括人格权和身份权，是比精神权利广泛得多的权利，而作者的精神权利与民法中的人格权最为接近，并且在范围上小于人格权，因此为了避免人们从宽泛的人身权利的角度来理解狭窄的作者的精神权利，从而扩大其范围造成不必要的误解，使用“作者的精神权利”的表述更为准确。〔4〕

2. 精神权利的法理基础及保护程度之概要比较

从法律传统及著作权法理论基础来看，一般认为大陆法系的著作

---

〔1〕 李明德，许超．著作权法［M］．北京：法律出版社，2003：70.

〔2〕 吴汉东．知识产权法新论［M］．湖北：湖北人民出版社，1995：95.

〔3〕 The Berne Convention for the Protection of Literary and Artistic Works, Article 6bis.

〔4〕 李明德，许超．著作权法［M］．北京：法律出版社，2003：71-72.

权法律制度比普通法系更侧重保护作者的精神权利，因为以“英美等国为代表的‘版权体系’是以经济价值观为其著作权制度立法的哲学基础；另一种是以法德等国为代表的‘作者权体系’，该体系以人格价值观为其立法的哲学基础”。[1] 在保护程度上，人们通常认为大陆法系的著作权制度是保护作者的自然权利的，所以大陆法系法律制度对精神权利保护的严格程度超过了以实用主义倾向而著称的普通法系。[2]

3. 精神权利的主要内容

尽管作者的精神权利获得了包括普通法系国家在内的越来越多国家的承认，然而各国立法对其内容的规定却不尽相同。我国著作权法第10条规定的精神权利包括发表权、署名权、修改权及保护作品完整权四项内容；《伯尔尼公约》第6条之2规定了作者身份权和保护作品完整权两项内容[3]；法国著作权法对作者的精神权利保护体现在三方面：作者姓名、身份及作品受尊重权，发表权，追回或收回权。[4] 德国著作权法规定了发表权、署名权和保护作品完整权。[5]

加拿大是普通法系国家中最早明确施行精神权利法律的国家[6]，目前的《加拿大版权法》规定要对作者的作品完整权和身份

〔1〕 吴汉东. 西方诸国著作权制度研究 [M]. 北京：中国政法大学出版社，1998：103-104.

〔2〕 [美] 保罗·戈尔斯坦. 国际版权原则、法律与惯例 [M]. 王文娟译，北京：中国劳动社会保障出版社，2003：279.

〔3〕 保护文学和艺术作品伯尔尼公约（1971年巴黎文本）指南 [M]. 刘波林译，北京：中国人民大学出版社，2002：34.

〔4〕 黄晖，译. 郑成思，审校：《法国知识产权法（法律部分）》，商务印书馆，1999：9，10，156.

〔5〕 雷炳德. 著作权法 [M]. 张恩，民译. 北京：法律出版社，2005：270-277.

〔6〕 Paul Goldstein. *International Interllectual Property Law* [M]. Foundation Press，2001：295.

权进行全面严格的保护〔1〕，英国1988年的《版权、外观设计和专利法》规定了4项法定精神权利，即伯尔尼公约要求的两项权利：归属权（the right of attribution）和作品完整权，以及禁止进行错误归属的权利和对某些照片和影片享有的特定隐私权〔2〕。

在美国，尽管一开始缺乏联邦法律明确地承认作者的精神权利，然而，精神权利的概念从两个方面在美国法中日渐得到体现，一是在著作权法以外，作者的完整权（the right of integrity）和归属权（the right of attribution）被各种州法以及联邦法予以特别保护，还有一些州通过法律明确承认视觉艺术家的精神权利；另一方面，1990年美国国会通过《视觉艺术家权利法》，在著作权法中增加了106A〔3〕，首次以联邦法的形式部分承认了作者的精神权利，即赋予视觉艺术作品的作者一定的精神权利：归属权（the right of attribution）和完整权（the right of integrity），最终部分地取代了州法〔4〕。

一、署名权、发表权的行使与保护

【案例12】杨涪林与高小华作品署名权、发表权纠纷案

（一）案情简介

杨涪林（以下简称原告）于2003年诉至法院，指控高小华（以下简称被告）侵犯其发表权和署名权。原告诉称：原告对其倾注心血独立完成的《红岩之春》的素描稿和《唤起民众》色彩稿享有著作权。被告未经原告同意将原告独立创作的《红岩之春》的素描稿和《唤起民众》色彩稿署上自己的名字，在《美术》杂志发表，严

---

〔1〕［美］保罗·戈尔斯坦．国际版权原则、法律与惯例［M］．王文娟译，北京：中国劳动社会保障出版社，2003：279.

〔2〕Paul Goldstein. *International Interllectual Property Law*［M］. Foundation Press，2001：295.

〔3〕CODE. TITLE 17. COPYRIGHT ACT OF 1978，106A.

〔4〕Craige Joyce，Marshall Leaffer，Peter Jaszi，etal. *Copyright Law*［M］.［S. L］：Lexisnexis，608.

重侵犯了原告的发表权和署名权。

法院经法庭调查确定了以下事实：2001 年 3 月 16 日，重庆红岩革命纪念馆馆长书面委托被告创作设计大型艺术景观“红岩启示录”专题陈列油画部分。2003 年初，《唤起民众》和《红岩之春》的素描稿和色彩稿创作完成。2003 年 5 月，中国美术家协会主办的《美术》杂志第 5 期上登载了美术作品《唤起民众》草图（3×9m）、《雾霭中的红岩村》和《红岩之春》草图（3×25m，该两个名称实际为本案争议的《红岩之春》），该两幅作品均为色彩稿。

（二）本案所涉及的知识点

1. 作者身份之认定。

2. 发表权。

3. 署名权。

（三）我国现行法律和司法解释中的相关规定

《著作权法》第 2 条第 1 款：中国公民、法人或者其他组织的作品，不论是否发表，依照本法享有著作权。

《著作权法》第 10 条第 1 款第 1 项：发表权，即决定作品是否公之于众的权利。

《著作权法》第 10 条第 1 款第 2 项：署名权，即表明作者身份，在作品上署名的权利。

《最高人民法院关于审理著作权民事纠纷案件适用法律若干问题的解释》第 7 条：当事人提供的涉及著作权的底稿、原件、合法出版物、著作权登记证书、认证机构出具的证明、取得权利的合同等，可以作为证据。在作品或者制品上署名的自然人、法人或者其他组织视为著作权、与著作权有关权益的权利人，但有相反证明的除外。

（四）双方意见以及法院判决结果

原告认为，根据《著作权法》第 10 条的规定，被告未经许可将原告独立创作的《红岩之春》的素描稿和《唤起民众》色彩稿署上其自己的名字，拿到《美术》杂志发表的行为是对原告发表权和署名权的严重侵犯，应依法承担停止侵害、消除影响、公开赔礼道歉、赔偿损失等民事责任。

被告辩称，原告不享有《红岩之春》、《唤起民众》两幅作品的相关著作权。该两幅作品系被告创作完成，原告从未参与创作或者合作创作，请求法院判决驳回原告的诉讼请求。

法院认为，原告虽然提交了其创作《红岩之春》四幅画稿的草图和为创作该作品所收集的素材以及陈述了创作该作品的创意，但没有直接证据证明其依法享有刊登在2003年《美术》杂志第5期上的美术作品《红岩之春》草图（3×25m）的素描稿和色彩稿、《唤起民众》草图（3×9m）的色彩稿的主要部分是其单独创作完成。同时，原告也未提供其诉称与被告曾有口头协商约定创作上述作品的相关证据。被告承认原告曾经参与过几天创作并支付3000元报酬给原告的事实并不能完全证明原告就享有上述两幅作品的相关著作权。原告的诉请要得到法律支持还应举证证明其参与创作两幅作品的创作程度已经达到其享有相关著作权的证据，以及原告所创作的作品与发表在《美术》杂志上的两幅作品之间不论在画风、尺寸比例等方面具有关联性的证据。由于被告否认原告参与了《红岩之春》和《唤起民众》的创作工作，原告也未提供所创作作品交付给被告的依据，法院也未能收集到相关证据证明原告享有相关著作权的证据。因此，原告诉称被告侵犯其署名权和发表权缺乏证据，法院不予支持。

（五）对本案的法理分析

根据法律的规定，署名权和发表权是作者享有的精神权利中重要的内容，因此，判定被告是否侵犯原告的署名权和发表权的前提是必须认定原告是否为涉案作品的著作权人。按照有关司法解释的规定，当事人提供的涉及著作权的底稿、原件、合法出版物、著作权登记证书、认证机构出具的证明、取得权利的合同等，可以作为证据。在作品或者制品上署名的自然人、法人或者其他组织视为著作权、与著作权有关权益的权利人，但有相反证明的除外。在本案中，针对原告的侵权指控，被告提供了署名为被告的涉案作品在正式出版物上发表的证据以及书面委托书和合同，所以被告根据法律的规定已经初步证明其是涉案美术作品的作者，原告则必须提供足够的反证才能推翻被告的证明和法律的推定。

故原告必须证明其提供的作品与涉案作品之间有关联性，并且该关联性必须达到了著作权法能够赋予其作者地位的程度，即原告对被控侵权作品的独自或者合作创作付出了实质性的贡献，而不是一般的、辅助性的劳动。这种关联性可以从两者的作品本身进行分析、鉴定比较，也可从原告与被告之间的创作行为和创作活动的联系来进行判断。然而，在诉讼期间，原告未能举出充分证据证明其提出的作品与涉案作品的关联性，未能提出相反的证据推翻被告的证据以证明原告才是涉案作品的作者或合作作者，因此，原告当然不能享有涉案作品的著作权，所以决定作品是否公之于众的权利和表明涉案作品作者身份、在作品上署名的权利，即发表权和署名权，依法不能由原告行使，故法院驳回其诉讼请求。

（六）本案启示

虽然，原告请求判令被告侵犯其署名权和发表权的诉请被法院依法驳回，但是法院最终却特别表明了原告在以后收集到相关证据后仍然可以另行提起诉讼主张其应当享有的著作权。这一方面显示了美术作品著作权举证和认定的专业性以及复杂性，另一方面也说明了一旦作者的身份被重新确认，署名权、发表权等在内的精神权利仍然可以得到相应的法律保护，表明了作者的精神利益与著作权人须臾不可分割的联系。

本案展示了署名权、发表权侵权判定中最基本的步骤和认定条件，即首先确认合法的权利人，其次才能判定署名权、发表权是否受到侵犯。如果被控侵权人是作者，则侵权无从谈起；如果被控侵权人不是作者，其在没有得到作者的同意、授权，也无法律依据的情况下，而行使了该项权利，则侵权成立。但是，如果被控侵权人享有作者的部分权利，或者是合作作品的作者，则问题就比较复杂，需要根据其得到同意或授权的范围、合作作品的性质，结合署名权、发表权的特点以及权利行使的具体情况来进行分析、判断。

（七）思考题

本案中，如果原告能够举出充分证据证明其是涉案作品唯一作者或者合作作者，那么在以下情形中其主张的署名权、发表权是否都会得到法院同样的、完全的支持？

1. 如果原告是涉案作品的唯一作者，被告未经原告同意以被告的名义发表了该作品，原告指控被告侵犯其署名权、发表权，法院应当如何判决？

2. 如果原告是涉案作品的唯一作者，原告同意被告发表其作品，被告以自己的名义发表了该作品，原告指控被告侵犯其署名权、发表权，法院应当如何判决？

3. 如果原告、被告是涉案作品的合作作者，原告曾表示同意发表或者不反对发表，因此被告就发表了该作品，但是却没有署原告之名而是只署了自己的名字，原告指控被告侵犯其署名权、发表权，法院该如何判决？

4. 如果原告、被告是涉案作品的合作作者，原告不同意发表而被告发表了该作品，而且只署了被告自己的名字，法院该如何判决？

5. 如果原告、被告是涉案作品的合作作者，原告不同意发表而被告发表了该作品，但该作品上同时署了原告和被告的名字，原告指控被告侵犯其署名权、发表权，法院该如何判决？

二、修改权的行使与保护

【案例13】社会科学文献出版社与张五常及深圳市新华书店因著作权侵权纠纷案

（一）案情简介

张五常（以下简称原告）于2001年11月起诉称其与香港花千树出版有限公司（以下简称花千树公司）签订《协议书》，授权花千树公司享有其作品的出版独有许用权。此后花千树公司与社会科学文献出版社（以下简称被告）签订《图书出版合同》将其在香港地区出版的原告作品《随意集》授权在被告中国内地以中文简体字出版。但是，被告未经原告和花千树公司的同意，擅自对原告的作品进行了多处删节、修改后出版发行，侵犯了原告对作品的修改权，对原告的人格尊严和精神造成损害。

法院经法庭调查确定了以下事实：原告是涉案作品《随意集》

的著作权人，被告出版的《随意集》（现书）与原告认可的花千树公司出版的《随意集》（原书）对比，有六处删节或修改。被告在出版前已将《随意集》修改稿邮寄给花千树公司审定，花千树公司亦确认已看过《随意集》修改稿，但是花千树公司未同意该修改稿。

（二）本案所涉及的知识点

1. 修改权侵权之认定。

2. 修改权侵权之例外。

（三）我国现行法中的相关规定

《著作权法》第10条第1款第3项：修改权，即修改或者授权他人修改作品的权利。

《著作权法》第1条：为保护文学、艺术和科学作品作者的著作权，以及与著作权有关的权益，鼓励有益于社会主义精神文明、物质文明建设的作品的创作和传播，促进社会主义文化和科学事业的发展与繁荣，根据宪法制定本法。

《著作权法》第4条：依法禁止出版、传播的作品，不受本法保护。

《宪法》第1条：中华人民共和国是工人阶级领导的、以工农联盟为基础的人民民主专政的社会主义国家。社会主义制度是中华人民共和国的根本制度。禁止任何组织或者个人破坏社会主义制度。

《出版管理条例》第2条：在中华人民共和国境内从事出版活动，适用本条例。本条例所称出版活动，包括出版物的出版、印刷或者复制、进口、发行。本条例所称出版物，是指报纸、期刊、图书、音像制品、电子出版物等。

《出版管理条例》第3条：出版事业必须坚持为人民服务、为社会主义服务的方向，坚持以马克思列宁主义、毛泽东思想和邓小平理论为指导，传播和积累有益于提高民族素质、有益于经济发展和社会进步的科学技术和文化知识，弘扬民族优秀文化，促进国际文化交流，丰富和提高人民的精神生活。

（四）双方意见以及法院判决结果

原告认为，《图书出版合同》第3条并未授予被告作品修改权；

合同第10条规定，要修改作品必须取得花千树公司的书面许可；被告对作品修改并不属于编辑加工范畴，其未经原告和花千树公司的同意，擅自对作品进行了多处删节和修改，侵犯了原告对作品的修改权。

被告辩称，其对《随意集》所做的极个别的编辑加工符合有关法律法规的规定，未侵犯原告的著作权。在《随意集》总共的11万字中，编辑加工的部分只占极少数，且改动之一是纯粹文字或表达方式上的编辑加工，目的是为了更好地表达作者的意思，而根本不涉及作品的内容；改动之二则是将原书中极个别内容与我国现行法律法规及党和国家的方针政策不符，或有违社会主义国家的公共道德和善良风俗的文字删除。因此，被告的编辑加工既是有关法律法规所要求的，也是与花千树公司签订的《图书出版合同》所规定的，所以，被告没有侵犯原告的修改权。

二审法院认为，根据《图书出版合同》第10条之规定，被告如需对《随意集》进行修改、删节等，应征得花千树公司同意，并经书面认可，但根据该合同第3条之规定，被告负责确定根据本合同出版发行的作品不得违背中国法律和社会公共利益。本案中，被告为了履行合同第3条规定的义务，将其认为《随意集》中违背中国法律和社会公共利益的部分内容予以修改或删除，并根据合同第10条之规定将修改稿提交花千树公司审查，而花千树公司不同意修改稿。在此情况下，《图书出版合同》第3条与第10条之规定就发生了冲突。被告与花千树公司签订的《图书出版合同》对合同第3条与第10条发生冲突时如何处理没有作出明确约定，根据诚实信用原则及合同目的来解释，被告有权将其认为违背中国法律和社会公共利益的《随意集》的相关内容修改或删节，这是其履行合同义务所必须的。被告对作品的上述改动是按照作品的性质及其使用目的和状况所做的不得已的改动，这种改动无损原告作为《随意集》作者之声誉和人格利益，并未侵犯其修改权。

（五）对本案的法理分析

修改权是著作权人的一项重要的人身权利，是权利人自己修改或者授权他人修改作品的权利。一般而言，可以从两个方面判断权利人的修改权是否受到侵害，一是对比原作品与被控侵权的作品，明确后者与前者相比是否有改动；二是审查被控侵权人是否享有修改权以及修改权限的范围。如果被控侵权人没有修改权也没有获得相应授权，或者超出了授权的范围而对原作品进行了改动，则可以认定侵犯了权利人的修改权。但是，侵犯修改权存在两种例外：一是合理的编辑行为；二是法律法规规定的其他情形。在本案中，被告没有获得原告的授权而对其作品进行了改动，但是其改动之一属于合理编辑，如将原书第96～97页第16～17行改为“领导人”，现书第167页第19～20行改为“权威人士”，如此文字上的个别改动符合出版界的编辑惯例及《图书出版合同》第21条之约定；而被告的改动之二也是符合法律法规规定的，如将“这样，艺术又怎可以像江泽民等人那样‘思想统一’呢?”等某些违反我国现行法律法规的表述删除等。因此，二审法院认为一审法院原以此认定被告侵犯了原告修改权的理由不充分，被告上诉称其行为没有侵犯原告修改权的理由成立。

（六）本案启示

著作权法虽然赋予作者广泛的权利，但是，作者行使其人身权和财产权时不但受到著作权法本身诸多的限制，还要受到其他法律法规的调整，因为，作者的表达自由并非是无限的，而是在国家意志控制之下的言论自由和创作自由。所以，尽管从法律条文规范表面来看，各国著作权法中作者权利的规定大同小异，但实际上，在不同的社会制度和法律文化传统中，作者所享有的表达自由有着本质的差异，自由的限度也有很大的不同。

在美国，宪法第一修正令明确规定保障公民的表达自由，言论自由不仅是公民享有的基本权利，同时也演变成美国现代宪政的基石。因此，在美国的司法实践中，美国政府对出版物的“事先审查”被法院的诸多判例予以禁止而仅能存在于极其有限的例外情形下，而美国政府对言论和表达的内容进行限制的行为也会受到法院的严格审查。受这一宪政原则及其司法实践的影响，在著作权法领域中“不干净的手的抗辩”（the unclean hands defense）也越来越多地遭到法院的驳回，即被控侵权人以作者的作品是色情的、不道德的、不合法的、虚假的、欺诈等为理由而为侵权行为做抗辩已经不再必然获得法院的支持〔1〕。表面上看，这是因为，美国法院试图避免由于色情等“不干净”的判断标准差异而有可能造成著作权法适用的不统一，而实际上，更深层的原因是法院承袭了一贯以来维护言论自由的传统，避免因为对上述“不干净”内容的不一致的认定或理解而侵害或妨碍了言论自由。受此影响，美国版权局尽管有权拒绝为含有色情、虚假等内容的作品注册。然而却不愿这么做，而 1976 年的美国著作权法更是对作品的“道德”问题保持沉默。〔2〕

显然，我国的情况与美国截然不同，在我国，新闻出版事业必须坚持党的领导，公民的言论自由权也必须在宪法和法律规定的范围内行使。因此，本案中，二审法院根据作品被修改的具体情况和涉案的合同条款，结合民法解释的基本原理以及我国著作权法的规定，作出了符合我国法律法规规定及价值取向的判决。

（七）思考题

1. 合理编辑的标准该如何确定?

2. 本案提到的“有违社会主义国家的公共道德和善良风俗”的标准该如何确定 ?

三、保护作品完整权的行使与保护

【案例 14】羊城晚报社与胡跃华著作权侵权纠纷案

（一）案情简介

胡跃华（以下简称原告）起诉称其按约将《我当毒贩七昼夜》一文的原文以电子邮件发送给羊城晚报社（以下简称被告），并以《女记者毒贩体验七昼夜》（以下简称《女文》）的名称发表，但被

---

〔1〕 Marshall Leaffer. *Understanding Copyright Law* [M]. Matthew Bender & Company Incorporated: 91.

〔2〕 Marshall Leaffer. *Understanding Copyright Law* [M]. Matthew Bender & Company Incorporated: 91.

告却对该文进行了修改，同时也没有按照原告的要求配发图片和文字说明，被告的行为在客观上损坏了作品的完整性，侵犯了原告的保护作品完整权并给原告造成极大的精神伤害。

法院经一、二审的审理认定了以下事实：2001 年 1 月 6 日，原告与被告下属的新闻周刊就刊载《女文》的有关事宜达成协议，约定原告授权被告的新闻周刊独家刊登该作品，并由原告保留该作品的完整著作权。同年 1 月 11 日，被告的新闻周刊对《女文》进行编辑整理后，以《摇身变作女毒枭》和《与毒贩子周旋终日》为题分上下两部分在《新闻周刊》第 211 期上登载，全文 6400 余字，署名胡跃华，在登载的《摇身变作女毒枭》上配一幅漫画图案，在《与毒贩子周旋终日》上，以安徽省临泉县公安局交警队楚耀武投递的照片附图说明为："贩毒嫌疑人韩小月完成一笔交易后，返回宾馆与情人接头时，被安徽省临泉县缉毒警察当场抓获。"《新闻周刊》在刊登《女文》时，除配图说明外，四次在文章中出现安徽省、安徽省公安厅、省城合肥、合肥淮南。原告即向被告新闻周刊社提出交涉。2001 年 2 月 28 日，被告下属的新闻周刊社以情况说明的形式书面致函胡跃华，言明："在编辑此稿时，我报除按宣传部门通知精神，对详细细节进行了淡化处理外，并考虑到突出新闻的真实性，在事件发生地点上，将原文中的 F 市改成阜阳市，增加了安徽省、合肥等具体地名。此外，在阜阳市临泉县公安局发来图片和图片说明后，我报未按照胡跃华事先提出的只能做配图，不能用文字说明的要求，原文刊载，客观上指明了事件发生的具体地域。"本案没有证据证明安徽省临泉县公安局交警大队楚耀武向羊城晚报社邮寄照片和配图说明系经胡跃华同意的。

（二）本案所涉及的知识点

1. 保护作品完整权。

2. 侵犯保护作品完整权之认定。

3. 侵犯保护作品完整权与侵犯修改权的联系及区别。

（三）我国现行法中的相关规定

《著作权法》第 10 条第 1 款第 4 项：保护作品完整权，即保护作品不受歪曲、篡改的权利。

（四）双方意见以及法院判决结果

原告认为被告对《我当毒贩七昼夜》一文进行了修改，同时也没有按照原告的要求配发图片和文字说明，其行为客观上损坏了作品的完整性，侵犯了原告保护作品的完整权。

被告辩称其出具的《情况说明》内容与当时的真实情况并不一致，该函也足以说明《女文》正文中根本没有“阜阳市”出现。此外，安徽省临泉县公安局交警大队楚耀武邮寄照片和配图说明时，明确写有“阜阳市”、“临泉县警方”等具体地名，该配图说明上并没有任何禁止刊登的声明。被告对文章所作的文字性处理，即适当删节、修改、确认，是正当合法的编辑行为，既未改变该文中地名的表达方式，也没有违反协议约定，因此，不构成对作者的保护作品完整权的侵害。

法院认为，原告与被告下属的新闻周刊社就刊载作品《女文》有关事宜达成的协议中已明确约定作者保留该作品的完整权。被告未能提交充分证据证明《情况说明》函是在违背其真实意思表示的情况下出具。无论是原《著作权法》还是现行《著作权法》均明确规定，报社、期刊社可以对作品作文字性修改、删节，但对作品内容的修改，应当经作者许可。被告下属的新闻周刊社刊登《女文》时，对有关文字、地点、人名的删节、修改以及配图和说明，客观上表现为对作品内容的改动，虽然没有对原告人格或感情进行曲解和丑化，但在该作品的创作背景、内容及在整体和细节上违背了原告的真实思想表达，从而在整体上破坏了作品的表现形式，是对《女文》作品完整性的破坏，显然不属于正当合法的编辑行为，因此被告侵犯了原告的保护作品完整权。

（五）对本案的法理分析

保护作品完整权，即保护作品不受歪曲、篡改的权利，是作者享有的非常重要的一项精神权利。保护作品完整权与修改权虽然都表现为作者对作品的改变所享有的权利，但是二者既有联系又有区别。侵犯作者的修改权不必然构成对作者保护作品完整权的侵犯，未经作者授权或许可，也无法律依据的不合理的编辑行为可以认定侵犯作者的修改权，然而只有对作品的改动达到“歪曲、篡改”的程度才构成侵犯保护作品的完整权。我国《著作权法》第46条第4款规定了“歪曲、篡改他人作品的”构成侵权行为，但是我国法律没有进一步明确“歪曲、篡改”的尺度和标准，因此在司法实践中，保护作品的完整权的弹性很大，不易把握。

本案中，法院根据现行法律对保护作品完整权以及修改权的规定，将侵犯保护作品完整权正确地解释为对作品内在表达的破坏，作者的声誉是否受损并不是保护作品完整权侵权成立的条件，仅是判断侵权情节轻重的因素，并进一步阐明了侵犯保护作品的完整权的判定标准，即应当从作品的创作背景、内容等方面进行审查，查明被控侵权作品在整体和细节上究竟是否为作者的陈述，其作品是否受到歪曲或篡改，最终认定被告侵犯原告的保护作品完整权。

（六）本案启示

我国著作权法与《伯尔尼公约》及美国、德国的著作权法规定的保护作品完整权存在一个重大区别。我国的保护作品完整权不以“有损作者声誉”为要件，而后者均规定了只有达到“‘有损作者声誉的’歪曲、篡改、修改或者其他贬抑”〔1〕，或者“有损智力创作权益和人身权益的歪曲、篡改”〔2〕的程度才能构成侵犯保护作品完整权，即侵犯保护作品完整权以“有损作者声誉”为要件。

以“有损作者声誉”为侵权要件的优点显而易见：一是更有利于明晰保护作品完整权的内涵和外延，也有利于区别对保护作品完整权和修改权之侵权行为。该要件的添入使得保护作品完整权比修改权对作者精神权利保护的程度更深、更高，更突出地侧重保护了作者的思想、感情、精神和人格。二是更有利于侵犯保护作品完整权之认定。作者如主张保护作品完整权受到侵犯，就必须举证证明其声誉受到损害，故该法律标准相对单纯的“歪曲、篡改”的法律规定更具有客

〔1〕郑成思．知识产权法［M］．北京：法律出版社，2003：321.

〔2〕李明德，许超．著作权法［M］．北京：法律出版社，2003：78.

观性和可操作性。三是更有利于防止权利人滥用权利。保护作品完整权是作者的权利，因此，是否构成“歪曲、篡改”也是以权利人的主张为依据来进行判定的，但是，如果完全依照作者自身的标准则不但难以把握和认定，而且极易陷入主观任性的误区，使得一些对作品的善意或必要的修改动辄得咎。因此，从这个角度而言，“有损作者声誉”作为保护作品完整权的要件是对作者权利的一种限制，能够有效地防止作者滥用该权利。建议我国著作权法将来修改时把“有损作者声誉”添加为侵犯保护作品完整权之要件。

（七）思考题

1. 侵犯作者的保护作品完整权是否必然侵犯作者的修改权？

2. 作者如果因保护作品完整权之侵犯行为而受到精神伤害，是否能够依法获得精神损害赔偿？

第二节 经济权利

本节要点

1. 经济权利的定义

著作权人的经济权利又称为著作权财产权，是指著作权人就作品的利用享有经济利益的权利。相对于大陆法系国家而言，普通法系国家更重视对经济权利的保护，正如美国有学者认为，普通法系中“版权（copyright）”与大陆法系中“著作权（author’s right）”的差别不仅仅是术语上巧合的不同，而是恰恰解释了两大法系传统中对待作品权利态度方面的根本差异，普通法系国家中版权（copyright）法的法理基础在于为创造者提供物质支持，版权的最终目的就是提高社会公共福利——一种根本的经济价值。〔1〕所以，对以经济利益为版权法首要价值的普通法系国家而言，权利人享有作品的经济利益不但

〔1〕 Marshall Leaffer. *Understanding Copyright Law* [M]. Matthew Bender & Company Incorporated: 3.

是版权法应有之意，而且也是版权法的核心内容。在版权业高度发达的国家，经济权利的保护程度和水平甚至关系到整个社会的经济发展和对外贸易。

2. 经济权利的内容

尽管由于社会政治、经济、历史以及法律传统差异的原因，各国著作权法对作者经济权利的规定都不尽相同，但基本上都涵盖了：复制权、演绎权与传播权三大类，〔1〕并尽可能地从本国实际情况出发，通过立法或司法对其中的某些权利作出侧重规定或特别解释以更好地保护经济权利，平衡个人的经济权利与社会公共利益之间的冲突。也正因为如此，作者的经济权利与精神权利的法律表现形式有着较大的不同，一般地，作者人身权的内涵及其种类都是固定的、明确的、有限的，而经济权利在立足于作者的经济权利的基点上辐射出更广的覆盖面，而且其外延是开放式的，随着科技的进步、经济的发展、作品以及利用类型的新颖化和多样化，经济权利的范围亦随之扩展，如随着因特网的应用和普及，我国2001年修订的著作权法增加规定了作者的信息网络传播权。

一、复制权、发行权的行使与保护

【案例15】孟昭瑞诉人民出版社、中国人民革命军事博物馆侵犯著作权纠纷案

（一）案情简介

2003年8月，孟昭瑞（以下简称原告）发现人民出版社（以下简称被告）于2000年10月出版的《抗美援朝战争》一书中未经许可使用了原告享有著作权的9幅摄影作品，故诉至法院指控被告侵犯了其对作品享有的复制权和发行权。

法院经法庭调查确定了以下事实：原告退休前系解放军画报社记者，在抗美援朝期间，其作为随军记者拍摄了包括涉案9幅摄影作品

〔1〕郑成思．知识产权法［M］．北京：法律出版社，2003：321；李明德，许超．著作权法［M］．北京：法律出版社，2003：85.

在内的一些反映抗美援朝战争的照片。解放军画报社留存了上述照片。2000 年 6 月 26 日，被告和军事博物馆签订了《图书出版合同》，双方约定：军事博物馆授予被告出版《中国革命军事博物馆基本陈列画册》（9 本）的纸介质图书和电子出版物的专有出版权。2000 年 6 月 27 日，被告和军事博物馆签订了《关于执行图书出版合同的补充协议》，双方约定：军事博物馆承担全部出版费用。

2000 年 10 月，被告出版了《抗美援朝战争》一书，该书封面标注：中国军事博物馆展览系列画册；中国军事博物馆编。该图书版权页标注：中国军事博物馆编；人民出版社出版发行；2000 年 10 月第 1 版；2000 年 10 月北京第 1 次印刷；印数：1－3000 册；ISBN 7－01－003252－1/K · 646；定价 160.00 元。该书使用了孟昭瑞拍摄的 9 幅摄影作品，分别为：赴朝参战的马车队（第 29 页）、上甘岭战地一角（第 154 页）、上甘岭战役中志愿军部指挥所（第 155 页）、志愿军第 15 军军长秦基伟在听取英 8 连指导员王士根汇报在坑道内坚持斗争的情况（第 162 页）、火箭炮群正向敌人发起猛烈攻击（第 166 页）、志愿军战俘营里的战俘穿上了新棉衣（第 230 页）、来凤庄旧址（第 260 页）、朝中谈判代表团成员（第 261 页）、"联合国军"谈判代表团成员（第 261 页）。上述作品均未标明作者姓名。《抗美援朝战争》一书系《中国革命军事博物馆基本陈列画册》（9 本）中的第一册，该书所使用的涉案 9 幅图片系军事博物馆馆藏照片，军事博物馆认可其提供的涉案 9 幅馆藏照片系自解放军画报社翻拍而成。

（二）本案所涉及的知识点

1. 复制权。

2. 发行权。

（三）我国现行法中的相关规定

《著作权法》第 10 条第 1 款：复制权，即以印刷、复印、拓印、录音、录像、翻录、翻拍等方式将作品制作一份或者多份的权利。发行权，即以出售或者赠与方式向公众提供作品的原件或者复制件的权利。

《著作权法》第 16 条第 1 款：公民为完成法人或者其他组织工

作任务所创作的作品是职务作品，除本条第2款的规定以外，著作权由作者享有，但法人或者其他组织有权在其业务范围内优先使用。作品完成两年内，未经单位同意，作者不得许可第三人以与单位使用的相同方式使用该作品。

《最高人民法院关于审理著作权民事纠纷案件适用法律若干问题的解释》第19条：出版者、制作者应当对其出版、制作有合法授权承担举证责任，发行者、出租者应当对其发行或者出租的复制品有合法来源承担举证责任。举证不能的，依据著作权法第46条、第47条的相应规定承担法律责任。

《最高人民法院关于审理著作权民事纠纷案件适用法律若干问题的解释》第20条：出版物侵犯他人著作权的，出版者应当根据其过错、侵权程度及损害后果等承担民事赔偿责任。出版者对其出版行为的授权、稿件来源和署名、所编辑出版物的内容等未尽到合理注意义务的，依据著作权法第48条的规定，承担赔偿责任。出版者尽了合理注意义务，著作权人也无证据证明出版者应当知道其出版涉及侵权的，依据民法通则第117条第1款的规定，出版者承担停止侵权、返还其侵权所得利润的民事责任。出版者所尽合理注意义务情况，由出版者承担举证责任。

（四）双方意见以及法院判决结果

原告认为，被告出版的《抗美援朝战争》一书中未经许可使用了原告享有著作权的9幅摄影作品，且未给原告署名并支付报酬，侵犯了原告对其作品享有的复制权、发行权。

被告辩称，涉案9幅摄影作品为职务作品，著作权应归属解放军画报社；《抗美援朝战争》一书是由军事博物馆署名并承担责任的作品，被告出版该书有军事博物馆的合法授权，并与军事博物馆签订了《图书出版合同》，被告已经履行了合理的注意义务且出版涉案图书没有赢利，所以不应承担侵权责任。

法院认为，依据我国著作权法的相关规定，如无法律规定及约定，职务作品的著作权由作者享有。原告作为随军记者完成的9幅涉案摄影作品属职务作品，原告作为该作品的拍摄者依法享有著作权。

被告主张涉案9幅摄影作品为职务作品，著作权应归属解放军画报社，缺乏依据，不予采信。涉案9幅摄影作品虽为职务作品，但涉案使用方式并非属于法律规定的单位有权使用的范围，因此被告未经许可，在其出版、发行的《抗美援朝战争》一书中使用了原告享有著作权的9幅摄影作品，未给原告署名，并支付稿酬，侵犯了原告对涉案9幅摄影作品享有的复制权、发行权。被告主张《抗美援朝战争》一书是由军事博物馆署名并承担责任的作品，其已经履行了合理的注意义务，不应承担侵权责任的主张缺乏事实和法律依据，不予采信。

（五）对本案的法理分析

复制权是作者有权以印刷、复印、拓印、录音、录像、翻录、翻拍等方式将作品制作一份或者多份，以及禁止他人未经许可以前述方式利用其作品的权利；复制权是作者享有的一项基本且重要的经济权利。发行权是指作者有权以出售或者赠与方式向公众提供作品的原件或者复制件，以及禁止他人未经许可以前述方式利用其作品的权利。一般而言，判断侵犯经济权利之行为是否成立，首先要分析作品的作者或权利人是谁，该作品是否仍受著作权法保护；其次，要查明被控侵权人是否获得许可或授权，该被控侵权行为属于侵犯经济权利中的哪一种；最后，审查被控侵权人是否提出法定的抗辩理由并判断该理由是否成立。在本案中，法院首先查明并认定涉案的9幅摄影作品的作者为原告，原告的著作权受法律的保护；其次，被告没有获得原告的授权或许可，擅自使用原告作品制作书籍并出版发行，其行为包括了以印刷方式进行复制，以及向公众提供作品复制件的发行行为；最后，尽管被告提出其已履行了合理的注意义务且出版涉案图书没有赢利的抗辩理由，但是，该理由缺乏事实和法律依据。因此，法院最终认定被告侵犯了原告对涉案9幅摄影作品享有的复制权和发行权。

（六）本案启示

近些年来，我国文化出版业迅速发展，但由于各种原因，出版行业还比较缺乏版权保护的意识，出版发行中还存在不规范的运作，因此，出版社被卷入著作权纠纷的案件不断增多，为正确地解决此类纠纷，保证著作权法的统一实施，最高人民法院在《关于审理著作权民事纠纷案件适用法律若干问题的解释》中专门就如何认定出版社的合理注意义务以及出版社如何承担侵权责任的问题作出了详尽的规定。本案中，被告和军事博物馆签订了《图书出版合同》，军事博物馆保证出版物中的作品没有侵犯他人著作权及违反国家宪法、法律或足以导致其他法律纠纷的情况，如发生此类情况，责任完全由军事博物馆承担。然而，该合同并不能成为被告得以免责的理由，出版者仍应负有对其出版行为的授权、稿件来源和署名、所编辑出版物的内容等尽到合理注意义务，否则应承担相应的民事责任。而被告没能举出事实证明其履行了出版者应尽的义务，军事博物馆承认其提供的涉案9幅馆藏照片系自解放军画报社翻拍而成的，故法院认定被告所称其已经履行了合理的注意义务的抗辩缺乏事实和法律依据是正确的。此外，被告提出其出版涉案图书系接受政治任务、出版该书没有赢利作为另一免责事由，显然，该理由缺乏法律依据，不能成立，故法院不予采信也是正确的。作为涉及出版社著作权侵权纠纷，本案例具有一定的代表性，该判决有利于督促出版社依法履行职责，严格审查把关，也有利于促使出版行业规范运作，避免类似侵权纠纷的发生。

（七）思考题

如果作者提交原创底稿并授权出版社出版发行，然而，该作品出版后被检举揭发系侵权作品，如该事实属实，出版社是否应当承担责任？承担何种责任？

二、展览权的行使与保护

【案例16】北京亿洋星城房地产开发有限公司与北京美好景象图片有限公司侵犯著作权纠纷案

（一）案情简介

北京美好景象图片有限公司（以下简称原告）诉至法院称北京亿洋星城房地产开发有限公司（以下简称被告）自2001年3月起，在其开发的房地产项目“银街俊景”的售楼宣传材料中使用了原告拥有著作权的4幅摄影作品，侵犯了原告对该4幅摄影作品享有的使用权和获得报酬权。

法院经一、二审的审理查明以下事实：原告的《景象图片库》图片集中代码为 BV－0809、BV－0864 的两幅摄影作品为该公司法定代表人路毅于 1998 年拍摄完成，按照路毅与该公司的约定，该两幅摄影作品的著作权归属该公司。原告的《景象图片库》图片集中代码为 BV－0804、BV－0810 的两幅摄影作品由原告于 2001 年 6 月 25 日在北京市版权局进行了著作权登记，登记证载明的著作权人为原告。被告自 2001 年 3 月起，在其开发的房地产项目“银街俊景”的售楼宣传材料中使用了上述 4 幅摄影作品。

（二）本案所涉及的知识点

1. 展览权。

2. 使用权及获得报酬权。

（三）我国现行法中的相关规定

1990 年《著作权法》第 10 条规定，著作权包括下列人身权和财产权：

（1）发表权，即决定作品是否公之于众的权利；

（2）署名权，即表明作者身份，在作品上署名的权利；

（3）修改权，即修改或者授权他人修改作品的权利；

（4）保护作品完整权，即保护作品不受歪曲、篡改的权利；

（5）使用权和获得报酬权，即以复制、表演、播放、展览、发行、摄制电影、电视、录像或者改编、翻译、注释、编辑等方式使用作品的权利，以及许可他人以上述方式使用作品，并由此获得报酬的权利。

2001 年《著作权法》第 10 条：展览权，即公开陈列美术作品、摄影作品的原件或者复制件的权利。

2001 年《著作权法》第 10 条第 2 款：著作权人可以许可他人行使前款第（5）项至第（17）项规定的权利，并依照约定或者本法有关规定获得报酬。

第 3 款：著作权人可以全部或者部分转让本条第 1 款第（5）项至第（17）项规定的权利，并依照约定或者本法有关规定获得报酬。

（四）双方意见以及法院判决结果

原告认为，原告拥有涉案4幅图片的著作权，被告未经许可在售楼宣传材料中使用了上述4幅摄影作品构成侵权。

被告辩称，该售楼宣传材料系其委托案外人北京壹准大业广告公司设计、印制，该广告公司承诺承担因其在广告中使用的作品产生著作权瑕疵而引发的一切法律后果，故应追加该广告公司为共同被告查清事实。

法院认为，原告明确表示其起诉只针对被告，不同意追加北京壹准大业广告公司为本案共同被告，因此，法院未同意被告的该项申请。原告已提交证据证明其为涉案4幅摄影作品的著作权人，故原告有权禁止任何人未经许可使用其摄影作品。被告作为广告主，在广告中未经许可商业性地使用了原告享有著作权的摄影作品，侵犯了原告对该4幅摄影作品享有的使用权和获得报酬权，侵犯了原告对该四幅摄影作品享有的使用权和获得报酬权，应承担停止侵权、公开赔礼道歉、赔偿经济损失的民事法律责任。

（五）对本案的法理分析

本案的法律关系和争议的事实并不复杂，被告未经原告许可而以营利为目的使用原告享有著作权的摄影作品构成侵权。我国修订前的著作权法并没有罗列其他经济权利，只是笼统地将其概括为使用权和获得报酬权。1990年《著作权法》第10条规定："著作权包括下列人身权和财产权：……（5）使用权和获得报酬权，即以复制、表演、播放、展览、发行、摄制电影、电视、录像或者改编、翻译、注释、编辑等方式使用作品的权利；以及许可他人以上述方式使用作品，并由此获得报酬的权利"。所以法院也是根据修订前的著作权法判定被告侵犯了原告的使用权和获得报酬权。那么被告具体侵犯了原告的何种经济权利？在此不妨做进一步的深入分析，既然被告是在售楼宣传材料中未经许可使用了原告的4幅摄影作品，那么首先被告必然实施了非法复制行为；其次，被告制作售楼宣传材料的目的就是要向社会公众发送，若被告实施了向公众提供的行为，则侵犯了作者的发行权；此外，如果被告为了宣传效果的目的对涉案作品进行修改以使之更符合其商业宣传、销售目的，则还有可能侵犯作者的修改权、保护作品完整权等。总之，被告具体侵犯何种经济权利必须结合具体的事实和证据才能确认。

然而，这里的问题是被告公开在售楼宣传材料中通过展示涉案摄影作品达到促销目的的行为是否侵犯了原告的展览权？笔者认为回答是否定的。我国著作权法规定展览权是权利人享有的公开陈列美术作品、摄影作品的原件或者复制件的权利，显然，被告虽然公开展示了涉案摄影作品，但其使用的方式并非“陈列”，不是把涉案摄影作品作为鉴赏的对象而纯粹地展示，而是把涉案摄影作品作为内容之一编辑、融入售楼宣传材料中，通过整体策划和编排达到特定的宣传效果。所以，严格地说，被告的公开展示涉案摄影作品的行为并没有侵犯原告的展览权。

（六）本案启示

著作权法赋予著作权人对其作品享有使用权和获得报酬权，并作了详细的列举式的规定，但由于社会生活是不断变化发展的，法律不可能一一穷尽权利人对经济权利的利用方式，因此，著作权法还规定了“著作权人享有的其他权利”的兜底条款。当科学技术进步或社会经济发展出现了具体权利规定无法囊括的、应当由著作权人享有的权利时，法院就可以通过该条款为权利人提供充分的救济和保护。例如，当网络迅速发展，而法律尚未增设网络传输权时，中外的司法实践都出现了对著作权人的使用权和获得报酬权的概括性保护，以此来保障作者在网络环境下的版权利益的案例。然而，当此种特殊情形尚未出现时，当事人在诉讼中应当依照法律的规定，明确具体的被控侵权行为而不是笼统地指控侵权，法院也应当审查诉请和证据，一一地作出分析和认定，如此，不但认定的事实更扎实，而且判决侵权人承担责任时，有了更明确的客观依据，一方面有助于法官在客观的幅度内作出适当的衡量，另一方面，也有利于约束法官的自由裁量权，避免侵权人承担的责任畸轻或畸重。

（七）思考题

如某房地产公司为庆祝成立十周年而策划图片展，在广场架起宣传板，免费公开展示该公司诸多楼盘的照片，某甲发现自己曾经发表并获奖的摄影作品也在其中，遂指控该房地产公司侵犯其对作品享有的展览权。某甲的指控是否成立？

三、表演权的行使与保护

【案例17】陈涛诉沙宝亮、北京现代力量文化发展有限公司侵犯著作权纠纷案

（一）案情简介

陈涛（以下简称原告）起诉称其于2002年5月接受电视连续剧《金粉世家》剧组的委托，创作了该剧主题歌《暗香》的歌词，并获得了相应报酬，对《暗香》的歌词享有著作权。沙宝亮（以下称被告沙宝亮）和北京现代力量文化发展有限公司（以下简称被告现代力量公司）使用原告作词的《暗香》制作《沙宝亮》歌曲专辑CD和同名磁带并出版发行，还制作了《暗香》MV在电视台播放，上述行为均未取得原告的许可，亦未支付报酬，其行为侵犯了原告的表演权。被告沙宝亮在2003年9月27日第四届中国金鹰电视艺术节开幕式（以下简称金鹰节）、10月18日第七届宁波国际服装节开幕式（以下简称服装节）上演唱歌曲《暗香》，亦未征得原告许可，未支付报酬，其表演行为侵犯了原告的表演权。

法院经一、二审审理查明以下事实：原告于2002年5月接受他人口头委托，为电视连续剧《金粉世家》的主题歌《暗香》填词。电视连续剧《金粉世家》、《沙宝亮》歌曲专辑CD和同名磁带以及《暗香》MV上，歌曲《暗香》的署名均为“作词陈涛”。被告沙宝亮是被告现代力量公司的签约歌手。2003年4月前，被告现代力量公司制作了歌曲《暗香》MV，画面为演唱者沙宝亮。此后，被告现代力量公司制作了《沙宝亮》歌曲专辑CD和同名磁带，其中收录了歌曲《暗香》，在CD和磁带中附带的彩页上印有《暗香》的歌词。就使用歌曲《暗香》制作MV、歌曲专辑CD及磁带的行为，被告现代力量公司未曾取得原告的许可，亦未向原告支付报酬。2003年9月27日，被告沙宝亮在金鹰节上演唱了原告作词的歌曲《暗香》；

2003年10月18日，被告沙宝亮在服装节上再次演唱了原告作词的歌曲《暗香》。

（二）本案所涉及的知识点

1. 表演权。

2. 侵犯表演权之责任主体。

（三）我国现行法中的相关规定

《著作权法》第10条第1款第（9）项：表演权，即公开表演作品，以及用各种手段公开播送作品的表演的权利。

《著作权法》第36条：使用他人作品演出，表演者（演员、演出单位）应当取得著作权人许可，并支付报酬。演出组织者组织演出，由该组织者取得著作权人许可，并支付报酬。

（四）双方意见以及法院判决结果

原告认为，原告对《暗香》歌词享有著作权。被告沙宝亮和被告现代力量公司使用原告作词的《暗香》制作《沙宝亮》歌曲专辑CD和同名磁带并出版发行，还制作了《暗香》MV在电视台播放，未取得原告的许可，亦未支付报酬，侵犯了原告的表演权。被告沙宝亮在2003年9月27日金鹰节、10月18日服装节上演唱歌曲《暗香》，亦未征得原告许可，未支付报酬，其表演行为侵犯了原告的表演权。

被告沙宝亮辩称，原告接受他人委托创作《暗香》歌词，该作品著作权可能属于第三人，原告未提供证据证明其是适格的诉讼主体。被告沙宝亮作为现代力量公司的签约歌手，表演《暗香》MV未取得任何收益，故无须征得著作权人的许可，亦无须支付报酬。被告沙宝亮参加演出的金鹰节及服装节均有演出组织者，表演者与演出组织者之间是劳务关系，应由演出组织者就表演歌曲《暗香》的行为在法律上承担责任。

被告现代力量公司辩称，原告接受他人委托创作《暗香》歌词，该作品著作权可能属于第三人，原告未提供证据证明其是适格的诉讼主体。被告现代力量公司从三宝音乐工作室取得歌曲《暗香》的母带，汇制成专辑CD和磁带，并与案外人组织免费表演和制作《暗香》MV，无须取得著作权人的许可，亦无须支付报酬。由于原告接受委托为三宝作曲的歌曲《暗香》填词，原告应无权阻止三宝音乐工作室基于委托目的的合理使用。被告现代力量公司取得了三宝音乐工作室的授权，使用《暗香》歌曲的母带制作《沙宝亮》音乐专辑，由于三宝是《暗香》歌曲的曲作者，该歌曲是不可分割使用的合作作品，且三宝音乐工作室是歌曲《暗香》的录音制作者，因此被告现代力量公司无须再取得原告的许可。

二审法院认为，根据我国著作权法的规定，受委托创作的作品，著作权的归属由委托人和受托人通过合同约定，合同未作明确约定或者没有订立合同的，著作权属于受托人，因此，原告受他人委托创作了《暗香》歌词，在其未与委托人约定著作权归属的情况下，作品的著作权属于原告。依据现有证据，电视连续剧《金粉世家》、《沙宝亮》歌曲专辑CD和同名磁带中，歌曲《暗香》的署名均为“作词陈涛”，由此可以确认，原告是歌曲《暗香》的词作者。歌曲《暗香》由词、曲两部分组成，词、曲作者对各自创作的部分分别享有著作权，在表现形式上，歌曲的词、曲亦可以单独使用，被告现代力量公司提出的歌曲《暗香》是不可分割使用的合作作品的主张缺乏事实依据。

被告现代力量公司组织沙宝亮进行表演，制作完成《暗香》MV的目的在于配合《沙宝亮》音乐专辑CD及磁带进行宣传，系商业行为，不属于著作权法规定的无须取得著作权人的许可，亦无须支付报酬的情况。被告沙宝亮作为被告现代力量公司的签约歌手，接受该公司工作安排参加《暗香》MV的表演，其不应对《暗香》MV造成侵害他人著作权的后果承担法律责任。被告现代力量公司系被控侵权《暗香》MV的制作人，其使用了原告歌词，却未取得原告的许可，亦未支付报酬的行为侵害了原告享有的著作权，应承担停止侵权行为、赔偿经济损失的法律责任。

我国著作权法规定，演出组织者组织演出，由该组织者取得著作权人许可，并支付报酬。演出组织者的组织表演行为与被表演作品的著作权人具有直接的利害关系。被告沙宝亮虽在案外人组织的金鹰节、服装节上演唱了原告作词的歌曲《暗香》，但就该表演行为征得著作权人许可的责任在于涉案演出的组织单位。原告主张沙宝亮在金鹰节、服装节上使用其歌词进行表演的行为未取得许可，侵犯了其表演权的法律依据不足。

（五）对本案的法理分析

表演权是指作者享有的，通过朗诵、演奏、演唱、舞蹈等方式，以及通过各种设备和技术手段，公开表演作品，向公众传播作品的权利。表演权是著作权人依法享有的经济权利，作者有权自己表演，有权许可或授权他人表演并获得报酬，有权禁止他人未经同意而表演其作品。然而，由于表演是采用连续性的方式表现作品，因此，并非所有受著作权法保护的作品都适宜表演，只有某类作品的作者才享有表演权。根据《伯尔尼公约》第11条的规定，这项经济权利主要体现在戏剧作品、戏剧与音乐混合作品及音乐作品〔1〕，但是，伯尔尼公约的这一规定并不妨碍成员国赋予其他类作品的作者也享有表演权，英国版权法第19条规定一切文学、戏剧作品和音乐作品的作者都享有表演权。〔2〕美国1976年的版权法第106条对公开表演和公开展览作了严格而细致的区分。一般而言，表演权（the performance right）和展览权（the display right）是各自独立的权利，大部分受版权保护的作品都被其中一项或两项权利所覆盖。一个作品如果是连续运动的，就属于“表演（performance）”，如果其静止不动，就属于“展览（display）”，因此，图画、雕塑、照片、电影或电玩中单个的画面、静止的书籍都是属于被“展览（display）”的，而戏剧、舞蹈、电影，静止图片的组合如幻灯片，还有对书籍的朗读就属于公开表演（performed publicly）。〔3〕我国的著作权法并没有作出类似严格的限定和区分，而是规定了只要能够通过舞台表演或机械表演的方式公开演示的作品，其作者都享有表演权。

---

〔1〕郑成思．知识产权法［M］．北京：法律出版社，2003：344.

〔2〕李明德，许超．著作权法［M］．北京：法律出版社，2003：100.

〔3〕Robert P. Merges, Peter S. Menell, Mark A. Lemley. *Intellectual Property in the New Technological Age*［M］. ASPEN, 2003: 438.

在本案中，被告现代力量公司组织被告沙宝亮表演并制作完成《暗香》MV，以及演出组织者组织沙宝亮在金鹰节、服装节上演唱的行为分别属于通过机械表演和舞台表演的方式公开表演，由于该表演既未取得原告的许可，也未向原告支付报酬，所以当然侵害了原告的表演权。

（六）本案启示

虽然被告现代力量公司组织被告沙宝亮表演并制作完成《暗香》MV，以及演出组织者组织被告沙宝亮在金鹰节、服装节上演唱的行为侵害了原告的表演权，但是，MV的制作以及在金鹰节、服装节上的表演分别属于不同的演出方式，因此，侵权责任人也应具体分析，不能一概而论。对于MV的制作，被告现代力量公司系被控侵权《暗香》MV的制作人，被告沙宝亮作为被告现代力量公司的签约歌手，接受该公司工作安排参加《暗香》MV的表演，其不应对《暗香》造成侵害他人著作权的后果承担法律责任。而对于金鹰节、服装节上的表演，我国著作权法第36条明确规定，使用他人作品演出，表演者（演员、演出单位）应当取得著作权人许可，并支付报酬。演出组织者组织演出，由该组织者取得著作权人许可，并支付报酬。所以，对于金鹰节、服装节上的表演行为征得著作权人许可的责任在于涉案演出的组织单位，而不在于被告沙宝亮。由于原告没有起诉金鹰节、服装节演出组织者，法院最终判决被告沙宝亮对此公开演出不承担侵权责任是正确的。

（七）思考题

表演权与表演者权有何区别？

第三节　著作权的保护期限

本节要点

1. 著作权的保护期限

知识产权的本质为国家赋予创造者有限垄断的权利。国家之所以创设知识产权法律制度，其目的在于承认权利人在一定的时间、地域范围内就某种特定的创造获得的相当的物质利益回报以及精神满足，藉此一方面刺激和鼓励更多的人投入智力创作活动，另一方面尽量降低权利人的垄断对他人自由创造活动所可能产生的负面影响。因此保护期限是知识产权法一个重要的制度设置，起到衡平个人利益和社会公共利益的重要作用。而由于著作权本身就是一个复杂的权利集群，其中不但包含着性质迥然不同的权利类型，而且不同类型的作品本身也决定了保护期限不尽相同，所以相对于其他类型的知识产权，著作权的保护期限规定相对比较复杂。

2. 精神权利的保护期限

由于我国著作权法使用著作人身权的表述方式，因此常常会给人造成错觉认为人身权具有不可分割、不可剥夺的性质。而实际上，根据我国著作权法第20条、第21条的规定，作者的署名权、修改权、保护作品完整权的保护期不受限制，但公民对作品享有的发表权的保护期为作者终生及其死亡后50年，法人或者其他组织的作品、著作权（署名权除外）由法人或者其他组织享有的职务作品以及电影作品和以类似摄制电影的方法创作的作品、摄影作品的发表权保护期均为50年。

3. 经济权利的保护期限

根据伯尔尼公约第7条的规定，各成员国对一般作品的保护期为作者有生之年加死后50年，对电影作品、匿名、假名作品的保护期分别规定是在作品发表或完成后50年、发表后50年，对摄影作品和实用艺术作品的保护期限不应低于该作品完成后25年。我国著作权法第21条规定对经济权利的保护期为作者终生及其死亡后50年，对法人或者其他组织的作品、著作权（署名权除外）由法人或者其他组织享有的职务作品以及电影作品和以类似摄制电影的方法创作的作品、摄影作品的经济权利的保护期为50年。

经济权利保护期限的作用和功能促使版权业在当代社会尤其是发达国家中扮演着举足轻重的作用。美国和欧盟成员国为了维护本国版权业的优势以便在国际版权贸易中获得更多的利益或避免在竞争中失利，纷纷先后修改著作权法，把经济权利的保护期限延长至作者有生之年加死后70年。由此可见，经济权利保护期限的问题已经不仅仅是作者本身，或者仅体现为作者与国内社会之间的权利平衡问题，而是已经上升为国际社会里国家之间利益争夺的问题。

【案例18】朱心、袁牧女等诉北京东方影视乐园侵犯著作权纠纷案

（一）案情简介

1997年，朱心、袁牧女、袁小牧、袁牧男（以下简称原告）诉至法院，指控华而实、北京东方影视乐园（以下简称东方乐园）、山东电影制片厂（以下简称山东厂）、成都温江国威开发总公司（以下简称国威公司）侵犯著作权。原告诉称：被告华而实擅自对《马路天使》进行改编；被告东方乐园擅自对《天涯歌女》剧本进行了拍卖、转让；国威公司在未征得原告许可的情况下与山东厂合作拍摄故事片《天涯歌女》；山东厂未得到原告同意对该片进行了拍摄、发行。四被告的上述行为已严重侵犯了原告对《马路天使》剧本享有的著作权。

法院经法庭调查确定了以下事实：电影《马路天使》1937年由明星影片公司摄制、发行，该片的编剧、导演为袁牧之。袁牧之于1978年6月30日去世，本案原告为其全部继承人。《五四以来电影剧大选集》（中国电影出版社1979年出版）收录了《马路天使》剧本，作者署名为袁牧之；《袁牧之文集》（中国电影出版社1984年出版）收录了《马路天使》剧本。上述两部作品收录的《马路天使》剧本，皆注明由杨天喜根据影片整理。

1995年4月，被告华而实受刘国权的委托，将《马路天使》改编为《天涯歌女》剧本。该剧本的封面上载明“根据袁牧之同志《马路天使》改编”。

1995年5月14日，国威公司（甲方）与山东厂（乙方）签订了“合作拍摄故事片《天涯歌女》协议书”。该协议第1款约定：“甲方确认拥有《马路天使》的改编权及《天涯歌女》的著作权。如有版权及著作权纠纷，由甲方承担一切经济和法律责任”；协议第2款约定：“甲乙双方共同委托甲方代表刘国权女士任《天涯歌女》总导演，双方共同委托乙方代表姜丽华女士任该片制片人，制片人和总导演共同向本片出品人魏民负责。”

1995 年 7 月影片《天涯歌女》拍摄完成，同年 11 月 20 日获得广播电影电视部电影事业管理局颁发的影片公映许可证（电审故丙字第 062 号），并于 1996 年 1 月发行。电影《天涯歌女》的片头显示：“本片取材于电影《马路天使》。”编剧为华而实，山东厂摄制，总导演为刘国权，总制片为姜丽华。

（二）本案所涉及的知识点

1. 著作权的保护期限。

2. 一般作品的保护期限。

3. 电影作品的保护期限。

（三）我国现行法中的相关规定

《著作权法》第 20 条：作者的署名权、修改权、保护作品完整权的保护期不受限制。

《著作权法》第 21 条第 1 款：公民的作品，其发表权、本法第 10 条第 1 款第 5 项至第 17 项规定的权利的保护期为作者终生及其死亡后 50 年，截止于作者死亡后第 50 年的 12 月 31 日；如果是合作作品，截止于最后死亡的作者死亡后第 50 年的 12 月 31 日。

《著作权法》第 21 条第 3 款：电影作品和以类似摄制电影的方法创作的作品、摄影作品，其发表权、本法第 10 条第 1 款第 5 项至第 17 项规定的权利的保护期为 50 年，截止于作品首次发表后第 50 年的 12 月 31 日，但作品自创作完成后 50 年内未发表的，本法不再保护。

（四）双方意见以及法院判决结果

原告认为，袁牧之对《马路天使》剧本享有著作权。1978 年 6 月 30 日袁牧之去世后，其著作权由原告继承，被告华而实擅自对《马路天使》进行改编，写成《天涯歌女》剧本，并将其有偿转让；被告东方乐园擅自对《天涯歌女》剧本进行了拍卖，将其摄制影视权转让给山东厂，并获得非法利益人民币 300 余万元；国威公司在未征得原告许可的情况下，与山东厂签订了合作拍摄故事片《天涯歌女》协议书；山东厂在明知《马路天使》的改编未得到原告同意的情况下，对该片进行了拍摄、发行。四被告的行为已严重侵犯了原告对《马路天使》剧本享有的改编权、保护作品完整权、署名权、使用权及获得报酬权。

被告华而实辩称，其是接受刘国权的委托将电影《马路天使》改编为《天涯歌女》的，故其不是该剧本法律意义上的作者。《天涯歌女》剧本的真正著作权人为刘国权所代表的公司。《天涯歌女》剧本所引起的一切法律后果应由该公司承担，其不具备本案被告的诉讼主体资格。袁牧之不是电影《马路天使》的制片者，不是该片的著作权人。袁牧之作为《马路天使》的编剧及导演仅享有署名权。而根据著作权法的规定，电影作品的保护期为50年，电影《马路天使》已进入公有领域。因此，其改编行为不构成侵权，请求法院驳回原告的诉讼请求。

被告东方乐园辩称，《天涯歌女》从剧本创作、影片拍摄、制作发行等整个过程均与该公司无任何关系，该公司仅为该片的宣传活动出了一个“投资招标”的点子，并为“投资招标”会支付了3000元场地费，故在会议现场出现该公司的名称，以起到广告作用。该公司与剧本的创作者及拍摄单位无其他任何关系，也未获得任何经济利益，故未侵犯他人的著作权，非本案被告，也不应承担任何责任。

被告国威公司辩称：电影《天涯歌女》是其主创人员受袁牧之编导的电影《马路天使》的插曲《四季歌》启发而独立创作的作品。该剧的故事情节，人物设计都是自成一体的，并未侵犯袁牧之的任何权利。原告始终未能出示其主张权利的作品，即《马路天使》的剧本。原告依据完成台本主张剧本的著作权显然不妥。且该完成台本是杨天喜根据电影《马路天使》整理而成的，依据我国著作权法的规定，其著作权仅应归杨天喜享有，原告不享有其主张权利的作品的著作权，电影《马路天使》的著作权人为原上海明星公司，作为缩影，导演袁牧之仅享有署名权，依据我国著作权法，电影《马路天使》发表于1937年，明显超出了作品的保护期，原告对《马路天使》剧本已无任何著作权法意义上的权利可以主张。请求依法判决驳回原告的诉讼请求。

被告山东厂辩称：袁牧之不是电影《马路天使》的著作权人。电影《天涯歌女》对电影《马路天使》题材的参照，是否构成侵权与原告无关。袁牧之没有留下以有形形式复制的剧本，也就不存在剧本著作权受到侵害的问题，原告无权起诉。山东厂对电影《天涯歌女》的拍摄，是在取得拍摄权的情况下进行的。该影片摄制完成后，电影局颁发了“影片上映许可证”，得到了发行的许可，该事实也说明了该影片不是侵权作品，因该厂与国威公司签有合作拍摄协议书，即使《天涯歌女》剧本侵犯了他人权利，该厂也不应承担责任。原告的主张应予驳回。

法院认为，电影《马路天使》的片头明确表明该片的编剧为袁牧之，被告又未提交相反证据，证明袁牧之不是该片编剧，故认定袁牧之是电影《马路天使》剧本的作者。本案中虽然原告因客观原因未能向本院提交电影《马路天使》的原剧本，不等于袁牧之在执导电影《马路天使》时就无剧本。即使《马路天使》在摄制中，袁牧之没有以有形载体（如纸张）所复制的剧本也不能否认其是电影《马路天使》编剧的事实。山东厂以袁牧之没有留下以有形形式复制的剧本，也就不存在剧本著作权受到侵害的问题，从而原告无权起诉的抗辩理由，不能成立。《袁牧之文集》和《五四以来电影剧本选集》所收录的《马路天使》剧本，虽表明系杨天喜根据电影《马路天使》整理而成，但该整理行为不是著作权法意义上的“整理”。它不是具有独创性的智力创作活动，不会导致新的作品的产生，国威公司认为杨天喜根据影片《马路天使》整理而成的剧本的著作权归杨天喜享有的主张，没有法律依据，不能成立。国威公司认为原告不应以完成台本主张剧本著作权以及原告不享有其赖以主张权利的作品的著作权的抗辩理由，于法无据，不予支持。

依据《中华人民共和国著作权法》第 15 条之规定，电影作品的导演、编剧等作者享有署名权，著作权的其他权利由电影的制片者享有；电影作品中剧本、音乐等可以单独使用的作品的作者有权单独行使其著作权。结合本案，明星影片公司作为电影《马路天使》的制片者，对该电影作品享有著作权。袁牧之作为电影《马路天使》的编剧，对该剧本作品单独享有著作权。袁牧之对该剧本作品所享有的署名权、修改权及保护作品完整权的保护期不受时间限制。在袁牧之去世后，该作品的使用权和获得报酬权在保护期内，依法由本案原告继承。本案原告明确对《马路天使》剧本，而非对电影《马路天使》主张著作权，其具备原告的诉讼主体资格。故被告华而实认为本案原告不具备合格主体资格的抗辩理由不能成立。

对于剧本而言，电影《马路天使》是部演绎作品。该电影作品的著作权人在行使该演绎作品著作权，及他人在使用该作品时不得侵害原作品（即剧本）著作权人的利益。依据我国《著作权法》之规定，电影《马路天使》的发表权、使用权和获得报酬权的保护期截止于该作品首次发表后第50年的12月31日，即1987年12月31日；《马路天使》剧本发表权、使用权和获得报酬权的保护期截止于其作者去世后第50年的12月31日，即2028年12月31日。

1995年4月，在《马路天使》剧本著作权的保护期内，被告华而实未经原告许可，接受刘国权委托，将《马路天使》改编成《天涯歌女》剧本。不论被告华而实是根据《马路天使》电影，还是剧本进行的改编，其行为均侵害了袁牧之对《马路天使》剧本享有的保护作品完整权及原告享有的改编权和获得报酬权，依法应承担相应的法律责任。华而实在接受委托时与委托方未对《天涯歌女》剧本的著作权进行约定，且影片《天涯歌女》的编剧署名为华而实，故应认定华而实是侵权作品《天涯歌女》剧本的权利义务主体。华而实所述《天涯歌女》剧本的著作权人应为刘国权所代表的公司，其不是本案适格被告的抗辩不能成立。

被告国威公司未经原告许可，擅自“确认”自己拥有《马路天使》的改编权和《天涯歌女》的著作权，与山东厂合作拍摄了《天涯歌女》，其行为构成侵权；被告山东厂在明知《马路天使》剧本的使用权和获得报酬权归原告享有的情况下，对国威公司所确认拥有的著作权未作审查，便与其签订了合作拍摄协议书，并进行了拍摄及发行，其行为亦构成了侵权。国威公司及山东厂均侵害了袁牧之对

《马路天使》剧本享有的署名权、保护作品完整权及原告享有的改编权和获得报酬权，依法应共同承担侵权的法律责任。

被告东方乐园为国威公司及山东厂策划招标拍卖，客观上为侵权影片《天涯歌女》进行了宣传，并在招标会现场打出了自己的名称，获得了商业上的广告效应。其行为有不当之处，在以后的经营中，应进一步加强自己的法律意识。防止类似情况的再次发生。原告提交的证据不能证明被告东方乐园对侵权作品《天涯歌女》剧本的电影拍摄权进行了拍卖，原告对其侵权指控不成立，不予支持。

（五）对本案的法理分析

在本案中，法院清楚地将电影《马路天使》和剧本《马路天使》区分为不同性质的作品，进而分别分析了这两个不同作品的著作权人，即明星影片公司作为电影《马路天使》的制片者对该电影作品享有著作权，而袁牧之作为电影《马路天使》的编剧对该剧本作品单独享有著作权。袁牧之对该剧本作品所享有的署名权、修改权及保护作品完整权的保护期不受时间限制，袁牧之去世后，该作品的使用权和获得报酬权依法由原告继承。在此基础上，法院依照著作权法关于一般作品以及电影作品保护期限的规定作出了正确的认定，判决2028年12月31日之前，《马路天使》剧本发表权、使用权和获得报酬权仍然处于保护期内，被告华而实、国威公司、山东厂的行为均构成了侵权。

（六）本案启示

根据精神权利和经济权利的划分，著作权的保护期也相应地分为两大类：对精神权利的保护期限和对经济权利的保护期限。除了发表权以外，著作权法对精神权利提供了永久性的保护，署名权、修改权、保护作品完整权的保护期均不受限制。因此，从这个意义上说，所谓的“期限”，实际上主要是针对经济权利而言，即作者只能在一定的期限内因作品的使用而获得物质报酬的权利，一旦超过了法律规定的有效期限，作者即丧失对作品经济利益的垄断和控制，作品进入公有领域，为全社会所共享。

著作权保护期限的规定充分体现了版权制度既要促进文化知识广

泛传播，又要重视保护智力劳动者的合法利益，协调知识产权专有性与知识产品社会性之间的矛盾。[1] 正是基于如此考虑，著作权法对不同类别作品的经济权利的保护期限也进而作出了不同的规定，以更精确地平衡作者利益与社会利益。值得注意的是，版权业在当代社会尤其是发达国家如美国和欧盟成员国中已经扮演着举足轻重的作用，因此，为了维护本国版权业的优势，以便在国际版权贸易中获得更多的利益或避免在竞争中失利，这些国家先后纷纷修改著作权法，把经济权利的保护期限延长至作者有生之年加死后70年。著作权保护期限的问题已经不仅仅是作者本身，或者仅体现为作者与国内社会之间的权利平衡问题，而是已经上升为国际社会里国家之间利益争夺的问题。

（七）思考题

著作权的保护期限与诉讼时效的关系如何？对于连续发生的著作权侵权行为如何确定诉讼时效的起算时间？如何确定著作权侵权损害赔偿的起算时间？

---

〔1〕 吴汉东．知识产权法新论［M］．湖北：湖北人民出版社，1995：10.

第四章　邻　接　权

第一节　出 版 者 权

本节要点

1. 出版者权的概念和内容

出版者权是指出版者对其出版活动依法享有的权利。出版者所享有的邻接权是指对其出版的图书和期刊的版式设计的专有权。

2. 出版者的义务

图书出版者出版图书应当和著作权人订立出版合同，取得著作权人的许可并支付报酬。如果出版演绎作品，应当取得演绎作品著作权人和原作品著作权人的许可，并支付报酬。

图书出版者应当按照出版合同约定的出版质量、期限出版图书，其重印、再版作品的，应当通知著作权人，并支付报酬。

图书出版者经作者许可，可以对作品修改、删节。报社、期刊社可以对作品作文字性修改、删节。对内容的修改，应当经作者许可。

一、版式设计专有权的行使与保护

【案例19】中国青年出版社与万夏等侵犯版式设计专有权纠纷

（一）案情简介

2002年1月，中国青年出版社依据与王斌（笔名一直）签订的图书出版合同出版《藏地牛皮书》（以下简称《藏》）。该书为1/20开本，采用内、外封形式，书中注明“图文作者：一直”、“图书设计：一直”。此前，双方曾就王斌为该书设计封面和内页签订协议，但未就该设计的权利归属进行约定。

2003年1月，陕西师范大学出版社出版《中国徒步穿越》（以下简称《中》）（第1版）。面世的书为1/32开，有两种封面形式，其中一种为内、外封形式，版权页注明“封面设计 万夏”、“装帧设计 宋丹”、“制作 北京紫图图书有限公司”。同年5月，陕西师范大学出版社又出版该书的第2版，为1/16开本，采用内、外封形式，在内封面与内封底处增加了“ZITO”与“读行天下”的字样，内文版式与第1版基本无差异。该书版权页注明“装帧设计 万夏 宋丹”、“设计制作 紫图图书有限公司”。原告中国青年出版社认为被告陕西师范大学出版社出版的《中》（第1版）在版式设计上与原告出版的《藏》一书存在较大的相似性，故而侵犯了原告的版式设计权。

（二）本案所涉及的知识点

1. 出版者的版式设计权。

2. 版式设计权与装帧设计权的区别。

（三）我国现行法中的相关规定

《著作权法》第35条：出版者有权许可或者禁止他人使用其出版的图书、期刊的版式设计。

前款规定的权利的保护期为10年，截止于使用该版式设计的图书、期刊首次出版后第10年的12月31日。

（四）双方意见以及法院判决结果

原告认为，该社于2002年1月出版了王斌（笔名一直）所著的《藏》，该书的版式设计综合运用了多种设计元素，成为该书特色性标志。2003年6月，该社发现万夏设计封面、宋丹设计装帧、紫图公司策划并制作、陕西师范大学出版社出版的《中》一书的设计风格与《藏》极为雷同。该社认为万夏、宋丹、紫图公司、陕西师范大学出版社共同侵犯了其对《藏》所享有的版式设计专有使用权，故诉至法院请求判令其停止侵害，赔礼道歉，赔偿经济损失187 387.84元并承担诉讼费用。

被告辩称，相关设计元素是公知的，《中》没有抄袭《藏》的封面设计与内文版式，未侵犯中国青年出版社对该书版式设计所享有的专有使用权，未给中国青年出版社造成任何经济损失，故不同意中国青年出版社的诉讼请求。

一审法院认为，第一，原告出版的《藏》的版式设计为自由版式设计，在文字排列方式多样化方面具有个性化特点，原告中国青年出版社作为该书的出版者对其版式设计享有专有使用权。从总体看，被告出版的《中》的版式设计风格与《藏》确有相近似之处，但其并未构成对《藏》的简单复制或略微改动后的复制，并未侵犯原告中国青年出版社所享有的版式设计专有使用权。原告中国青年出版社主张二者整体设计相近似，侵犯了其版式设计专有使用权，缺乏依据，本院对此不予支持。第二，《藏》的内、外封均是王斌设计完成的，中国青年出版社与王斌并没有在设计制作协议中对其权利归属进行明确的约定，故即便《藏》的内、外封分别构成美术作品而受到著作权法保护，著作权人也是设计人王斌，中国青年出版社既不是著作权人也没有基于授权而获得专有使用权。因此中国青年出版社就《藏》封面设计提出的诉讼请求，不应予支持。

二审法院判决理由与一审法院基本一致。

（五）对本案的法理分析

1. 出版者的版式设计权

出版者是指出版图书和期刊的出版社或杂志社。根据我国著作权法的规定，出版者对其出版的图书、期刊的版式设计享有专有使用的权利，在权利的保护期内，他人未经许可不得使用其出版的版式设计。对于版式设计专有使用权的保护范围，著作权法没有明文规定，但是一般认为版式设计是对印刷作品的版面格式的设计，包括对版芯、排式、用字、行距、标点等版面布局因素的安排。就一部具体的作品来讲，版式设计可以千姿百态，但是其主要的设计元素是不变的。例如对于一页文面的排版，既可以运用箭头、色块、色条、线条、圆圈等装饰页面，也可以采用加粗、倾斜、阴影、淡化等处理方式，而且就页面的文字本身而言，字体的数量、字号、粗细、搭配及相对位置都能产生不同的设计效果，但是无论如何进行版面设计，组成其结构的设计元素是一致的，也就是说在一本书的排版中采用了和其他版式设计相同的设计元素是不可避免的。设计元素以及一些设计的理念和构思本身是不受著作权法保护的。例如在标题的排版中采用了手绘字体就是一种设计理念，但是不能说它就侵犯了原先采用了手绘字体的版面设计。正由于上述原因，版式设计权在司法实践中更倾向于是出版者的专有复制权，即权利人有权禁止他人未经许可擅自按原样复制或进行少量改动后复制使用其版式设计。在本案中，原告《藏》的内文版面格式不仅存在文字斜排与变形等特点，还汇集了箭头、粗砺线条、色块等多种设计元素，其版式极富个性化色彩。被告《中》的版式同样采取自由设计方式，也结合书的内容，采用箭头、粗砺线条、色块、文字斜排与变形等设计元素，在版式设计思想与风格上与《藏》有些近似。但是对比而言，“相同的设计元素在《藏》与《中》中使用的频率、位置、组合形式、与图文的搭配方式均存在差异。就采用某一相同设计元素的页面而言，不仅该设计元素的具体形状、颜色、适用位置等细节存在差异，而且该元素与页内图文以及其他元素之间的搭配形式也有所不同。”因此，被告并没有侵犯原告的版式设计权。

2. 装帧设计权与版式设计权

装帧设计与版式设计是不同的两个概念，其中版式设计是书籍装帧设计的一部分。从设计行业上来讲，装帧设计一般可以分为三个方面，即美术设计、版式设计和材料制作设计。而版式设计包括版芯、排式、字体、字号、标点、行距、图表安排以及其他安排，如注释的排印位置、方式，作者简介、内容提要、版权页的排版方式等。因此，装帧设计权与版式设计权也不同。我国著作权法只规定了版式设计权而没有规定装帧设计权，我国《著作权法》第35条规定：“出版者有权许可或者禁止他人使用其出版的图书、期刊的版式设计。”所以，版式设计权作为一种出版者的权利而受到著作权法的保护。对于侵犯版式设计权之外的装帧设计权的行为一般以侵犯他人美术作品的著作权来处理。

（六）本案启示

将出版者的版式设计权规定在著作权法的邻接权里是我国的立法特色。对于版式设计权是否属于邻接权，目前学术界还存有争议。一些学者认为版式设计没有体现创作，不构成邻接权，“与艺术表演人、录音制品制作人和广播电视组织对作品的演绎创作不同，编辑、复制、发行他人的作品的行为，对原作品的内容与形式不具有任何新的创作成分。享有邻接权的本质原因，是从事了演绎创作，从而使原作品获得了新的表现形式。但是，作为出版者，没有创作结果，对作品的形式的完成没有做出贡献，却被置于同演绎创作者同等的法律地位，我国著作权法这一特色，大有讨论的余地”。〔1〕大部分学者还是肯定版式设计的邻接权性质。管育鹰老师认为，“既然邻接权是作品的传播者所享有的权利，既然出版者是作品的传播者，出版者理所当然应当享有一定的邻接权”〔2〕。笔者认为现代图书出版和以往简单地复制印刷不同，其更加注重设计元素的运用。因此版式设计本身具有出版者的智力投入，而且其如果和图书出版脱离之后就无法独立存在，所以版式设计应该属于邻接权。

（七）思考题

装帧设计权与版式设计权有什么不同？

二、专有出版权的行使与保护

【案例20】经济日报出版社诉新世界出版社侵犯著作权、专有出版权纠纷案

（一）案情简介

2002年5月，原告经济日报出版社作为出版者（合同乙方）与著作权人周双丰（合同甲方）就《从防守到反击——刘晓庆策划之

〔1〕 刘春田．著作权法［EB/OL］．中国民商法律网/法学教室/再现课堂/教师讲义/知识产权法．

〔2〕 齐爱民．现代知识产权法学［M］．苏州：苏州大学出版社，2005：42.

路》（暂定名）一书订立图书出版合同。该合同约定：甲方授权乙方在本合同有效期内，按本合同的约定以各种中文版本的形式出版本作品，并在国内外公开发行；甲方拥有本作品的专有出版权；在本合同有效期内，任何一方不得将本作品的内容稍加修改，以原名或更换名称授予第三者另行出版；作者署名路野；合同有效期为10年。依据上述出版合同，原告于2000年8月出版了《调查刘晓庆》一书。该书署名作者为路野，定价20元，全书共235千字。该书所附的作者简介中载明："路野，原名周双丰、阿三、周仲尼等。……作品有《策划亿万富姐——刘晓庆经纪人浮出水面》、《刘晓庆成名之谜》等。"

2002年7月28日，被告作为出版者（合同甲方）与作者吴清华、陈军、钟华友（合同乙方）就《悲情影后刘晓庆——从亿万富姐到锒铛入狱》一书订立《图书出版合同》。该合同约定：编者署名为潇潇；合同有效期三年；被告在合同有效期内，享有在中国大陆范围内以图书形式出版发行该作品汉文文本的简体字版专有使用权。2002年8月，被告新世界出版社出版《悲情影后——刘晓庆》（副标题为"从亿万富姐到锒铛入狱"）一书，署名"潇潇"编，定价16元，全书150千字，印数15000册。经比对，被告出版的《悲情影后—刘晓庆》一书的第88～94页和第144～152页的内容与原告出版的《调查刘晓庆》一书的第30～31页、第41～44页、第48～52页的内容相同，共计5900字。二者相同字数占原告《调查刘晓庆》一书内容的3.5%，占被告《悲情影后——刘晓庆》一书内容的3.93%。

（二）本案所涉及的知识点

1. 图书出版合同的法律性质。

2. 作者的著作权与出版者的专有出版权。

（三）我国现行法中的相关规定

《著作权法》第30条：图书出版者对著作权人交付出版的作品，按照合同约定享有的专有出版权受法律保护，他人不得出版该作品。

《著作权法实施条例》第 28 条：图书出版合同中约定图书出版者享有专有出版权但没有明确其具体内容的，视为图书出版者享有在合同有效期限内和在合同约定的地域范围内以同种文字的原版、修订版出版图书的专有权利。

（四）双方意见以及法院判决结果

原告认为，被告新世界出版社于 2002 年 8 月出版的《悲情影后——刘晓庆》一书的第 88 ~ 94 页和第 144 ~ 152 页全部内容系抄袭我社出版的《调查刘晓庆》一书。我社发现侵权行为后，曾两次致函被告进行交涉，但双方未达成和解。故原告向法院提起诉讼，请求依法判令被告停止侵权；在《北京青年报》、《中国图书商报》上向原告公开赔礼道歉，在侵权范围内消除影响；赔偿原告经济损失 6 万元；承担本案全部诉讼费用。

被告辩称，第一，我社出版的《悲情影后——刘晓庆》一书与原告出版的《调查刘晓庆》一书几乎同时上市销售，从时间上不存在侵权的可能性。第二，《悲情影后——刘晓庆》一书被指控侵权内容的绝大部分原始出处不是《调查刘晓庆》一书，而是海南出版社于 2001 年 5 月出版的《刘晓庆成名之谜》一书。其中，《悲情影后——刘晓庆》一书的第 88 ~ 94 页内容系《刘晓庆成名之谜》第 209 页倒数第一段至第 215 页的内容。《悲情影后——刘晓庆》一书的第 144 ~ 152 页内容系《刘晓庆成名之谜》第 6 ~ 16 页的内容。且原告出版的《调查刘晓庆》一书的绝大部分内容也来自《刘晓庆成名之谜》一书。第三，原告在不能充分证明其对《调查刘晓庆》一书内容拥有著作权的前提下，仅凭《调查刘晓庆》一书作者——路野的签名是难以令人信服的。第四，我社出版的《悲情影后——刘晓庆》一书确实引用了部分公开发表过的资料，但已经根据有关规定向拥有著作权的作者支付了稿酬。综上，被告认为其行为并未侵犯原告的著作权，请求法院驳回原告的诉讼请求。

法院认为，第一，虽然原告与《调查刘晓庆》的作者周双丰订立的《图书出版合同》中约定“甲方（即作者周双丰）拥有本作品的专有出版权”，但根据该合同对双方具体权利义务的约定，尤其是“在本合同有效期内，任何一方不得将本作品的内容稍加修改，以原名或更换名称授予第三者另行出版”的约定，足以认定原告享有在该合同有效期内对该作品的专有出版权。因此，原告依法对《调查刘晓庆》一书享有专有出版权。第二，原告用于证明其享有《调查刘晓庆》一书的著作权的证据为《委托书》和《补充条款》。委托书仅能证明《调查刘晓庆》作者“路野（周双丰）”授权原告全权代理该书的侵权法律事宜，不能证明原告获得了该书的著作权。《补充条款》亦不足证明原告享有《调查刘晓庆》一书的著作权。故原告认为被告侵犯其著作权的主张，缺乏法律依据。第三，被告在其《悲情影后——刘晓庆》一书中仅使用了原告享有专有出版权的《调查刘晓庆》一书中极少的一部分文字内容，且该部分内容并未构成《调查刘晓庆》一书的实质部分。故被告的行为不构成对原告专有出版权的侵犯。综上，原告经济日报出版社主张被告侵犯其著作权、专有出版权的诉讼请求，因缺乏事实和法律根据，本院不予支持。

（五）对本案的法理分析

图书出版一般是指出版者根据著作权人的授权将其作品复制、印刷并向公众出售的行为。著作权人将作品交由出版社出版，其应当和图书出版者订立出版合同，以此确定双方的权利义务。一方面，出版合同是著作权人授权出版者复制发行其作品的许可证书，另一方面，出版合同也是保护出版者的利益、排除第三人非法侵害的法律保证。因此从实际上讲，出版合同是著作权许可使用合同。由于大部分著作权人不具备出版经营资格，如果其希望以出版的方式行使复制权和发行权，只能通过同图书出版者订立图书出版合同。著作权人授予图书出版者复制和发行的权利，但是一般不会将作品的著作权转让给出版者。在本案中，原告经济日报出版社作为出版者与著作权人周双丰就《调查刘晓庆》一书签订出版合同。作者周双丰只是将《调查刘晓庆》一书授权原告出版发行，其并没有将《调查刘晓庆》一书的著作权转让给原告。因此，原告主张被告新世界出版社侵犯其著作权是缺乏权利依据的。与此相对的是，原告仅仅根据合同的约定享有对《调查刘晓庆》一书的专有出版权。专有出版权是出版者禁止包括著作权人在内的其他人以同种文字的原版、修订版和缩编本的方式出版图书的独占权利。本案中，被告新世界出版社出版的《悲情影后——刘晓庆》一书虽然有一部分内容与原告出版的《调查刘晓庆》一书在内容上存在雷同，但是被告的行为只是具有侵犯《调查刘晓庆》一书作者周双丰的著作权的嫌疑，而并没有侵犯原告的专有出版权。

（六）本案启示

专有出版权是指图书出版者经作者或其他著作权人的授权或许可，通过出版合同约定取得的，在一定期间内独占的、排他的以某种版本形式出版其作品的权利，是我国著作权法规定的图书出版者对著作权人交付出版的作品享有的权利，具有排他性，其本质特征是禁止权。[1] 其内容包括：(1) 著作权人在出版合同约定的专有出版权期限内，在合同约定的地区内，不能再行使出版权，即著作权法第10条第（5）、（6）项规定的复制和发行的权利。只在合同期满或者出版社严重违反合同义务时，出版权才重新回归著作权人；(2) 出版社在享有专有出版权期间，只能自己出版，不得许可他人出版；(3) 其他人不得以印刷方式复制发行该作品，侵犯享有专有出版权的出版社的利益。1990年《著作权法》第30条规定“图书出版者对著作权人交付出版的作品，在合同约定期间内享有专有出版权”，并且同时规定“合同约定图书出版者享有专有出版权的期限不得超过10年，合同期满可以续订”。这被称之为法定专有出版权，并且不少学者将其纳入到邻接权的范围。2001年修订的《著作权法》将法定专有出版权改为合同约定的专有出版权，厘清了专有出版权的性质。出版者根据合同享有的专有出版权是根据出版合同产生的，而并不是通过作

---

〔1〕 王鸿雁．著作权法释义［EB/OL］．［2006-03-05］．http：//www.civillaw.com.cn/fxjs/default.asp.

品的传播而产生的，不属于著作权法意义上的邻接权。

第二节 表演者权

本节要点

1. 表演者的权利

表明表演者身份；表演形象不受歪曲；许可他人从现场直播和公开传送其现场表演，并获得报酬；许可他人录音录像，并获取报酬。表演者复制发行其表演的录音录像的权利。许可他人通过信息网络手段向公众传播其表演，并因此获取报酬的权利。

2. 表演者的义务

表演者使用他人作品演出的，应当取得著作权人许可，并支付报酬。其使用演绎作品演出的，应当取得演绎作品的著作权人和原作品著作权人的许可，并支付报酬。

表演者权利的行使与保护

【案例21】杨坤诉河南先达光碟有限公司等侵犯著作权和表演者权纠纷案

（一）案情简介

原告杨坤是一名创作型歌手，2002年国际文化交流音像出版社出版《杨坤　无所谓》CD光盘。盘内歌片上标明《无所谓》由杨坤作词作曲、《里约热内卢》、《美丽一天》和《I miss you（想念你朋友)》由杨坤作曲。

2003年6月25日，原告发现一百一十四分店以每盒18元的价格，销售了封盒标有“亚洲新锐　魅力超越国界　杨坤　无所谓”字样的双碟装VCD光盘。其中一张名称为“2002　杨坤　轰隆歌坛音乐歌友会”的光盘，内容为杨坤演唱的11首歌曲（10首为现场演唱图像、1首为MTV)，其中《无所谓》由杨坤作词作曲，《里约热内卢》、《美丽的一天》和《I miss you》由杨坤作曲，该4首曲目与上述《杨坤　无所谓》CD光盘中的相同。该光盘蚀刻的SID码为ifpi A414，是先达公司的SID码。原告认为被告先达公司侵犯其著作权和表演者权，被告一百一十四分店销售侵权商品，故向法院提起诉讼。

（二）本案涉及的知识点

词曲作者的著作权与演唱者的表演者权。

（三）我国现行法中的相关规定

《著作权法》第37条表演者对其表演享有的权利之第5项：许可他人复制、发行录有其表演的录音录像制品，并获得报酬。

《著作权法》第47条第1款第1项和第3项分别对侵犯著作权和表演者权作了规定。

（四）双方意见以及法院判决结果

原告诉称，原告是一名创作型歌手，创作、演唱了《无所谓》等歌曲，并收录在已经出版的专辑CD《杨坤无所谓》中。2003年6月25日，原告在一百一十四分店购买了盘盒封面为“亚洲新锐　魅力超越国界　杨坤无所谓”、盘芯彩封为“2002杨坤　轰隆歌坛音乐歌友会”的VCD光盘。该VCD光盘由先达公司生产加工，其中收录的11首歌曲均是原告演唱的，且《无所谓》由原告作词作曲、《里约热内卢》、《美丽的一天》和《I miss you（想念你朋友）》由原告作曲。先达公司和一百一十四分店未经原告许可，以营利为目的，大量复制、销售该VCD，侵犯了原告作为词曲作者的复制权和作为表演者的邻接权。故起诉要求其立即停止对原告著作权、邻接权的侵害，不再复制、销售涉案VCD光盘，并向原告移交或销毁已经制作的侵权录音录像制品；在《北京青年报》上登载声明，向原告道歉；连带赔偿经济损失20万元、调查取证等合理费用5 000元；负担本案的诉讼费用。

被告先达公司辩称，我公司并未复制涉案光盘，因此不同意杨坤的诉讼请求。被告一百一十四分店辩称，我店已经停止销售涉案光盘，不同意杨坤其他的诉讼请求。

法院认为，第一，原告杨坤依法对其创作的《无所谓》的词、曲，《里约热内卢》、《美丽一天》和《I miss you（想念你朋友）》的曲享有著作权，任何人均不得侵犯。涉案的VCD光盘蚀刻有先达公司的SID码，如先达公司否认复制该盘，则应当就此提供证据。由于先达公司就此没有尽到举证责任，因此应当承担该光盘复制者的责任。根据《音像制品管理条例》的有关规定，音像复制单位凭音像出版单位的委托书复制音像制品，接受委托时，应当要求委托单位提交有关的证照、委托书以及著作权人的授权书等证明文件，并应当保存所复制的音像制品的样本和有关证明文件。作为专业的音像复制单位，先达公司应当自觉遵守上述规定，规范自己的行为。现先达公司没有举证证明其履行了相关的法定义务，因此应当承担非法复制的责任。由于涉案光盘中含有上述杨坤作词作曲的音乐作品，现没有证据证明这种复制使用该作品的行为征得了杨坤的许可，因此先达公司侵犯了杨坤对上述词、曲的复制权。第二，根据我国著作权法的规定，表演者有权许可他人复制含有其表演的录音录像制品。涉案的VCD光盘中收录的11首歌曲均由杨坤表演。但先达公司没有提供证据证明其复制涉案VCD光盘的行为经过了杨坤的许可，因此先达公司还侵犯了杨坤的表演者权。综上，先达公司应当就上述侵权行为承担停止侵权、赔偿损失的民事责任。音像制品的销售者应当从正当合法的渠道进货。一百一十四分店未举证证明其所售光盘的合法来源，因此应当承担相应的民事责任。

（五）对本案的法理分析

表演者权由于是表演者在传播作者作品的过程中产生的，其与作者的著作权不同，但又与作者的著作权很接近，故而属于邻接权。具体而言，表演者权是指表演者许可或者禁止他人利用自己表演活动的权利。其内容包括：第一，表明表演者身份。第二，表演形象不受歪曲。第三，许可他人从现场直播和公开传送其现场表演，并获得报酬。第四，许可他人录音录像，并获取报酬。第五，表演者复制发行其表演的录音录像的权利。第六，许可他人通过信息网络手段向公众传播其表演，并因此获取报酬的权利。本案的法律关系较为简单，法庭的判决也较为清晰明确。原告杨坤不仅创作了一部分涉案歌曲，而且还是所有涉案歌曲的演唱者，因此原告享有对涉案歌曲的表演者权，同时作为一个作者对部分歌曲享有著作权。被告先达公司作为音像复制者，在未征得原告授权的情况下擅自制作原告演唱歌曲的VCD光盘并且发行销售。被告的行为一方面侵犯了原告的表演者权以及原告创作的部分歌曲的著作权；另一方面，被告还侵犯了国际文化交流音像出版社作为原告演唱歌曲的录音制作者而享有的录音制作者权。当然在本案中，原告仅仅作为著作权人和表演者不能够请求被告承担侵犯录音制作者权的责任。另外，被告一百一十四分店作为涉案VCD光盘的销售者，作为销售商，其对于销售的产品应履行必要的注意义务。我国《著作权法》第52条规定："复制品的出版者、制作者不能证明其出版、制作有合法授权的，复制品的发行者或者电影作品或者以类似摄制电影的方法创作的作品、计算机软件、录音录像制品的复制品的出租者不能证明其发行、出租的复制品有合法来源的，应当承担法律责任。"在本案中，被告一百一十四分店没有履行作为销售商的注意义务，没有能够证明其所销售的涉案VCD光盘的合法进货来源，同样应承担侵权责任。

（六）本案启示

表演者权作为一项邻接权，其与作品的著作权以及录音录像制品作者权紧密相关。第一，表演者作为作品的传播者，其表演活动是建立在被表演的作品的基础上的。一方面，表演者如果是自编自演，那么表演者除了对表演活动享有表演者权外，同时作为作者对被表演的作品还享有著作权；另一方面，如果表演者是表演他人的作品则必须征得作品著作权人的许可，并支付相应的报酬。正因为表演者权和被表演作品著作权的紧密联系，往往一个侵犯表演者权的行为同时又侵犯了被表演作品的著作权。第二，表演者权与录音录像技术密不可分，可以说是录音录像技术的出现成就了表演者的权利。在录音录像技术产生之前，人们欣赏表演者的表演必须亲临现场。表演者对其表演的内容无法永久地固定下来，因此无所谓表演者权。直到录音录像技术的广泛应用使得表演的整个过程可以被复制下来并固定在有形的载体中，表演者权随之应运而生。与之相应，录音录像制品则是以表演活动作为其录制内容的。表演活动是音像制作者权存在的基础。在实践中，盗版音像录制品，同时侵犯了三个主体的三种权利，分别是：既侵犯了作者的著作权，又侵犯了表演者的表演者权，还侵犯了音像制作者的音像制作者权。值得注意的是，以上三个主体可能发生部分重合。对于以上三种权利，侵权人均需进行赔偿（注意，不能认为构成侵权竞合）。

第三节　音像制作者权

本节要点

1. 音像制作者的权利

音像制作者对其制作的音像制品，享有许可他人复制、发行、出租、通过信息网络向公众传播并获得报酬的权利。

2. 音像制作者的义务

音像制作者使用他人作品制作音像制品，应当取得著作权人的许可，并向其支付报酬。如果使用演绎作品制作音像制品，其应当取得演绎作品著作权人和原作品著作权人的许可，并支付报酬。录音制作者使用他人已经合法录制为音像制品的音乐作品制作录音制品，可以不经著作权人许可，但应当按照规定支付报酬，著作权人声明不许使用的不得使用。

音像制作者制作音像制品，应当同表演者订立合同，并向其支付报酬。

一、音像制作者权的行使与保护

【案例22】海南师范学院与正东唱片有限公司著作权纠纷案

（一）案情简介

原告正东唱片有限公司享有《Medley：翻腾/二人行一日后/我的天我的歌》、《半天假》、《Medley：爱到底/热情万钧》、《徒然》、

《让爱》、《Medley：玫瑰凋谢/不倦的蝴蝶》、《女人之苦》、《Medley：你要的爱/再见露丝玛莉》、《朋友二号》、《I Believe》、《Medley：唯独你是不可替代/想说/真心真意/心血/男人最痛/其实你心里有没有我》、《心灵相通》、《烂泥》等13首歌曲录音制品的制作者权。被告海南师范学院开设的网站www. hainnu. edu. cn未经原告的授权向公众提供上述13首歌曲的下载服务。原告认为被告侵犯了其录音制品的制作者权，故向法院提起诉讼，请求被告公开赔礼道歉并且停止侵权、赔偿损失以及承担为本案诉讼所支出的合理费用。

（二）本案所涉及的知识点

1. 邻接权中的录音制作者权。

2. 音乐下载与信息网络传播权。

（三）我国现行法中的相关规定

《著作权法》第41条：录音录像制作者对其制作的录音录像制品，享有许可他人复制、发行、出租、通过信息网络向公众传播并获得报酬的权利；权利的保护期为50年，截止于该制品首次制作完成后第50年的12月31日。

被许可人复制、发行、通过信息网络向公众传播录音录像制品，还应当取得著作权人、表演者许可，并支付报酬。

《著作权法》第47条第1款关于侵犯录音录像制作者权的规定：未经录音录像制作者许可，复制、发行、通过信息网络向公众传播其制作的录音录像制品的，本法另有规定的除外。

（四）双方意见以及法院判决结果

原告认为，原告正东唱片有限公司是涉案13首歌曲的录音制作者，依法享有对涉案13首歌曲的录音制作者权。被告海南师范学院未经原告的授权向公众提供上述13首歌曲的下载服务，其行为侵犯了原告的录音制作者权。故请求被告公开赔礼道歉并且停止侵权、赔偿损失以及承担为本案诉讼所支出的合理费用。

被告辩称，第一，被告的网站主要是用于向校外发布学院各类公共教学和科研信息，用于教师备课、讲课，全面提高学生素质，没有任何商业用途；第二，被告网站虽然提供许志安的13首歌曲，但完全用于教育目的；第三，被告网站对涉案歌曲的使用时间很短，2004年6月收到正东唱片有限公司的起诉状后，随即将歌曲卸下，停止了服务；第四，被告网站不知名，也不是一个音乐网站，点击涉案歌曲的人很少。

一审法院认为，原告正东唱片有限公司是本案涉诉歌曲的录音制品制作者，根据《中华人民共和国著作权法》第41条有关“录音录像制作者对其制作的录音录像制品，享有许可他人复制、发行、出租、通过信息网络向公众传播并获得报酬的权利”的规定，原告依法享有法律规定的上述权利。被告在未经原告许可或经原告授权的情况下，擅自将涉诉歌曲上载到其域名为www. hainnu. edu. cn的网站服务器中向公众提供网络下载服务，被告的行为本质上系通过互联网的方式，向社会公众传播音乐作品，其主观上具有过错，客观上侵害了原告对音乐作品享有的使用权和通过信息网络向公众传播音乐作品并获得报酬的权利，对此被告应承担侵权的民事责任。原告请求被告停止侵权，赔偿损失以及承担为本案诉讼所支出的合理费用，理由正当，应予以支持。关于原告请求法院判令被告公开赔礼道歉的诉讼请求，因赔礼道歉这项民事责任主要是针对人身权受到侵害的救济方式，而本案原告系涉诉13首歌曲的录音制作者，其享受的权利主要是财产权而非人身权，故原告请求判令被告承担赔礼道歉的诉讼请求于法无据，本院不予支持。

二审法院的审理中双方对侵权无异议，主要的焦点在于对赔偿数额及其赔偿标准的争议。

（五）对本案的法理分析

1. 录音制作者权

录音制作者权和录像制作者权可以合称为“录制者权”。就录音制作者权来说，其是指录音制品的首次制作人享有的禁止他人在未经许可的情形下复制、发行、通过信息网络向公众传播其制作的录音作品的权利。具体地说，录音制作者权包括以下四项经济权利：复制权、发行权、出租权以及通过信息网络向公众传播权。在本案中，被告海南师范学院在没有征得原告的同意下将原告享有录音制作者权的

13首涉案歌曲上传到其开设的网站并向公众提供歌曲的下载服务。第一，被告将歌曲上传网站实质上是对歌曲的复制，只不过这种复制是无形的，被告侵犯了原告的复制权。第二，被告的网站向公众提供涉案歌曲的下载服务，这使得原来要去商店购买原告制作的录音制品的公众可以从网站上直接获得所需的歌曲，从而造成原告的经济损失。被告侵犯了原告的通过信息网络向公众传播权及其相应的报酬。

2. 被告提供歌曲下载的侵权分析

被告在答辩中提到了几点意见：其一，被告的网站用于教学，没有商业用途。其二，被告的网站下载涉案歌曲完全用于教学目的。其言下之意也是没有商业用途。一审法院的判决意见仅仅是简单地提到被告对所主张的事实没有提供证据因此不予采纳。由此可以看出包括被告在内的很大一部分人认为“不用于商业用途”或者“不以营利为目的”就可以成为著作权侵权的免责条件。其实这是对著作权法的误解。我国《著作权法》第22条规定了著作权的合理使用。其中第一款“为个人学习、研究或者欣赏，使用他人已经发表的作品”以及“为学校课堂教学或者科学研究，翻译或者少量复制已经发表的作品，供教学或者科研人员使用，但不得出版发行”成为了侵权者误读的“挡箭牌”。因此一旦发生侵权则往往声称是“用于个人学习研究而没有商业用途”或者“用于教学科研而没有商业用途”。事实上，著作权法从来未以“没有商业用途”作为侵权的免责条件：(1) 著作权法上的“为个人学习研究”只限于满足个人使用的目的而不可以扩展至第三人或家庭以及单位。当然也有一部分学者认为个人的空间过于狭隘，可以扩展至家庭，但是使用原作品也必须局限在家庭的范围里面。(2) 著作权法上的“用于教学科研”同样不是没有限制的，其使用范围是“课堂教学和科学研究”，使用主体是“教学和科研人员”，使用方式是“翻译或者少量复制”。因此，即使是为了“个人学习研究”或者“用于教学科研”而“没有商业用途”，但是擅自扩展使用作品的范围甚至将作品上传网络同样会构成侵权。本案中，被告一边未经他人允许将其享有录制权的歌曲上传网络并向公众提供下载服务；一边则声称“没有商业用途”而不构成侵权，其行为是典型的掩耳盗铃之举。因为被告将歌曲上传之后就已经在形式上超出了“个人学习研究”或者“教学科研”的范围,已经不再属于著作权的合理使用,更不用说其向公众提供歌曲下载服务的违法性了。

（六）本案启示

在现实生活中，往往有很多网站向访问者提供计算机软件、歌曲、影片、图片以及书籍资料的下载服务，并且相当一部分的下载服务是免费的。对于原本需要购买的软件等资料，通过此类网站不但可以免费下载从而避免支付昂贵的费用，而且信手拈来，足不出户。这极大地方便了网络用户以至于使人们忽视了这种下载行为的违法性。很多网站声称自己是无偿提供下载服务的，因而不存在侵权。事实上，一方面，他们通过提供下载服务来增加网站的点击率，从而提高网站的知名度和商业价值；另一方面，如前所述，是否构成侵犯著作权不取决于行为人使用作品“有偿”或者“无偿”，而是在于行为人是否构成著作权法上的“合理使用”。网络的下载服务对于影视、音像、软件、书籍等一些产业的打击是巨大的，一个国家经济文化的发展需要兼顾各个行业。以牺牲影视、音像、软件、书籍等一些产业的利益来促进网络产业的发展只是一个暂时的现象。相信随着我国知识产权法的完善，尤其是《信息网络传播权保护条例》的出台，网络产业的发展将会逐渐规范。

（七）思考题

如果被告没有直接提供涉案歌曲的下载服务，而是像“百度”等网站一样仅仅提供对涉案歌曲下载服务的超文本链接，公众得以通过超文本链接而间接下载歌曲。在此情形下被告的行为是否构成侵权?

二、音像出版单位和音像复制单位的法律责任

【案例23】北京鸟人艺术推广有限责任公司诉广东珠影白天鹅光盘有限公司等侵犯音像制作者权和作品专有使用权纠纷案

（一）案情简介

1999年10月，原告北京鸟人艺术推广有限责任公司（以下简称

鸟人公司）录制了首张《彝人制造》专辑，并由天津音像公司出版发行了《彝人制造》CD光盘，署名的制作者为北京鸟人艺术推广有限公司。在《彝人制造》CD光盘中共收录了11首歌曲，即《乞爱者》、《明知山有虎》、《彝人回家》、《我要你》、《风雨、雷电、诺苏》、《难道你就不想继续》、《远古神鹰》、《思乡曲》、《孤独才是完美》、《让我进来》、《来不及》。其中，《乞爱者》、《明知山有虎》、《我要你》、《难道你就不想继续》、《远古神鹰》、《思乡曲》、《孤独才是完美》、《让我进来》、《彝人回家》等9首歌曲的词曲作者为曲比哈布；《风雨、雷电、诺苏》的词作者是瓦其依合，曲作者是曲比哈布；《来不及》的词作者是曲木阿作，曲作者是曲比哈布。同时，鸟人公司经词曲作者白红泉（又名曲比哈布）、瓦其依合和邱红英（又名曲木阿作）的授权，取得包括上述11首歌曲的专有使用权。2002年7月8日，鸟人公司就《彝人制造》首张国语专辑录音制品（光盘）在北京市版权局进行了版权登记，登记的作者为白红泉（曲比哈布）、邱红英（曲木阿作）、瓦其依合；著作权人为鸟人公司。其后，原告发现被告广东白天鹅光盘有限公司（以下简称白天鹅公司）非法复制的盗版光盘中收录了原告享有录音制作者权，以及依据与作者之间的著作权许可合同享有的专有使用权的11首歌曲（包括《我要你》等）。原告以被告侵犯其音像制作者权和作品专有使用权向法院提起诉讼，同时被追为被告的还有销售盗版光盘的永盛世纪中心以及提供了《录音录像制品复制委托书》的福建文艺出版社。

（二）本案涉及的知识点

1. 音像制作者的权利内容。

2. 音像出版单位和音像复制单位的审查义务。

（三）我国现行法中的相关规定

《著作权法》第41条规定：录音录像制作者对其制作的录音录像制品，享有许可他人复制、发行、出租、通过信息网络向公众传播并获得报酬的权利；权利的保护期为50年，截止于该制品首次制作完成后第50年的12月31日。

被许可人复制、发行、通过信息网络向公众传播录音录像制品，还应当取得著作权人、表演者许可，并支付报酬。

《著作权法》第 52 条规定：复制品的出版者、制作者不能证明其出版、制作有合法授权的，复制品的发行者或者电影作品或者以类似摄制电影的方法创作的作品、计算机软件、录音录像制品的复制品的出租者不能证明其发行、出租的复制品有合法来源的，应当承担法律责任。

《最高人民法院关于审理著作权民事纠纷案件适用法律若干问题的解释》第 19 条：出版者、制作者应当对其出版、制作有合法授权承担举证责任，发行者、出租者应当对其发行或者出租的复制品有合法来源承担举证责任。举证不能的，依据著作权法第 46 条、第 47 条的相应规定承担法律责任。

（四）双方意见以及法院判决结果

原告认为，被告白天鹅公司未经原告许可，也没有履行任何合法的委托手续，违反音像制品管理的有关规定，非法复制涉案的盗版音像制品。被告永盛世纪中心违反音像制品管理的有关规定，从事销售盗版音像制品的经营活动。被告福建文艺出版社提供了《录音录像制品复制委托书》，使白天鹅公司据此复制了涉案光盘。三被告的上述行为严重侵犯了原告对涉案的 11 首歌曲作品的专有使用权及录音制作者权，且侵权意图明显，给原告造成的经济损失严重。原告据此请求法院判令：1. 三被告立即停止侵权；2. 白天鹅公司、福建文艺出版社连带赔偿原告经济损失 60 万元；3. 白天鹅公司、福建文艺出版社赔偿原告主张权利费用 2 600 元；4. 白天鹅公司、福建文艺出版社在《新闻出版报》上公开向原告赔礼道歉、消除影响；5. 白天鹅公司、福建文艺出版社承担本案的诉讼费用。

被告白天鹅公司辩称，（1）原告只能主张涉案录音制品的复制、发行权，而无权主张专有使用权。原告作为录音制作者，应该取得著作权人的许可，不能因取得著作权人的许可而单独主张作品的专有使用权。（2）答辩人复制涉案光盘的行为系受福建文艺出版社委托进行的合法复制行为，属于加工承揽行为。答辩人对于委托书也尽了注意义务，主观上不存在过错，因此不构成著作权侵权。（3）原告经济损失不是答辩人造成的，我们只是复制，没有流通到市场，故不应由我们承担责任。

被告福建文艺出版社辩称：我社从未委托白天鹅公司复制加工诉争盗版光盘，从未出具过 NO.0019919 号《录音录像制品复制委托书》；也从未向第二被告出售过涉案盗版光盘。盘芯上标明的版号不是我社的版号。我社与第一、第二被告之间无任何合同关系，不存在共同侵权行为，故请求法院驳回对我社的诉讼请求。

法院认为，原告鸟人公司对涉案的《乞爱者》等 11 首歌曲享有录音制作者权和专有使用权。被告福建文艺出版社对于印章的管理不严，导致盖有其印章的《复制委托书》流入社会，客观上造成侵害鸟人公司合法权利的后果，因此福建文艺出版社对涉案侵权光盘的出版发行负有不可推卸的责任，应承担相应的民事责任。被告白天鹅公司在明知 NO.0019919 号《复制委托书》不符合法律规定的情况下，仍然复制了该《复制委托书》委托复制的内容，没有尽到应尽的审查义务，其主观过错明显，亦对涉案侵权光盘的出版发行负有责任。白天鹅公司的行为与福建文艺出版社的行为共同构成了对鸟人公司权利的侵害，应当承担共同连带责任。被告永盛世纪中心未经原告许可，销售原告享有专有使用权和录音制作者权的录音制品的复制品，其行为亦构成对原告享有的专有使用权和录音制作者权的侵犯，应就其侵权行为承担相应的法律责任。

（五）对本案的法理分析

1. 原告鸟人公司享有音像制作者权

根据我国《著作权法》第 41 条的规定，录音录像制作者对其制作的录音录像制品，享有许可他人复制、发行、出租、通过信息网络向公众传播并获得报酬的权利，音像制作者对其制作的音像制品享有以下权利：1. 复制权，即权利人对其音像制品的原始母带（master recording）享有许可或禁止他人复制的权利。2. 发行权，即权利人以出售、赠与等方式向公众提供音像制品的权利。3. 出租权和信息网络传播权，即权利人对其音像制品享有出租和通过信息网络向公众传播的权利。这后两项是在 2001 年修订《著作权法》时增加的权利，对于音像制作者来说具有非常重要的意义。在本案中，原告鸟人公司是《彝人制造》CD光盘的音像制作者，依法对其享有上述4项权利。

2. 被告福建文艺出版社构成侵权

被告福建文艺出版社是国家批准的正式出版公司，一方面在出版音像制品时具有审查的义务，另一方面对出版音像制品的《录音录像制品复制委托书》及其相应的印章具有保管的义务。本案中福建文艺出版社对于印章的管理不严，导致盖有其印章的《复制委托书》流入社会。而被告白天鹅公司正是根据该盖有福建文艺出版社真实印章的《复制委托书》复制了涉案光盘。被告福建文艺出版社的疏忽客观上给原告造成了损失，其对涉案侵权光盘的出版发行负有不可推卸的责任，应承担相应的不利后果。

3. 被告白天鹅公司构成侵权，应承担连带责任

被告白天鹅公司作为音像复制单位，同样具有审查义务。根据国务院的《音像制品管理条例》第23条的规定："音像复制单位接受委托复制音像制品的，应当按照国家有关规定，与委托的出版单位订立复制委托合同；验证委托的出版单位的《音像制品出版许可证》和营业执照副本及其盖章的音像制品复制委托书及著作权人的授权书；接受委托复制的音像制品属于非卖品，应当验证经省、自治区、直辖市人民政府出版行政部门核发并由委托单位盖章的音像制品复制委托书。音像复制单位应当自完成音像制品复制之日起2年内，保存委托合同和所复制的音像制品的样本以及验证的有关证明文件的副本，以备查验。"本案中，被告白天鹅公司在明知《复制委托书》不符合法律规定的情况下，仍然复制了该《复制委托书》委托复制的内容，没有尽到应尽的审查义务，应当承担连带侵权责任。

（六）本案启示

本案涉及录音制作者以及录音制作者权。录音制作者是指录音制品的首次制作人，其对录音制品享有的权利即为录音制作者权。录音制作者制作录音制品需要注意以下几个问题。

首先，录音制作者制作录音制品通常需要使用他人的作品。因

此，其应当取得其所使用作品的著作权人的许可并支付相应的报酬。如果其所使用的是演绎作品，还应当取得原作品著作权人的许可并支付相应的报酬。但是与录像制品不同的是，如果录音制作者使用他人已经合法录制为录音制品的音乐作品则可以不需要取得其音乐作品著作权人的许可，但是必须按照规定支付报酬，并且不得使用音乐作品著作权人声明不许使用的作品。这种限制被学者称为著作权的“准法定许可”，由于在我国广义上的著作权包括邻接权，因此在理解中容易混淆法定许可的客体。这里需要注意的是，其法定许可的是所使用音乐作品的著作权，而非原录音制作者的邻接权，也就是说录音制作者使用他人已经合法录制为录音制品的音乐作品可以不经著作权人许可，但是不能直接复制他人制作的录音制品。其次，录音制品通常是对他人表演的录制，包括演唱、演讲等。因此，其需要取得相关表演者的许可并支付相应的报酬。例如录音制作者录制歌曲 CD 专辑，通常由录音制作者同演唱的歌手订立相关的合同来约定权限以及报酬。

（七）思考题

按照我国著作权法的规定，“以类似摄制电影的方法创作的作品”和录像制品有什么不同？

第五章　信息网络传播权

第一节　信息网络传播权的概念

本节要点

1. 信息网络传播权的概念

信息网络传播权，即以有线或者无线方式向公众提供作品，使公众可以在其个人选定的时间和地点获得作品的权利。

2. 信息网络传播权的立法模式

世界各国解决互联网著作权问题的立法模式主要有三种。一种可以称之为“扩张式”，即用著作权人已有的发行权、公开表演权和公开展览权的扩大化解释来保护，美国是此类处理模式的典型。一种是“重组式”，即对著作权人对作品的各类传播权进行重组，把除了复制发行权之外的其他传播方式（包括网络传播在内）统一为一种综合的传播权，澳大利亚即属于这种模式。第三种模式是“新增式”，即在不改变现有著作权权利配置的前提下，直接赋予著作权人控制作品的数字化和进行网络传播的新权利，欧盟和日本均采用了这种模式。我国2001年《著作权法》对信息网络传播权的规定主要体现在第10条、第37条、第41条和第47条中，这种规定也属于“新增式”。此外，我国专门的《信息网络传播权保护条例》也已于2006年7月1日起开始实行。

【案例24】王蒙诉世纪互联通讯技术有限公司案

(一) 案情简介

1999年5月31日，王蒙（原告）向北京市海淀区人民法院起诉，称世纪互联通讯技术有限公司（被告）侵犯了其著作权。

原告王蒙创作的小说作品《坚硬的稀粥》字数为24427，发表在《中国作家》1989年第2期上。1998年4月，被告成立“灵波小组”，并在其网站上建立了“小说一族”栏目，栏目所涉及的文学作品内容是“灵波小组”成员从其他网站上下载后存储在其计算机系统内并通过网络服务器在国际互联网上进行传播的。联网主机用户只要上网后进入被告的主页（网址为 http://www.bol.com.cn），点击页面中“小说一族”栏目，进入“书香远飘”页面，在该页面之中点击“当代中国”页面后，点击原告的作品《坚硬的稀粥》，就可以浏览或下载该作品的内容。在被告网站上所刊载的原告作品《坚硬的稀粥》有王蒙的署名，作品内容完整。

(二) 本案所涉及的知识点

1. 信息网络传播权的概念。

2. 信息网络传播权的立法模式。

(三) 我国现行法中的相关规定

1990年《著作权法》第10条：著作权包括下列人身权和财产权：……（五）使用权和获得报酬权，即以复制、表演、播放、展览、发行、摄制电影、电视、录像或者改编、翻译、注释、编辑等方式使用作品的权利；以及许可他人以上述方式使用作品，并由此获得报酬的权利。

1990年《著作权法》第45条：有下列侵权行为的，应当根据情况，承担停止侵害、消除影响、公开赔礼道歉、赔偿损失等民事责任：……（五）未经著作权人许可，以表演、播放、展览、发行、摄制电影、电视、录像或者改编、翻译、注释、编辑等方式使用作品的，本法另有规定的除外；（六）使用他人作品，未按照规定支付报酬的；……（八）其他侵犯著作权以及与著作权有关的权益的行为。

2001年《著作权法》第10条：著作权包括下列人身权和财产

权：……（十二）信息网络传播权，即以有线或者无线方式向公众提供作品，使公众可以在其个人选定的时间和地点获得作品的权利……

（四）双方意见以及法院判决结果

原告王蒙诉称：我是作品《坚硬的稀粥》的作者，根据法律规定享有该作品的著作权。被告未经许可，在其网站上传播使用了我的作品，其行为侵犯了我对《坚硬的稀粥》享有的使用权和获得报酬权。请求法院判决被告停止侵权、公开致歉、赔偿经济损失3000元、精神损失5 000元，并承担诉讼费、调查费。

被告世纪互联通讯技术有限公司辩称：我公司是国内最早从事国际互联网上内容提供的服务商。因我国法律对在国际互联网上传播他人作品是否需要取得作品著作权人的同意，怎样向著作权人支付作品使用费用等问题都没有作任何规定。在我公司网站所刊载的原告作品，是“灵波小组”从已在国际互联网上传播的信息中下载的，而不是我公司首先将原告作品刊载到国际互联网上的，因此我们不知道在网上刊载的原告作品还需征得原告的同意。原告提起诉讼后，我公司已从网站上及时删除了原告的作品。我公司刊载原告作品的行为仅属于“使用他人作品未支付报酬”的范畴，况且访问“小说一族”栏目的用户很少，没有带来任何经济收益。在刊载原告作品时，我公司没有侵害原告的精神权利，因此其主张的精神损失5000元是不能成立的。原告没有就自己所主张的经济损失提供相应的法律依据和证据。综上所述，我公司刊载原告的作品无侵权故意，出现上述问题是由于法律和实践原因所致。希望法院查明事实，依法作出公正裁决。

北京市海淀区人民法院经审理后判决如下：（1）本判决生效之日起被告世纪互联通讯技术有限公司停止使用原告王蒙创作的文学作品《坚硬的稀粥》；（2）本判决生效之日起10日内被告世纪互联通讯技术有限公司在其网站主页上刊登声明，向原告王蒙公开致歉，致歉内容须经本院审核。逾期不履行该义务，本院将根据判决书内容自行拟定一份公告刊登在一家全国发行报刊的电子版主页上，有关费用由被告负担；（3）本判决生效之日起10日内被告世纪互联通讯技术有限公司赔偿原告王蒙经济损失人民币 1 680 元及诉讼支出的合理费用 166 元；（4）驳回原告王蒙要求被告世纪互联通讯技术有限公司赔偿其精神损失 5 000 元的诉讼请求。案件受理费 330 元由被告世纪互联通讯技术有限公司负担。

（五）对本案的法理分析

被告的行为是否侵权取决于著作权人对其作品在互联网上传播有无专有权利。

第一，从文意解释的角度看，著作权人是否对其作品在互联网上传播享有专有权利。

随着国际互联网的发展，数字化信息在网上的传播日益普遍，这使信息资源得到了充分的利用和共享，对人类的进步和发展起到了重要作用。作品的数字化是指依靠计算机把一定形式的文字、数值、图像、声音等表现的信息输入计算机系统并转换成二进制数字编码。这种转换行为本身并不具有著作权法意义上的独创性。一部作品通过数字化转换后以数字化方式使用，只是作品载体形式和使用手段的变化，并没有产生新的作品。作品的著作权人对其创作的作品仍享有著作权。因此，在国际互联网环境中，原告王蒙作为作品《坚硬的稀粥》的著作权人，享有著作权法规定的对其作品的专有权应当是毫无疑义的。

本案中，被告主要的抗辩理由是我国 1990 年《著作权法》第 10 条第 5 项所规定的作品使用方式中，并没有在互联网上传播作品这一项，因此自己的行为不属于侵权。从修辞学的角度讲，我国 1990 年《著作权法》第 10 条第 5 项中的“等”字的确可以有两种解释：一种是用在列举后煞尾；一种则表示列举未尽。[1] 显然，后人无法客观探究立法者当时究竟是在何种意义上使用这个“等”字；要在两者之间作出最符合实质正义的选择，法官必须还要借助于目的解释。

第二，从目的解释的角度看，著作权人是否对其作品在互联网上传播享有专有权利。

---

〔1〕 李琛．知识产权片论［M］．北京：中国方正出版社，2004：182.

王蒙是《坚硬的稀粥》的著作权人。根据著作权法的规定，著作权人对其创作的作品在法律规定的期限内享有专有权。这种专有权体现在著作权人对其作品权利的支配性，他有权使用自己的作品和许可他人以任何方式和形式使用自己的作品。除法律规定外，任何单位和个人未经作品的著作权人许可，公开使用他人的作品，就构成对他人著作权的侵害。科学技术的发展，必然引起作品载体形式、使用方式和传播手段的变化，但这种变化并不影响作者对其作品享有的专有权利。

为了适应这种变化，1996 年的《世界知识产权组织版权条约》和《世界知识产权组织表演和录音制品条约》中已经增加规定了"向公众传播的权利"。《世界知识产权组织版权条约》第 8 条规定："向公众传播的权利（Right of Communication to the Public）是指文学和艺术作品的作者享有的以授权将其作品以有线或无线方式向公众传播，包括将其作品向公众提供，使公众中的成员在其个人选定的地点和时间可获得这些作品的专有权利。"《世界知识产权组织表演和录音制品条约》第 10 条规定：表演者应当享有专有权，以授权通过有线或无线的方式向公众提供其录音制品，使该录音制品可为公众中的成员在其个人选定的地点和时间获得。可见，国际公约中作者的权利已经有效地覆盖到网络空间。

我国著作权法的立法目的就在于保护著作权人的合法权益。本案审理时适用的、制定于 1990 年的我国《著作权法》中，显然没穷尽列举所有使用作品方式的可能。但是它也未绝对排除因新出现的作品使用方式而产生的新著作权利。正如法院在本案判决中所指出的，1990 年我国《著作权法》第 10 条的立法技术为概括式和列举式并用。因此，对第 10 条第 5 项中"等"字采用第二种解释才最符合立法目的，同时也是最有利于公平、合理地解决这起网络著作权侵权纠纷的解释。

（六）本案启示

计算机网络技术的发展带来了作品创作和传播方式的革命。在网络环境下，创作作品的表达方式变得更加综合和便捷，作品的载体也由传统有形的纸张、录音带、录像带等变成虚拟性、无形性、全球性的数字化网络。著作权人对作品在网络上的传播难以控制。这些给著作权法带来了全面而深刻的冲击。可是，作品在互联网上的传播，与传统意义上的出版、发行等传播方式虽有不同之处，本质上却都是为实现作品的经济、社会价值，使受众了解作品的内容。作品传播方式的不同，并不影响著作权人对其作品传播的控制权利。被告作为网络内容提供商，未经原告许可而在互联网上对其作品进行传播，显属侵权行为。所以，应当认定作品在互联网上传播是使用作品的重要方式之一。著作权人有权决定其作品是否在互联网上进行传播使用。除依法律规定外，非著作权人在互联网上传播著作权人的作品时，应当尊重著作权人对其作品享有的专有使用权，取得作品著作权人的许可。

在互联网上利用他人作品而不支付报酬的情况在我国比较普遍，这在很大程度上源于过去我国著作权立法的缺失。如何在网络环境下有效地保护著作权人的利益成为了完善我国著作权法过程中不得不面对的核心问题。从世界范围看，解决互联网著作权问题的立法模式目前主要有三种。一种可以称之为“扩张式”。〔1〕一种是“重组式”。〔2〕一种是“新增式”。〔3〕我国 2001 年 10 月 27 日修改后的《著作权法》对信息网络传播权的规定主要体现在第 10 条、第 37 条、第 41 条和第 47 条中；同时，我国还制定了专门的《信息网络传播权保护条例》。

（七）思考题

我国信息网络传播权的立法模式是否适当？

---

〔1〕 美国认为，只要将其法律中已有的发行权和向公众传播的权利（公开表演权、公开展示权等）结合起来，就足以覆盖各类传播行为。所以，美国没有创设新的权利，而是通过法院判例，解释和澄清了权利人传播权的范围，即以公开表演权和公开展示权涵盖了信息网络传播权。

〔2〕 采用何种模式与各国的法律传统息息相关。“扩张式”的采用与美国判例法所具有的较大制度弹性有关。澳大利亚之所以对著作权人的传播权作彻底重组，则和其先前传播权立法的缺陷较大有关。

〔3〕 齐爱民．现代知识产权法学[M].苏州:苏州大学出版社,2005:175.

第二节 信息网络传播权的内容和限制

本节要点

1. 信息网络传播权的内容

主要是指权利享有人在法律或合同约定的范围内以计算机网络传播方式向公众传播或许可（授权）他人向公众传播信息作品。从权属性质上讲，信息网络传播权是著作权内的一项独立权能，属于经济权利的范畴。具体而言，信息网络传播权应当包括以下4项主要权能：(1)数字化权；(2)网络公开展览权；(3)上载权；(4)下载权。

2. 信息网络传播权的限制

信息网络传播权的行使要考虑到权利专有与社会公共利益的平衡。既要保护权利人的合法权益，激励其创作与传播作品的积极性，又要促进公众对社会智力成果共享以推动整个社会的文明进步。如果不对信息网络传播权进行一定限制，必然导致权利滥用进而妨碍公共利益。合理使用、法定许可等传统著作权的限制同样适用于信息网络传播权。

一、信息网络传播权的内容和特点

【案例25】王素萍诉北京东方网景数据通讯有限责任公司案

（一）案情简介

2001年初，王素萍（以下简称原告）发现北京东方网景数据通讯有限责任公司（以下简称被告）的下属网站（网址为 http://www.east.net.cn）登载了自己的作品《她还没叫江青的时候》中的大部分内容。原告与被告进行了交涉。被告表示可以适当支付稿酬，但双方未对赔偿数额达成一致。于是原告诉至法院。

法院经审理查明了以下事实：王素萍系中国艺术研究院电影电视研究所的退休人员。在工作期间她收集整理了大量关于江青的历史资料，在此基础上创作了长篇纪实小说《她还没叫江青的时候》。该作品主要讲述了江青从出生至前往延安这一阶段的生活经历。北京十月文艺出版社于1993年7月出版了该作品，字数为20.6万字。该书共印刷了三次，第一次印刷时间为1993年7月，数量为10.2万册，定价为6.5元；第二次和第三次的印刷时间分别为2000年9月和2001年3月，两次印数均为6000册，定价为15元。

2001年初，王素萍发现被告下属的东方网景网站（网址为http：//www.east.net.cn）登载了该书大部分内容。2001年12月6日，北京市东城区公证处对东方网景网站对该书的使用情况进行下载公证。此后王素萍与被告进行交涉，该公司表示可以适当支付稿酬，但双方未就赔偿数额达成一致。在原告进行公证的当月，被告将涉及其作品的网上内容删除。

从公证书中显示的情况看，被告对该书的大部分内容在网上进行了登载。被告在网上登载使用的比例约占该书的三分之二，根据页数统计约为13万字。但因登载时删除了其中3节，并对使用内容采取了压缩合并的方式，有将数个小节合并成一节的情形，诉讼中双方认可使用字数以10万字计算。

关于要求被告赔礼道歉的诉讼请求，王素萍在诉讼中表示可以以书面致歉的方式进行，被告表示同意。王素萍提出赔偿损失要求的理由系认为被告的登载行为造成了该书后两次印刷数量的减少，并使库存的数百本书未能售出。同时，王素萍提交了交纳公证费用3 000元的票据。对此，被告表示书籍的印刷数量和库存情况均属正常范围，此类公证正常收费应为1000元，该项费用超过了正常范围。庭审中王素萍亦承认该次公证中包含了对其他书籍进行公证的内容。

（二）本案所涉及的知识点

1. 信息网络传播权的内容。

2. 信息网络传播权的特点。

（三）我国现行法中的相关规定

2001年《著作权法》第47条：有下列侵权行为的，应当根据情况，承担停止侵害、消除影响、赔礼道歉、赔偿损失等民事责任；同时损害公共利益的，可以由著作权行政管理部门责令停止侵权行为，没收违法所得，没收、销毁侵权复制品，并可处以罚款；情节严重的，著作权行政管理部门还可以没收主要用于制作侵权复制品的材料、工具、设备等；构成犯罪的，依法追究刑事责任：

（1）未经著作权人许可，复制、发行、表演、放映、广播、汇编、通过信息网络向公众传播其作品的，本法另有规定的除外；……

（四）双方意见以及法院判决结果

原告诉称：我从1962年开始收集有关江青的历史资料，后写成长篇纪实传记小说《她还没叫江青的时候》，并于1993年由十月文艺出版社出版。2001年初，我发现被告下属网站未经我许可登载了该书的大部分内容。经与被告联系，该公司认可侵权行为，但拒绝赔偿损失。鉴于被告现已将本书内容从网上删除，我要求该公司向我公开赔礼道歉，并支付使用费7 500元，赔偿网上登载后影响该书销售给我造成的损失及公证费等损失11 000元。

被告辩称：我公司下属网站的军事栏目的确曾登载了王素萍的上述作品，但是当时这个栏目包给了《军事爱好者》杂志社，登载文章也是他们操作的，我公司并不了解具体情况。军事栏目的浏览量不大，王素萍通知后，我公司也很快删除了上述作品，因此我公司的侵权情节非常轻微。我公司可以适当支付王素萍稿酬，但其提出的稿酬及损失要求过高，我公司不能接受。

北京市海淀区人民法院经审理后判决如下：一、自本判决生效之日起10日内，被告北京东方网景数据通讯有限责任公司针对其侵权行为向原告王素萍书面致歉，致歉内容须经本院审核。如到期不能履行，本院将把代拟的情况说明刊登在相关媒体上，费用由被告负担；二、自本判决生效之日起10日内，被告北京东方网景数据通讯有限责任公司赔偿原告王素萍经济损失8500元。案件受理费750元（原告预交），由被告负担，于本判决生效之日起7日内交纳。

（五）对本案的法理分析

我国现行立法没有对信息网络传播权的权利内容进行具体界定。笔者认为，信息网络传播权的内容主要是指权利享有人在法律或合同约定的范围内以计算机网络传播方式向公众传播或许可（授权）他人向公众传播信息作品。从权属性质上讲，信息网络传播权是属于著作权内一项独立的权能，属于经济权利的范畴。具体而言，信息网络传播权应当包括以下4项主要权能：（1）数字化权；（2）网络公开展览权；（3）上载权；（4）下载权。本案主要涉及传统作品的数字化问题。

在网络上作品的存在与传播不再借助于纸、磁带等传统载体，对传统作品进行数字化转换正是这种传播行为的前提条件。对于传统作品数字化的性质，学术界存在不同的观点。一种观点认为数字化"和把一件英文作品译成中文作品没有本质上的区别"。而且，"传统的翻译和数字化过程之间惟一的区别在于前者是由人完成的，而后者是由机器完成的。"〔1〕它是一种类似翻译的演绎行为，属于享有著作权的创作。另一种观点则认为数字化属于复制之一种，因为作品的数字化并未产生新的作品，数字化的过程只是一种中间技术过程，纯属机械性代码的变换，没有原作者以外的第三人的创造性劳动。〔2〕

笔者认为，这个问题可以从技术和法律制度两个层面进行分析。

从技术层面看，笔者认为作品的数字化属于复制的一种方式，而不是演绎行为。演绎行为是在创造性劳动的基础上产生演绎作品，而数字化没有独立的创造行为，当然不会产生新的作品。这一过程与著作权史上录音、录像、影印等技术手段处理作品的过程没有本质的区别，都属于复制。应该说数字化过程是一种更为高级和复杂的复制。

计算机硬件的特征决定了它只能识别由0和1组成的二进制代码。作品的数字化也就是把构成作品的文字、数值、图形、图像、声音等输入计算机，并由计算机软件将这些信息转换成由0和1组成的二进制代码以供硬件识别。计算机对任何信息的存储、加工以及传输之前都首先要进行这样的转换工作。当然，在我们需要这些信息的时候，计算机软件同样会把这些代码还原成文字、数值、图形、图像、声音。在互联网上，作品的上网，也即把作品输入联网的计算机服务

---

〔1〕 金渝林．数字化技术对版权保护的影响［J］．国际电子报，1996（7）．

〔2〕 应明．作品数字化转换的著作权法律性质［J］．著作权，1997（4）．

器中，必然要经过这样一种过程。那么，这一过程的法律性质究竟是怎样的呢？数字化权是否为著作权人的专有权利呢？

从法律制度这个层面看，传统作品的数字化，实际是将该作品以数字代码形式固定在磁盘或光盘等有形载体上，〔1〕对作品的“独创性”和“可复制性”不产生任何影响。因此，作品的表现形式应当包括数字形式，被数字化后的作品著作权仍应由原著作权人享有。著作权的各项权利内容，也同样适用于数字化作品的著作权。美国等对信息网络传播权采取“扩张式”立法的国家，往往都是通过对复制权的扩张解释来处理传统作品数字化问题的。

我国著作权法修订之前，司法和行政机关也均采取这种扩张解释的办法来应对传统作品数字化带来的著作权问题。〔2〕本案中被告的行为包括将王素萍作品数字化的行为，如依据我国1990年《著作权法》，自然也可以据此认定为侵犯了王素萍著作权中的复制权。〔3〕问题在于，此案应当适用的我国2001年《著作权法》中已经删除了原第52条关于复制的界定。信息网络传播权已经成为一项独立的著

〔1〕 技术上的复制不等同于法律上的复制，如计算机内存中的临时复制一般就不认为是法律上的复制。

〔2〕《最高人民法院关于审理涉及计算机网络著作权纠纷案件适用法律若干问题的解释》第2条规定：受著作权法保护的作品，包括著作权法第3条规定的各类作品的数字化形式。在网络环境下无法归于著作权法第3条列举的作品范围，但在文学、艺术和科学领域内具有独创性并能以某种有形形式复制的其他智力创作成果，人民法院应当予以保护。著作权法第10条对著作权各项权利的规定均适用于数字化作品的著作权。将作品通过网络向公众传播，属于著作权法规定的使用作品的方式，著作权人享有以该种方式使用或者许可他人使用作品，并由此获得报酬的权利。

〔3〕 我国1990年《著作权法》第52条规定：复制是指以印刷、复印、临摹、拓印、录音、录像、翻录、翻拍等方式将作品制作一份或多份的行为。而根据1999年国家版权局《关于制作数字化制品的著作权规定》第2条的规定，将已有作品制成数字化制品，不论已有作品以何种形式表现和固定，都属于我国1991年《著作权法实施条例》第5条第1款所指的复制行为，也是我国1990年《著作权法》第52条所称的复制行为。利用受著作权保护的他人作品制作数字化制品的，应事先取得著作权人的许可。

作权，数字化权是其重要内容。因此，应当根据我国2001年《著作权法》第47条的规定判决被告侵犯了原告的信息网络传播权中的数字化权并承担相应的法律责任。

（六）本案启示

从信息网络传播权的权能内容来看，主要有以下四个特征：一是权利行使方式的特定性。信息网络传播权是指以有线或者无线方式向公众提供作品，使公众可以在其个人选定的时间和地点获得作品的权利。因此，它的行使离不开网络。网络在传播作品时的交互性、全球性和即时性，既为繁荣文化和创作提供了条件，又给信息网络传播权的保护带来了严峻的挑战。二是权利主体的专有性。信息网络传播权是著作权人和邻接权人的专有权利，是一种排他性的权利。他人不经授权许可，不得擅自将著作权人及邻接权人的作品在网络上传输和传播，否则就构成侵权。三是权利内容的复合性。笔者认为，信息网络传播权是具有复合性的。这种复合性是由作品在计算机网络传播中的特殊方式决定的。作品在网络传播过程中，产生了一系列涉及作品著作权的行为，主要包括复制、发行、展示展览、表演播放等。网络传播行为本身就包含了对作品的多重复合使用方式，因此信息网络传播权的内容具有复合性的特点。四是权利行使的限制性。信息网络传播权的行使要考虑权利专有与社会公共利益的平衡。既要保护权利人的合法权益，提高其创作与传播作品的积极性，又要促进公众对社会智力成果共享以推动整个社会的文明进步。因此，如不对信息网络传播权进行一定限制，必然导致权利滥用进而妨碍公共利益。合理使用、法定许可等传统著作权的限制同样适用于信息网络传播权。

（七）思考题

复制权与信息网络传播权中的数字化权有哪些联系和区别？

二、信息网络传播权的合理使用

【案例26】陈兴良诉中国数字图书馆有限责任公司案

（一）案情简介

原告陈兴良因与被告中国数字图书馆有限责任公司发生著作权侵

权纠纷，向北京市海淀区人民法院提起诉讼。

法院经审理，查明了以下事实：（1）《当代中国刑法新视界》1999年4月由中国政法大学出版社出版第1版。该书754千字，印刷3000册，定价45元；《刑法适用总论》1999年6月由法律出版社出版第1版。该书1170千字，印刷5000册，定价96元；《正当防卫论》1987年6月由中国人民大学出版社出版第1版。该书206千字，印刷1万册，定价1.7元。原告陈兴良为这三本书的作者。（2）被告于2000年1月17日成立，企业性质为有限责任公司，经营范围为计算机软件技术开发和转让、电子商务、制作和发布网络广告等。2002年3月11日，该公司进行了工商年检登记。该公司所设的"中国数字图书馆"网站，以搜集、整理和发布他人作品为主。（3）"中国数字图书馆"网站的访问方式为：使用联网主机启动IE浏览器，在地址栏中输入www.d-library.com.cn，即可进入"中国数字图书馆"主页。该主页上注明了"版权所有：中国数字图书馆有限责任公司"。点击下载该网站专用的"中国数图浏览器标准版"时，页面上会同时提示："读者浏览、借阅图书需办理读书证——利用网上或卡式方式付费，并通过用户注册获得用户名和密码"。（4）在"中国数字图书馆"网站的主页上，使用"高级检索"系统，检索词语为"陈兴良"，检索途径为"责任者"，检索结果就包括涉及本案的《当代中国刑法新视界》、《刑法适用总论》、《正当防卫论》三部著作。（5）2002年3月，案外人张庆方注册成为"中国数字图书馆"的用户，注册号码为459757，使用期限是2002年3月13日至2002年6月11日。同年3月15日，张庆方使用其注册号码，在"中国数字图书馆"网站阅读了涉案的三部著作，并对其中的部分网页进行了现场打印。（6）陈兴良为此次诉讼支付了律师费8 000元，此即原告诉称为制止侵权行为支出的合理费用。

（二）本案所涉及的知识点

1. 数字图书馆与传统图书馆的区别。

2. 信息网络传播权的合理使用。

（三）我国现行法中的相关规定

《著作权法》第 22 条：在下列情况下使用作品，可以不经著作权人许可，不向其支付报酬，但应当指明作者姓名、作品名称，并且不得侵犯著作权人依照本法享有的其他权利：……图书馆、档案馆、纪念馆、博物馆、美术馆等为陈列或者保存版本的需要，复制本馆收藏的作品……

《著作权法》第 47 条：有下列侵权行为的，应当根据情况，承担停止侵害、消除影响、赔礼道歉、赔偿损失等民事责任；同时损害公共利益的，可以由著作权行政管理部门责令停止侵权行为，没收违法所得，没收、销毁侵权复制品，并可处以罚款；情节严重的，著作权行政管理部门还可以没收主要用于制作侵权复制品的材料、工具、设备等；构成犯罪的，依法追究刑事责任：未经著作权人许可，复制、发行、表演、放映、广播、汇编、通过信息网络向公众传播其作品的，本法另有规定的除外。

（四）双方意见以及法院判决结果

原告诉称：被告未经原告同意，在自己的网站上使用原告的三部作品。读者付费后就成为被告网站的会员，可以在该网站上阅读并下载网上作品。被告这一行为，侵犯了原告的信息网络传播权。诉请判令被告立即停止侵权，并赔偿原告的经济损失 40 万元，以及原告为制止被告的侵权行为而支出的合理费用 8 000 元。

被告辩称：被告基本属于公益性的事业单位。为适应信息时代广大公众的需求，被告在网上建立了“中国数字图书馆”。图书馆的工作，就是收集各种图书供人阅览参考。原告所称的三部作品都已公开出版发行，被告将其收入数字图书馆中，有利于这些作品的再次开发利用，不能视为侵权。况且被告素来高度重视版权保护，现已投资开发版权保护系统。这套系统开发出来后，一方面能保护著作权人的利益不受侵犯，另一方面又能充分发挥数字图书馆的作用，使其更好地为公众服务。请法院根据“中国数字图书馆”当前的实际情况，结合我国国情，对这起纠纷作出裁判。

北京市海淀区人民法院经审理后于 2002 年 6 月判决如下：1. 自

本判决生效之日起，被告停止在其“中国数字图书馆”网站上使用原告陈兴良的作品《当代中国刑法新视界》、《刑法适用总论》、《正当防卫论》；2. 自本判决生效之日起10日内，被告赔偿原告经济损失8万元及因诉讼支出的合理费用4 800元；3. 驳回原告的其他诉讼请求。案件受理费8 660元，由被告负担。宣判后，双方当事人均未上诉。

（五）对本案的法理分析

本案主要涉及数字图书馆的相关法律问题。

1. 数字图书馆与传统图书馆的区别

数字图书馆和传统图书馆在法律性质、传播作品的目的和范围方面，都有较大的区别。公益性是传统图书馆的首要特征。正是基于这一点，图书馆未经作者许可少量复制和提供借阅的行为构成著作权法规定的合理使用。我国2001年修订后的《著作权法》第22条规定：“在下列情况下使用作品，可以不经著作权人许可，不向其支付报酬，但应当指明作者姓名、作品名称，并且不得侵犯著作权人依照本法享有的其他权利：……图书馆、档案馆、纪念馆、博物馆、美术馆等为陈列或者保存版本的需要，复制本馆收藏的作品……”但是，不能认为冠以“图书馆”之名其行为就构成合理使用。我国《信息网络传播权保护条例》（草案）也曾尝试为图书馆设定较为宽松的信息网络传播权合理使用制度，该草案在第4条中规定公共图书馆通过本馆的网络阅览系统供馆内读者阅览本馆收藏的已经发表的作品属于合理使用；但该阅览系统不得提供复制功能，并且应当能够有效防止提供网络阅览的作品通过信息网络进一步传播。但是为了避免过分地限制著作权人的权利，最终通过的法规中取消了这一条。

数字图书馆不具备“公益性”标准，不是传统意义上的图书馆，而是图书公司。[1] 是否具备“公益性”，是判断数字图书馆能否不经著作权人许可，也不必支付报酬即可使用其作品的决定性因素。某

---

〔1〕 郑成思．“数字图书馆”还是“数字公司”［EB/OL］．［2007-06-15］．http：//www.civillaw.com.cn/article/default.asp？id＝24709.

些以营利为目的的公司假借“数字图书馆”的名义，大量无偿使用他人作品制作成网络数据库，然后以向传统图书馆出售所谓“数字化解决方案”或者向个体读者出售阅览卡等方式，通过互联网向社会公众大规模提供有偿浏览、复制他人作品的服务。依靠无偿掠夺来的他人智力劳动成果从而从消费者身上攫取利润，才是某些“数字图书馆”的真实面目。[1] 它们的行为与其他著作权侵权行为并没有本质区别。所以，在我国判断一个“数字图书馆”是否可以享受一定的著作权侵权豁免，第一要看它的性质是公益性的事业单位还是营利性的企业；第二点也是更为重要的，要看它提供图书服务的目的是否牟利，是否从消费者身上获取利润。同时，即使是公益性的非营利图书馆，在享受著作权侵权豁免时也要严格遵守在时间、范围等各方面的限制条件。[2]

2. *被告的行为是否属于合理使用*

图书馆是搜集、整理、收藏图书资料供人阅览参考的机构，其功能在于保存作品并向社会公众提供接触作品的机会。图书馆向社会公众提供作品，对传播知识和促进社会文明进步，具有非常重要的意义。传统图书馆中，只有特定的社会公众（有阅览资格的读者），在特定的时间以特定的方式（借阅），才能接触到图书馆向社会公众提供的作品。所以，这种接触对作者行使著作权的影响相当有限，不构成侵权。

---

〔1〕 郑成思．“数字图书馆”还是“数字公司”［EB/OL］．［2007-06-15］．http：//www. civillaw. com. cn/article/default. asp? id = 24709.

〔2〕 我国《信息网络传播权保护条例》（草案）曾尝试列举这些限制条件，该草案第6条规定：除著作权人事先声明不许使用的外，公共图书馆符合下列全部条件的，可以不经其许可，通过本馆的网络阅览系统供馆外注册读者阅览本馆收藏的已经出版的图书，但应当指明作者姓名、作品名称和出处，按照规定支付报酬，并且不得侵犯著作权人依法享有的其他权利：（一）提供网络阅览的图书已经合法出版3年以上；（二）阅览系统不提供复制功能；（三）阅览系统能够准确记录作品的阅览次数，并且能够有效防止提供网络阅览的作品通过信息网络进一步传播。

在互联网环境下，作者的作品经数字化后的传播范围必将进一步扩大，对其进行合理使用范围也应当相应扩张。但是，这种对著作权的限制只能是在公益目的下的有限度的扩张，而且应当有明确的法律依据。否则，著作权人获得报酬的权利将成为水月镜花。〔1〕被告作为企业法人，将原告陈兴良的作品上载到国际互联网上。对作品的这种使用方式，扩大了作品传播的时间和空间，扩大了接触作品的人数，超出了作者允许社会公众接触其作品的范围。数字图书馆未经许可在网上使用陈兴良的作品，并且没有采取有效的手段保证陈兴良获得合理的报酬。这种行为妨碍了陈兴良依法行使对自己作品的著作权，属于侵权行为。被告否认侵权的辩解理由显然不能成立。

根据我国2001年《著作权法》第10条第1款中的规定，著作权人享有“信息网络传播权”这种专有权利，作者有权据此制止他人未经许可，非法使用其作品。当数字图书馆使社会公众接触作品的范围大到足以影响作者行使著作权时，作者自然有权制止。原告陈兴良依法享有对《当代中国刑法新视界》、《刑法适用总论》、《正当防卫论》这三部作品的著作权，有权许可他人使用这些作品。在没有相反证据的情况下，只能认定陈兴良允许有关出版社以出版发行的方式将这三部作品固定在纸张上提供给公众。被告未经陈兴良许可，将这三部作品收入“中国数字图书馆”网站中，势必对陈兴良在网络空间行使这三部作品的著作权产生影响，侵犯了原告对自己作品享有的信息网络传播权。

---

〔1〕 我国《信息网络传播权保护条例》第7条规定：图书馆、档案馆、纪念馆、博物馆、美术馆等可以不经著作权人许可，通过信息网络向本馆馆舍内服务对象提供本馆收藏的合法出版的数字作品和依法为陈列或者保存版本的需要以数字化形式复制的作品，不向其支付报酬，但不得直接或者间接获得经济利益。当事人另有约定的除外。

前款规定的为陈列或者保存版本需要以数字化形式复制的作品，应当是已经损毁或者濒临损毁、丢失或者失窃，或者其存储格式已经过时，并且在市场上无法购买或者只能以明显高于标定的价格购买的作品。

（六）本案启示

《中华人民共和国民事诉讼法》第64条第1款规定："当事人对自己提出的主张，有责任提供证据。"著作权诉讼中一般也适用"谁主张，谁举证"的原则。在涉及信息网络传播权的案件中，取证显得尤为困难。

本案中，原告充分利用了公证机构在取证中的作用，为胜诉打下了良好的基础。但是，在被告数字图书馆的侵权行为给其造成40万元的经济损失，并使其支出8 000元律师费的赔偿数额要求方面，原告未能举证证明自己的实际损失或者侵权人的违法所得相当于诉讼请求赔偿的数额，也没有举证证明支出8 000元律师费的合理性。因此，法院只能依侵权行为的情节确定数字图书馆的赔偿数额，而不能全额支持他请求赔偿的数额。

（七）思考题

数字图书馆是否可以取得授权的成本过高而请求免责？

三、信息网络传播权的法定许可

【案例27】陈卫华诉成都电脑商情报社案

（一）案情简介

1998年5月10日，陈卫华（以下简称原告）以笔名"无方"撰写了《戏说MAYA》一文并上载到其个人主页"3D芝麻街"上，并注明"版权所有，请勿转载"。1998年10月16日成都电脑商情报社（以下简称被告）将该文刊载于其主办的《电脑商情报》第40期家庭版上。同年11月，原告向被告发出电子邮件，说明自己系《戏说MAYA》一文的作者；同年12月2日，原告又向被告发出传真，提出被告应承担侵权责任。被告收到上述函件后拒绝了原告的要求，原告遂诉至法院。

法院经审理查明："3D芝麻街"为互联网上某个人主页的名称，版主署名为"无方"。该主页于1998年1月开始上载文件，内容主要为三维动画设计方面的文章。1998年5月10日一篇题为《戏说MAYA》的文章被上载到该主页上，作者署名为"无方"。1998年10

月16日，电脑商情报社在其主办的《电脑商情报》上刊登《戏说MAYA》一文，文章署名为“无方”，该报在刊登此文的同时加注了编者按，称“本文的出处也如同文中的3D发源一样不详，不过有一位铁杆读者、3D迷兼网虫极力推荐”。此后，电脑商情报社在其作者信息库中保留了“无方”的栏目，栏目内容中仅注明作者署名为“无方”,并在稿费统计表中注明稿酬尚未支付。同年11月,陈卫华向电脑商情报社发出电子邮件,说明其本人系《戏说MAYA》一文的作者。同年12月2日,陈卫华又向电脑商情报社发出传真,提出其应承担侵权责任。电脑商情报社收到上述函件后拒绝了陈卫华的要求。

另查，目前我国国际互联网上个人主页的注册现尚无明确的法律规定，但个人主页注册后，注册人会获得该个人主页的账号、密码和网址，在一般情况下个人主页的密码由其注册人掌握、使用，文件的上载、删除工作亦由注册人完成。在审理过程中，经现场勘验，陈卫华可修改个人主页“3D芝麻街”的密码，并可上载文件、删除文件,《戏说MAYA》一文可被固定在计算机硬盘上并可通过互联网服务器上载到“无方”的个人主页上，在此文的页面上标有“版权所有,请勿转载”的字样;电脑商情报社未提出相反的证据证明特殊情况的存在或《戏说MAYA》一文已于上载前被报刊刊登,亦未提供读者向其投稿的原始证据。经查询,被告认可陈卫华即为“无方”。

（二）本案所涉及的知识点

1. 信息网络传播权的法定许可。

2. 网络作品作者的确定。

（三）我国现行法中的相关规定

1990年《著作权法》第11条：著作权属于作者，本法另有规定的除外。创作作品的公民是作者。……如无相反证明，在作品上署名的公民、法人或者非法人单位为作者。

1990年《著作权法》第46条：有下列侵权行为的，应当根据情况，承担停止侵害、消除影响、公开赔礼道歉、赔偿损失等民事责任，并可以由著作权行政管理部门给予没收非法所得、罚款等行政处罚：……未经著作权人许可，以营利为目的，复制发行其作品的……

1990年《著作权法》第32条：著作权人向报社、杂志社投稿的，自稿件发出之日起15日内未收到报社通知决定刊登的，或者自稿件发出之日起30日内未收到杂志社通知决定刊登的，可以将同一作品向其他报社、杂志社投稿。双方另有约定的除外。

作品刊登后，除著作权人声明不得转载、摘编的外，其他报刊可以转载或者作为文摘、资料刊登，但应当按照规定向著作权人支付报酬。

（四）双方意见以及法院判决结果

原告陈卫华诉称：1998年5月10日我以笔名“无方”撰写了《戏说MAYA》一文并上载到我的个人主页“3D芝麻街”上，并注明“版权所有，请勿转载”。1998年10月16日电脑商情报社未经我同意将该文刊载于其主办的《电脑商情报》第40期家庭版上，其行为侵犯了我的著作权，故请求法院判令电脑商情报社公开赔礼道歉、支付稿费231元和惩罚性稿费5万元。

被告电脑商情报社辩称：《戏说MAYA》一文是读者于1998年8月用电邮投稿至我社电子信箱的，该电邮中没有“版权所有，请勿转载”的内容，我们曾回函要求其提供作者详细资料，但未获回复。同年10月16日，我社在报纸上将该文全文发表，署名为“无方”；并在发表时加注编者按，注明“作者与3D一样发源不详”。我社同意以国家稿费标准付给《戏说MAYA》一文的作者稿费231元，但是请陈卫华证明他就是作者“无方”。我社没有主观过错，行为没有构成侵权，故不同意道歉及支付所谓惩罚性稿费的要求。

北京市海淀区人民法院经审理后于1999年4月28日判决如下：1. 自判决生效之日起，被告成都电脑商情报社停止使用原告陈卫华的作品《戏说MAYA》。2. 自判决生效之日起15日内，被告电脑商情报社应在其主办的《电脑商情报》上刊登声明向原告陈卫华公开致歉，致歉内容须经本合议庭审核。3. 自判决生效之日起15日内，被告电脑商情报社向原告陈卫华支付稿酬并赔偿经济损失共计924元。案件受理费2 017元，由被告电脑商情报社负担。

（五）对本案的法理分析

本案主要涉及传统媒体转载网上作品的法定许可问题。法定许可是指根据法律的直接规定，以特定的方式使用他人已经发表的作品可以不经著作权人许可，但是应当向其支付报酬，并尊重著作权人的精神权利和经济权利的制度。与其他国家著作权法所规定的法定许可制度相区别，我国的法定许可制度有一个重要的前提条件，即作者声明保留的权利除外，因此有学者称之为“准法定许可”。[1] 所以，在我国著作权制度中，法定许可应当同时满足以下四个条件：（1）只涉及已发表的作品；（2）在使用时应指明作者姓名、作品名称并不得侵犯著作权人依法享有的其他权利；（3）应向著作权人支付报酬；（4）如果著作权人声明不许可使用的，不得使用。在本案中，因为作为著作权人的原告已有“版权所有，请勿转载”的声明；所以，认定被告的行为不属于法定许可并不困难。但是，在我国报刊等传统媒体与网站等网络媒体享有的法定许可是否等同仍是值得探究的问题。

我国对报纸、期刊享有的法定许可主要规定于1990年《著作权法》第32条，即“作品刊登后，除著作权人声明不得转载、摘编的外，其他报刊可以转载或者作为文摘、资料刊登，但应当按照规定向著作权人支付报酬”。2001年《著作权法》也沿袭了该规定。2002年10月通过的《最高人民法院关于审理著作权民事纠纷案件适用法律若干问题的解释》第17条规定，“著作权法第32条第2款规定的转载，是指报纸、期刊登载其他报刊已发表作品的行为。转载未注明被转载作品的作者和最初登载的报刊出处的，应当承担消除影响、赔礼道歉等民事责任。”由此看来，似乎报纸、期刊享有的法定许可似乎并不能引申到网上。网站等网络媒体并不享有“自由转载”的权利。

但是，2000年12月最高人民法院参照相关国际公约制定的《关

〔1〕 齐爱民．现代知识产权法学［M］．苏州：苏州大学出版社，2005：198.

于审理涉及计算机网络著作权纠纷案件适用法律若干问题的解释》第3条又规定，“已在报刊上刊登或者网络上传播的作品，除著作权人声明或者上载该作品的网络服务提供者受著作权人的委托声明不得转载、摘编的以外，网站予以转载、摘编并按有关规定支付报酬、注明出处的，不构成侵权”。〔1〕这样看来，网站等网络媒体与报纸、期刊享有同样的法定许可；反而是传统媒体转载网上作品是否构成法定许可成了问题。那么在本案中，假使原告在其个人主页上发表《戏说MAYA》时并没有标明“版权所有，请勿转载”，被告的行为是否可以构成法定许可呢？

对此，我们必须准确理解《关于审理涉及计算机网络著作权纠纷案件适用法律若干问题的解释》所规定的法定许可的范围。笔者认为，该解释对于我国1990年《著作权法》第32条规定的法定许可适用范围的扩大体现在以下两个方面：一是明确报刊刊登作品的法定许可可以适用到网络环境下，即除了报刊转载或摘编其他报刊刊登的作品外，网站也可以参照该条件转载、摘编其他报刊刊登的作品。二是明确法定许可作品的范围除了报刊刊登的作品外，还包括网络上所刊登的作品。但是这仅限于网络转载、摘编其他网站刊登的网络作品的形式。

有论者认为按照《关于审理涉及计算机网络著作权纠纷案件适用法律若干问题的解释》，适用法定许可的范围应当扩大到包括报刊登载网络作品，但这没有法理依据。〔2〕因为允许网络的转载与摘编的本质可以从两方面看，一方面它是给网站的侵权豁免，另一方面它是对著作权的一种权利限制即法定许可。在私法领域，法不禁止即可

〔1〕 2004年1月，此条规定修改为：“已在报刊上刊登或者网络上传播的作品，除著作权人声明或者报刊、期刊社、网络服务提供者受著作权人委托声明不得转载、摘编的以外，在网络进行转载、摘编并按有关规定支付报酬、注明出处的，不构成侵权。但转载、摘编作品超过有关报刊转载作品范围的，应当认定为侵权。”

〔2〕 范雪莹．陈卫华诉成都电脑商情报社侵犯著作权纠纷案［EB/OL］．http：//www.civillaw.com.cn/weizhang/default.asp？id＝21283.

为，而权利限制则必须有法律的明文规定。故笔者认为结合《关于审理涉及计算机网络著作权纠纷案件适用法律若干问题的解释》和我国《著作权法》第32条的规定，法定许可规定的作品范围应仅限于网络登载报刊作品以及网络登载网络的作品，不适用于报刊登载网络作品的情形。所以在本案中，如严格按照相关司法解释的规定，即使原告在网络个人主页上发表的作品《戏说MAYA》未标明“版权所有，请勿转载”，被告也不能适用法定许可而免责。当然，对司法解释中可适用法定许可的主体范围的规定是否合理，可以作进一步的研究和探讨。

（六）本案启示

本案另一个值得注意的问题是网络作品作者的认定问题。我国著作权法规定，如无相反证明，在作品上署名的人即为作者。个人主页“3D芝麻街”的版主与该主页上《戏说MAYA》一文作者的署名均为“无方”。虽然当前对个人主页的设立与使用并无明确的法律规定，但按照常理，个人主页密码的修改、内容的添加和删改工作只能由其注册人完成。陈卫华能够修改该个人主页的密码，并在其中上载文件和删改文件；而电脑商情报社未提出相反的证据证明该文的署名作者“无方”为其他人。故据此可以认定陈卫华即为“无方”，亦即《戏说MAYA》一文的著作权人。由于该案审理时，没有其他证据可以证明《戏说MAYA》一文在此之前已经发表，故该文首次上载到原告个人主页上的时间即为发表时间。

（七）思考题

我国报刊等传统媒体与网站等网络媒体享有的法定许可是否应当等同？为什么？

第三节　网络服务提供者的法律责任

本节要点

1. 网络服务商明知侵权仍链接要承担法律责任

网络服务提供者一般可分为网络服务商（ISP）和网络内容提供

商（ICP）。一般来讲网络内容提供商是网络上的信息提供或传播者；网络服务商则只为网络上的信息传播提供中介服务。网络服务商（ISP）和网络内容提供商（ICP）的区分不是绝对的。

网络内容提供商直接提供信息服务时，其角色与出版者类似，法律地位也基本相同，故可以比照出版者适用严格责任。而网络服务商对其链接的内容是无法控制的，对侵权内容的发布主观上没有过错，所以可不承担侵权赔偿责任。但是经权利人明确告知或者当网络服务商施以一般注意力已足以判断有侵权内容后，网络服务商仍未采取措施移除侵权内容的，网络服务商主观上就存在过错，客观上也扩大了侵权结果，将承担共同侵权的赔偿责任。

2. 网络服务商及时移除电子公告系统中的侵权内容可以免责

作为BBS这一网络空间信息发布与传播的新型媒介的经营者，ISP无法在用户的每篇文章发表前进行阅读、修改或删除，也无法在事先对BBS上发表的信息行使“充分的编辑方面的控制权”。而利用BBS从事侵权甚至犯罪活动的往往是BBS上的用户，所以确定信息的原始提供者即用户作为承担直接侵权法律责任的主体是没有疑义的，非法复制的法律责任也理应由其承担。

根据我国最高人民法院《关于审理涉及计算机网络著作权纠纷案件适用法律若干问题的解释》第5条“经著作权人提出确有证据的警告，但仍不采取移除侵权内容等措施以消除侵权后果的，人民法院应当根据民法通则第130条的规定，追究其与网络用户的共同侵权责任”的规定，网络服务商是在得到警告后，仍然采取消极、不作为的态度才承担法律责任。

一、网络服务提供者的法律责任——网络链接

【案例28】刘××诉搜狐爱特信信息技术（北京）有限公司案

（一）案情简介

本案原告为刘××，被告为搜狐爱特信信息技术（北京）有限公司。

原告刘××在1995年发表了其翻译的小说《唐吉诃德》。2000年10月，刘××在上网访问搜狐网站时发现，通过点击该网站首页上“文学”栏目下的“小说”并继续点击“外国小说——经典作品——唐吉诃德——［西班牙］塞万提斯——译本序言”后，可在页面上看到其翻译的作品《唐吉诃德》。10月18日，经原告申请，北京市公证处对以上操作过程和路径，以及终端监视器上显示的页面内容进行了公证。11月6日，被告亦在北京市公证处申请按照原告上网的过程和路径的操作过程进行公证。15日被告再次向北京市公证处申请在该处对上 www.cj888.com、www.chenqinmyrice.com、www.yifan.net 网站访问《唐吉诃德》中文版的过程和路径进行公证，证明：1. 该作品不是被告上载，亦不在被告网站的网页上；2. 直接访问 www.yifan.net、www.cj888.com、www.chenqinmyrice.com 网站即可看见以原告作品为内容的页面。以上两个证据可以说明，因搜狐网站与上述三个网站存在链接关系，所以通过被告的网站能够访问这三个网站上以原告作品为内容的网页。在法庭上，被告再次按照原告所提交的公证书中载明的过程和路径上网进行了演示，当屏幕出现“《唐吉诃德》［西班牙］塞万提斯 刘××译”页面时，该页面的地址栏中不是搜狐网站的地址，而是其他网站的网址。

11月23日，本案开庭审理时，原告当庭明确要求被告断开与上载其翻译作品的网站的链接。被告以法律未规定链接是侵权为由拒绝。直到30日，被告才断开链接。

（二）本案所涉及的知识点

1. 链接内容出现权利瑕疵时网络服务商是否构成侵权。

2. 明知侵权仍链接的法律责任。

（三）我国现行法中的相关规定

《民法通则》第106条：……公民、法人由于过错侵害国家的、集体的财产，侵害他人财产、人身的，应当承担民事责任。……

1990年《著作权法》第45条：有下列侵权行为的，应当根据情况，承担停止侵害、消除影响、公开赔礼道歉、赔偿损失等民事责任：……（八）其他侵犯著作权以及与著作权有关的权益的行为。

（四）双方意见以及法院判决结果

原告诉称：被告开办的搜狐网站在未经许可的情况下，擅自将原告1995年出版的译著《唐吉诃德》以三种版式在网上登出，供人阅读下载。该行为侵害了原告享有的翻译作品著作权。请求法院判令被告：（1）立即停止在网上刊登上述作品；（2）在搜狐网站的显要位置和《北京晚报》上公开致歉；（3）赔偿原告经济损失10万元。

被告辩称：本公司所属的搜狐网站从未将原告的作品在网上登载。网上确有原告作品的三个版式，从经过的访问路径发现，在www.yifan.net，www.cj888.com、www.chenqinmyrice.com等网站都登载该作品。搜狐网站只是与这些网站有链接关系。法律并未规定链接是一种侵权行为。因此，原告的指控没有事实根据和法律依据，应依法驳回其请求。

北京市第二中级人民法院于2000年12月19日判决：1.被告搜狐公司于本判决生效后10日内，书面向原告刘××赔礼道歉（内容须经本案核准）；逾期不执行，本院将在一家北京发行的报纸上刊登本判决书内容，所需费用由搜狐公司负担；2.被告搜狐公司于本判决生效后10日内，赔偿原告刘××3 000元。3.案件受理费3 510元，由被告搜狐公司负担2 000元，原告刘××负担1 510元。

宣判后，双方当事人均未提起上诉，一审判决发生法律效力。

（五）对本案的法理分析

链接在技术上应称为“超文本链接”，有时也可简称为“超链接”。“超文本”是指含有其他文档链接的文本，读者可以单击一个单词或短语来获得相关主页或分页的相关信息。超文本链接是HTTP协议及互联网浏览器为人们提供的一种超媒体，超时空的信息接续方式。链接是在互联网上实现信息的快捷传递和获取的一种重要技术手段，是互联网的重要功能。“网络的优势就来源于链接网上的任何文件，不论其地位或物理位置如何”。[1] 它使得互联网服务商们不仅

---

〔1〕 薛虹．因特网上的著作权及有关权保护［M］//郑成思．知识产权论丛：（第一卷）．北京：中国政法大学出版社，1999：168.

可以通过网络向用户提供本网站的信息，还可以将其他网站的信息内容的地址嵌入自己的页面，从而使用户在搜寻相关信息时可以顺藤摸瓜，免去了记忆众多网址的麻烦。

本案争议的焦点是被告对其网站进行的链接行为所产生的结果是否应当承担法律责任。

首先，被告这种链接行为本身不构成侵权。

本案被告开办的网站是以提供信息内容为主的网站，它通过设置搜索引擎，建立与其他网站的链接；使登陆其网站的用户可以快捷地搜索并进入到其他网站获取信息。双方当事人提交的公证文件载明，当显示器上出现“《唐吉诃德》[西班牙] 塞万提斯 刘××译”页面时，该页面的地址栏中显示的不是搜狐网站的地址，而是其他网站的地址。该事实证明，被告提供的只是分类搜索引擎链接服务。被告网站仅是利用这种链接技术，将用户引导到提供信息内容服务的网站。从表面上看，访问者是通过被告网站上网并浏览到信息，被告似乎是信息提供者。但是从技术角度讲，被告的网站仅提供了搜索服务的工具，引导用户利用这个工具到其他网站或网页上去浏览相关的信息，因此其实际为网络服务提供商。用户浏览到的这些信息，并未存储在被告的服务器上，而是在上网用户自己的计算机内，临时生成被链接网站所载信息内容的复制件。因此，被告提供链接服务并不是将原告作品直接上载的复制行为，也不是传播。此外，由于在互联网上网站之间具有互联性、开放性，网上的信息具有数量巨大且内容庞杂的特点，因而，要求网络服务商对所链接的全部信息和信息内容是否存在权利上的瑕疵先行作出筛选和判断是不客观的。网上的信息内容有权利上的瑕疵时，主要应由信息提供者或传播者承担法律责任，仅提供网络技术或设施的服务商，一般不应承担赔偿责任。因此，本案被告设置链接的行为不侵害原告的著作权。

其次，原告明确提出停止链接被侵权的作品后，被告未积极作为，应承担相应的侵权责任。

本案中，原告对其译著《唐吉诃德》所享有的著作权，应当受到法律保护。未经著作权人许可使用其作品，自然属于对其著作权的侵害。当得知侵权行为发生或可能发生时，任何与该侵权行为或结果发生关系的人，都有义务采取积极的措施，防止侵权行为结果扩大。本案原告在发现自己的作品被网站上载后，于2000年10月24日向被告提出侵权指控，被告理应在向原告作出解释的同时积极采取措施，停止与非法上载原告作品的网站链接，但被告却以法律并未规定链接是一种侵权行为为由，继续与上载原告作品的网站维持链接，直到11月30日才停止了链接。应当指出的是，被告虽难以对其网站链接的信息内容加以控制，但完全有技术能力控制其网站与其他网站或网页的链接。在原告提出其链接的网页上有未经权利人许可上载的作品的指控时，被告有责任及时地采取技术措施，停止链接，制止侵权。但被告在得知原告的权利被侵害后，仍未积极地采取措施，致使侵权状态得以延续，这种结果有悖于民事主体的合法权益不受侵害的法律原则，被告应对其过错承担相应的法律责任。但原告提出被告赔偿10万元的请求显然过高，缺乏合理性。鉴于被告现在已停止了链接，并考虑被告主观过错程度和行为结果等因素，法院酌定了赔偿数额和赔礼道歉的方式。

（六）本案启示

网络服务提供者一般可分为网络服务商（ISP）和网络内容提供商（ICP）。一般来讲网络内容提供商是网络上的信息提供或传播者；网络服务商则只为网络上的信息传播提供中介服务。[1] 网络服务商（ISP）和网络内容提供商（ICP）的区分不是绝对的，但是本案中被告显然为网络服务商。当网络上的信息存在形式上、内容上或权利上的瑕疵时，责令网络内容提供商承担某种法律责任较易理解，但是网络服务商在这种情况下是否应该承担法律责任呢？这就是本案争议的焦点。

在各国著作权法中，多主张出版者应当负严格责任。只要客观上实施了出版侵权出版物的行为，均可推定其必须承担侵权责任。但是对于网络商不能一律适用严格责任。因为如前所述，网络商所提供的

---

〔1〕郑成思：知识产权法［M］．北京：法律出版社，2004：250.

服务包括直接提供信息和提供中介服务。两类信息服务方式不同，所产生的侵权归责原则也就有所差异。

网络内容提供商直接提供信息服务时，其角色与出版者类似，法律地位也基本相同，故可以比照出版者适用严格责任。网络服务商通过链接服务向上网者提供信息时，该信息并非存储于其网站所在的服务器上，而是通过链接技术从其他服务器获得。在这种情况下，由于互联网上各网站之间既具有互联性、开放性，同时也具有独立性；通过搜索引擎搜索到的信息必然会良莠不齐。网络服务商对链接的内容是无法控制的，对侵权内容的发布主观上没有过错，所以可不承担侵权赔偿责任。但是经权利人明确告知或者当网络服务商施以一般注意力已足以判断有侵权内容后，网络服务商仍未采取措施移除该内容的，网络服务商主观上就存在过错，也应认定其构成共同侵权。〔1〕本案中，被告经原告告知后明知链接内容侵权，仍不中止链接的行为显然主观上有过失，客观上也扩大了侵权结果，故应承担赔偿和赔礼道歉的法律责任。

（七）思考题

区分网络服务商和网络内容提供商的法律标准是什么？

当网络服务商从出售搜索结果排名中牟利时，其是否需要为所链接的侵权内容负严格责任？

二、网络服务提供者的法律责任——电子公告系统

【案例29】杨建诉北京千龙新闻网络传播有限责任公司案

（一）案情简介

本案原告为杨建，被告为北京千龙新闻网络传播有限责任公司。

---

〔1〕我国《信息网络传播权保护条例》第23条规定：网络服务提供者为服务对象提供搜索或者链接服务，在接到权利人的通知书后，根据本条例规定断开与侵权的作品、表演、录音录像制品的链接的，不承担赔偿责任；但是，明知或者应知所链接的作品、表演、录音录像制品侵权的，应当承担共同侵权责任。

2000年12月1日，杨建在网易网站新闻频道的“第三只眼”栏目以“海杨”为笔名发表了《演艺圈同性恋知多少》一文。该文发表后，立即被北京青年报国际传播技术有限公司网站转载，此后的十多天里，搜狐、央视国际、东方网、南方网、千龙新闻网等国内许多家大型网站转载；有的网站还将杨建的文章题目改为《透视演艺圈同性恋现象》、《演艺圈同性恋日炽，只瞒着歌迷》等。除网易网站外，其他所有网站都没有经过杨建的同意，没有注明文章来源和作者的姓名，并且未支付杨建稿酬。杨建认为自己的权利受到了严重的不法侵害，于2001年2月，杨建因其作品《演艺圈同性恋知多少》被多家网站转载而将4家知名中文网站告上法庭。北京千龙新闻网络传播有限责任公司也因其下属网站千龙新闻网的BBS自由讨论区中有网友将此文发布而成为被告之一。3月9日北京千龙新闻网络传播有限责任公司接到原告起诉书后，当日即将该文移除。

经过审理，法院确认了以下事实：（1）原告享有《演艺圈同性恋知多少》一文的著作权。（2）在千龙网“网友评说”界面上登载有与《演艺圈同性恋知多少》一文内容相同的文章《透视演艺圈同性恋现象》，但不能确认是被告所为。亦不能确认被告有鼓励、引诱网民侵权并利用侵权从中牟利，且被告已将《透视演艺圈同性恋现象》一文移除。

（二）本案所涉及的知识点

1. BBS网络服务提供商法律责任。

2. BBS中文章作者的认定。

（三）我国现行法中的相关规定

最高人民法院《关于审理涉及计算机网络著作权纠纷案件适用法律若干问题的解释》第5条：提供内容服务的网络服务提供者，明知网络用户通过网络实施侵犯他人著作权的行为，或者经著作权人提出确有证据的警告，但仍不采取移除侵权内容等措施以消除侵权后果的，人民法院应当根据民法通则第130条的规定，追究其与该网络用户的共同侵权责任。

《民法通则》第130条：二人以上共同侵权造成他人损害的，应当承担连带责任。

（四）双方意见以及法院判决结果

原告杨建诉称：2000年12月1日，其以“海杨”为笔名在网易网站发表了题为《演艺圈同性恋知多少》的文章，并声明不得转载。但被告千龙网公司未经原告许可，擅自转载使用该文，并且不署作者姓名，擅自改变文章标题为《透视演艺圈同性恋现象》。被告的行为侵犯了原告的署名权、保护作品完整权、使用权和获得报酬权，请求被告赔偿不少于人民币500元的经济损失；在其网站上刊登更正声明；同时承担本案的诉讼费。

被告千龙网公司答辩称：1. 被告从未转载过《演艺圈同性恋知多少》一文，也未修改过该文标题。该文是一署名“知情人”的网民进入“网友评说”栏目发送的，系网络用户个人行为。2. 被告并不知网民的行为侵害了原告的权利，也没有能力进行审查。在收到原告的起诉书后，被告已将涉案文章删除。被告作为网络服务商不仅未实施侵权行为，还及时移除了侵权内容，不应承担侵权责任。

北京市第二中级人民法院于2001年6月20日判决如下：驳回原告杨建的诉讼请求。案件受理费50元，由原告杨建负担。宣判后，双方当事人均未提起上诉，一审判决发生法律效力。

（五）对本案的法理分析

本案争议的焦点就是提供电子公告系统服务的网络服务商对其上的侵权内容是否应当承担法律责任。

1. 电子公告系统的定义和其经营者的法律地位

电子公告系统即BBS（Bulletin Board System），是网络用户用来交换信息的场所。虽然BBS可以提供网上聊天、软件下载等多种服务功能，但其最重要的功能仍然是作为用户发表观点的论坛，即用户可以自由地访问BBS，向其上载文章，或者阅读其他用户的文章并发表评论。在早期BBS主要通过远程登陆的方式进行，而现在许多网络服务商（又称ISP）在万维网上也提供BBS服务，这使得用户通过浏览器就可以轻易地访问BBS，从而大大拓展了BBS的服务面。当前，BBS已逐渐成为人们获取信息，进行思想交流的重要渠道。作为一种新型的信息交流场所，BBS的出现适应了网络跨越空间发展的趋势，使人与人之间的距离变得无限近，满足了现代社会中人类自由倾诉、即时交流的意愿。但是，BBS也不可能是法律的真空地带。

美国等传统的法学理论，对信息流动过程中所有的当事人基本分为发布者（publisher）和传播者（distributor）。因为传统环境下，发布者可以做到对所发布的有限的信息先进行实质性审查与选择、能够预料它可能造成的后果，并对其行使了“充分的编辑控制权”（adequate editorial control）。如果传媒因故意或者过失发布了损害社会公益或侵犯他人合法权利的信息，就要和信息提供者共同承担法律责任，而信息的原始提供者则完全可以通过发布者追查。传统媒体传播的信息违反法律时，信息的原始提供者和传媒都应承担法律责任。这里的传统媒体即所谓的发布者，是以自己的名义向他人发布信息的人或机构，如出版社、杂志社、报社、广播电台等。相对于发布者而言，传播者则是指在不知信息内容违法的前提下，消极地原封不动地对现有信息继续传播的人或机构，如书店、报刊亭、公共图书馆等。由于传播者不可能对其传播的大量信息内容实行一览无余的审查，更不可能有精力行使“编辑控制权”对既定内容进行修改或删除，因此法律一般推定他们事先不知道或没有合理的理由知道传播物的内容、无法预料到其对社会可能产生的不利影响。只有在证明传播者了解信息内容非法后仍加以传播，即存在主观上的故意或过失的情况下，才能要求其对传播内容负责。

可见，法律地位的不同意味着责任承担上的巨大差异。那么，作为BBS这一网络空间信息发布与传播的新型媒介的经营者，ISP究竟应归入那一类呢？上传于BBS的信息可称海量，数据电讯传播的速度又极为迅捷，合法用户通过网络向BBS上载信息后，系统会自动将其传送到主服务器并在特定的栏目中予以发布，ISP无法在用户文章发表前进行阅读、修改或删除，也就无法事先对发表的信息行使“充分的编辑方面的控制权”。从BBS这种特殊的运作方式来看，ISP既难以被归入发布者行列，也不完全符合传播者的特征。对于介于发布者与传播者之间的ISP，应该确定和发展新的规则和机制来解决其法律责任的承担与分配问题。

2. 被告是否应对其网站电子公告系统上登载的《透视演艺圈同性恋现象》一文承担法律责任，这涉及被告是否将原告的作品进行了复制或传播的问题

网络的基本常识告诉我们，网民可以自由地在电子公告系统中发表意见、提供各种信息。通常这一行为并不受提供技术服务的ISP约束。就如同我们利用电信部门提供的通讯设备进行通话，电信部门是无法得知和控制通话的内容的。因此在一般正常情况下，网络服务商仅提供网络设备或技术服务，在无证据证明电子公告系统中的信息提供与网络服务商有关的情况下，网络服务商对信息内容存在的权利瑕疵不承担责任。

利用BBS从事侵权甚至犯罪活动的往往是BBS上的用户，所以确定信息的原始提供者即用户作为承担直接侵权法律责任的主体是没有疑义的。原告的作品在被告的电子公告系统中被侵权，应由侵权行为人承担非法复制的法律责任。我国《互联网电子公告服务管理规定》就规定使用电子公告服务系统的上网用户应当遵守法律、法规，并须对自己所发布的信息承担法律责任。但由于互联网的全球性与开放性，BBS的用户在地域分布上具有跨国性和极端分散性的特点，给司法管辖权的行使带来了极大困难；何况用户还完全可以通过技术手段隐藏自己的IP地址，使得无从确认其地理方位和真实身份，也就无法追究其法律责任。在管制用户不现实的情况下，ISP如何承担责任就值得深入研究。一概要求ISP以发布者的地位对客观损害后果的发生承担无过错责任或者认定ISP为纯粹传播者进而全面否定其法律责任都是不合理的。现代政府的重要任务之一便是对言论和信息传播加以适当控制，以在维护公民言论自由、促进信息流通和保障其他公民的合法权利、促进社会稳定安宁之间取得平衡。各国政府已经认识到，在互联网时代ISP在一定条件下可以成为BBS法律规制的对象，这也体现在当代各国立法和司法实践中。[1]

---

〔1〕王迁. 论BBS的法律管制制度［J］. 法律科学，1999（1）.

根据我国最高人民法院《关于审理涉及计算机网络著作权纠纷案件适用法律若干问题的解释》第5条“……经著作权人提出确有证据的警告，但仍不采取移除侵权内容等措施以消除侵权后果的，人民法院应当根据民法通则第130条的规定，追究其与网络用户的共同侵权责任”的规定，网络服务商是在得到警告后，采取消极、不作为的态度才承担法律责任。本案原告是在未提出确有证据的警告的情况下，直接向人民法院提起对千龙网公司的侵权诉讼，而被告千龙网公司在得知原告提出侵权诉讼后，立即采取了移除的技术措施，移除了《透视演艺圈同性恋现象》一文，防止了侵权的扩大和延续。这是对原告权利的尊重和维护，因此不应承担任何赔偿责任。

（六）本案启示

与“陈卫华诉成都电脑商情报社案”一样，本案中同样存在如何确认原告杨建是否是“海杨”，是否享有《演艺圈同性恋知多少》一文的著作权的问题。在个人主页上的作品被传统媒体转载的情况下，原告可以通过能控制发表作品的个人主页证明自己的作者身份。而在主动向网站投稿的情况下，首发该文的网站的用稿通知和稿费统计表则可以成为原告证明自己作者身份的有力证据。

本案中，根据原告和法院收集的证据，已充分证明原告以“海杨”的名义向网易网站投稿并首先在网易网站发表了《演艺圈同性恋知多少》一文；网易网站在采纳该文后，即通知了杨建。网易在2000年11月20日至12月21日稿费统计表中也载明：《演艺圈同性恋知多少》一文作者杨建，字数2038，稿酬61元；2001年1月9日和10日，因稿酬问题和其他网站亦登载该文的问题，杨建以“海杨”的名义与网易网站用电子邮件的方式进行了交涉；随后网易网站将包括《演艺圈同性恋知多少》一文在内的稿酬邮寄给杨建。上述事实均发生在原告指控被告侵权以前，已经可以充分地证明了“海杨”即是杨建。《演艺圈同性恋知多少》一文在发表时署名为“海杨”，在被告没有相反证据证明的情况下，杨建即为作品《演艺圈同性恋知多少》一文的作者。因此本案中原告杨建的诉讼请求虽未得到法院支持，但他的作者身份应得到确认。

（七）思考题

我国的相关网络立法中是否应当借鉴西方国家对网络服务商适用的“避风港”制度？

第六章　著作权的利用和限制

第一节　著作权的利用

本节要点

1. 著作权转让与作品载体所有权无关

作品与作品的载体是既互相联系又有显著区别的两种财产权的客体。基于作品，权利人享有的是著作权，是一种无形财产权；基于作品的载体，权利人享有的是动产所有权，是一种有形财产权。取得了作品载体（包括原件）的财产所有权，只是表明取得了对该载体的财产所有权，并不意味着随之就理所当然地取得了著作权。取得著作权则一般须基于书面的著作权转让合同。对于经济权利转让合同中约定不明确的内容，应当推定为未转让，以避免争议。

但需要注意的是，作为美术等作品著作权一部分的展览权随着其载体物权的转移而转移了。这是知识产权权利穷竭原则的一种体现，也是各国立法的通例。

2. 著作权许可使用中的表见代理

表见代理又称表现代理，是指因本人的行为造成足以使人相信某人是具有代理权的表征，本人须对之负授权人责任的代理。根据我国《合同法》第49条的规定，行为人没有代理权、超越代理权或者代理权终止以后以被代理人名义订立合同，相对人有理由相信行为人有代理权的，该代理行为有效。表见代理制度的设立是为了维护交易安全，保护合同相对人的利益。编辑以其所服务杂志社的代理人的名义与作者签订的著作权许可合同对杂志社应当具有法律约束力。

3. 著作权的其他利用

著作权的其他利用方式主要是指经济权利除转让和许可之外，还可以作为债的担保、信托、破产财团、强制执行的对象。在这些方式中相对比较常见的是著作权信托，它是指著作权人通过转让或其他处分方式将著作权托付给受托人，受托人以自己的名义按照一定的目的对著作权进行管理或者进行其他处分行为，信托人按照约定的标准收取报酬。

一、著作权的转让

【案例30】书画家诉某省艺术博物馆案

（一）案情简介

1993年6月，《某省艺术博物馆成立40周年纪念画册》中所选编的部分书画作品的作者（以下简称原告）诉至法院，指控某省艺术博物馆（以下简称被告）侵犯其著作权。这起诉讼源于被告举办的一次庆祝活动。1992年8月，被告向书画界发出数千份邀请函，称1993年5月10日为该馆建馆40周年纪念日，届时恭请各位书画名家光临。不少书画家接到邀请函后，纷纷赋诗题咏或挥毫作画以表祝贺之意。到1992年12月底，博物馆已经收到书法、绘画作品共计千余幅。1993年1月，博物馆从这些作品中挑出40幅精品，编成纪念画册，并特别在封面上加注《某省艺术博物馆纪念特辑》字样。被告决定共印刷纪念画册2000册，其中1000册赠送给参加庆典的各界来宾，另外1000册则用于销售，售书款将全部用来充抵庆祝活动所花费的费用。原告得知此消息后，立即对被告的上述做法表示反对。

（二）本案所涉及的知识点

作品的著作权并不随着作品载体的转移而转移。

（三）我国现行法中的相关规定

1990年《著作权法》第11条：著作权属于作者，本法另有规定的除外。创作作品的公民是作者。

1990年《著作权法》第18条：美术等作品原件所有权的转移，不视为作品著作权的转移，但美术作品原件的展览权由原件所有人享有。

2001年《著作权法》第25条：转让本法第10条第1款第（5）项至第（17）项规定的权利，应当订立书面合同。权利转让合同包括下列主要内容：（1）作品的名称；（2）转让的权利种类、地域范围；（3）转让价金；（4）交付转让价金的日期和方式；（5）违约责任；（6）双方认为需要约定的其他内容。

《民法通则》第72条：财产所有权的取得，不得违反法律规定。按照合同或者其他合法方式取得财产的，财产所有权从财产交付时起转移，法律另有规定或者当事人另有约定的除外。

（四）双方意见以及法院判决结果

原告认为：被告可以将作品收藏或者展览，但如将其出版，则侵犯了他们的著作权。因此要求被告停止侵权，将已经发行的画册收回并销毁；同时赔偿自己的相应经济损失。

被告则认为：这些作品上都明确标明赠与博物馆之意，因此，作品的所有权当然就转归于博物馆，博物馆有权决定以何种方式加以使用，况且被告又仅仅是非营利性的使用，自然不存在侵犯著作权的问题。〔1〕

法院认为，根据我国著作权法的规定，创作作品的公民是作者；著作权属于作者。著作权的转让和许可使用均需要以书面合同的形式进行。美术等作品原件的所有权转移后，其展览权由原件所有人享有，但不能视为作品的著作权也随之转移了。因此，被告未经原告许可就将其书法、绘画作品印制成画册并公开发行的行为已经构成了对原告作品的使用权和获得报酬权的侵犯。被告的行为不构成合理使用，因此是否属于非营利性使用与构成侵权与否没有关系。

鉴于将已经发行的画册收回并销毁将造成较大的损失和负面影

〔1〕 姚辉．以案说法民法篇［M］．北京：中国人民大学出版社，1999：154.

响，原、被告双方在法庭的主持下达成了调解协议，由被告向原告赔礼道歉，支付一定的赔偿金并承诺不再版该画册；原告撤诉。

（五）对本案的法理分析

作品与作品的载体是既互相联系又有着显著区别的两种财产权的客体。基于作品，权利人享有的是著作权，是一种无形财产权；基于作品的载体，权利人享有的是动产所有权，是一种有形财产权。这两种权利的主体有时是重合的，但是二者发生分离的场合也屡见不鲜。例如，当你从书店购得一本小说时，你并没有取得该小说的著作权。再例如，英国前首相丘吉尔的七封未曾公开发表过的情书，1994 年曾在伦敦“佳士德”拍卖行被一名收藏家以 7.68 万英镑的高价拍得。拍卖后收藏家当然据此取得了该情书手稿的所有权。但是，作品的著作权并未发生转移，仍然由丘吉尔的继承人享有，该书信是否出版、何时出版、在何地出版、以何种方式出版等，都只能由著作权人的继承人或者得到其授权的人决定。

在书法和绘画作品领域这个问题同样存在而且往往更为突出。书法和绘画作品与文字作品相比具有其特殊性，其经济价值、艺术价值及历史文化价值与承载作品的物质载体的价值是紧密结合在一起的。对一件文字作品来说，一般情况下原件与复制件的价值并无多大区别，而且与原件毫无差异的复制品往往大量存在。可是对于一件书法或者绘画作品而言，原件与复制品的价值差距之大就难以估计了。书画名家作品的原件价值昂贵，购买者支付了较高的价金取得书画作品的原件后，往往更容易误认为自己已经自然而然地取得了该作品的著作权。其实，取得了作品载体（包括原件）的财产所有权，只是表明取得了对该载体的财产所有权，并不意味着随之就理所当然地取得了著作权。取得财产所有权是基于买卖合同或赠与合同，而取得著作权则必须基于书面的著作权转让合同。

著作权的内容可以分为精神权利和经济权利。根据我国著作权法的规定，精神权利具有永久性和不可转让性，因此在我国著作权转让的对象只能是经济权利。著作权的转让将导致著作权主体的变更，因此应当采取书面合同的形式订立。对于经济权利转让合同中约定不明确的内容，应当推定为未转让，以避免争议。[1] 在本案中，原告向艺术博物馆赠送书法和绘画作品，艺术博物馆自然取得了对这些作品的所有权，但是因为作者们并没有与博物馆签订专门的著作权转让合同，所以不能认为著作权已转移给博物馆。因此，作者们自然还享有对其作品的著作权。根据本案审理时适用的我国 1990 年《著作权法》中第 10 条的规定，以出版发行的方式使用著作权并获得报酬是著作权的重要内容之一，由作者本人享有。艺术博物馆擅自出版原告的书画作品，即使未以营利为目的，也构成了侵犯著作权。

（六）本案启示

本案中，被告将受赠的书画作品自行结集出版，既未事先征得作者们的同意，也没有向他们支付报酬，显然属于侵犯他人著作权的行为。被告的做法出于过失，即认为既然自己拥有书画作品的原件，自然有利用它们编印纪念画册并出版的权利。这种认识错误的根源在于没有准确把握知识财产的无形性。鉴于将已经发行的画册收回并销毁将造成较大的损失和负面影响，法庭对原、被告双方进行调解，最后由被告向原告赔礼道歉，支付赔偿金并承诺不再版该画册的做法是适当的。

将著作权的客体与载体区分开来是知识产权法学中的常识，我国 1990 年《著作权法》第 18 条规定，“美术等作品原件所有权的转移，不视为作品著作权的转移”，修订后的我国 2001 年《著作权法》完全保留了该规定。这种规定也并非我国所独有，许多其他国家的版权法也有类似的规定。如美国现行《版权法》第 202 条“有别于物体所有权的版权所有权”即明确规定：“版权或者版权中任何专有权利的所有权有别于任何体现作品的物体的所有权。任何物体包括作品首次录制的复制件或录音制品的所有权的转移本身并不等于转让由该物体体现出来的有版权作品的任何权利；在没有协议的情况下，版权或者版权中任何专有权利的所有权的转移也不等于转让任何物体的财

[1] 齐爱民．现代知识产权法学［M］．苏州：苏州大学出版社，2005：188.

产权。”

如上所述，作品的著作权和其载体的物权是两个不同的概念，两者可以同时并存而不发生矛盾，一种权利的处分并不影响另一种权利。但是需要指出的是，这种不影响是相对的。具体而言，就是作为美术等作品著作权一部分的展览权随着其载体物权的转移而转移了。这是知识产权权利穷竭原则的一种体现，也是各国立法的通例。[1]如我国《著作权法》第18条就规定：“美术作品原件的展览权由原件所有人享有。”展览权必须借助原件才能够实施，在原件所有权已经转移的情况下，再让著作权人控制展览权是没有意义的。因此，博物馆除了收藏上述获赠作品之外，还可以利用它们举办各种展览活动。

（七）思考题

传统民法的“一物一权”原则是否完全适用于知识产权领域？为什么？

二、著作权的许可合同

【案例31】章×诉《女性大世界》杂志社案

（一）案情简介

本案的原告为外交部信使司主任章×，被告为某省《女性大世界》杂志社。

法院经审理查明了以下事实：付××2003年11月12日离职前，曾为某省《女性大世界》杂志社编辑，其职责为采编稿件和约稿。在任职期间代表杂志社与章×签订了著作权许可合同（该合同签订日期有2002年4月6日后改为2002年2月6日的痕迹）。合同载明：甲方章×；乙方《女性大世界》，代理人付××。双方约定：章×向杂志社提供埃及、英国风光、人物等方面的图片59张，其中反转片

---

〔1〕知识产权的权利穷竭原则是指知识产权所有人或许可使用人一旦将知识产品合法置于流通以后，原知识产权权利人所有的某些或全部排他权就因此而不复存在。

25 张，负片 34 张；杂志社拟订于 2002 年 4 月在《女性大世界》期刊上使用上述图片，并应注明作者姓名；杂志社应于 2002 年 5 月前归还章 × 提供的所有图片；并支付费用，每张 80 元；未经本人授权，杂志社不得以其他任何方式保存、使用或授权第三方保存、使用其提供的所有图片；鉴于章 × 的照片系在国外拍摄，成本很高，杂志社应妥善保管、爱护使用，如有遗失或严重损坏应按负片每张 50 元、正片每张 5000 元赔偿。该合同由章 ×、付 × × 签名，但未加盖杂志社公章。合同签订后，章 × 将 25 张英国风光、人物摄影作品的反转片交与付 × ×。杂志社在 2002 年 4 月下半月的《女性大世界》第 126 ~131 页中将上述作品与另一作者李 × 的摄影作品一同使用，署名为章 ×、李 ×，但是未对二人各自的作品分别加以注明。2002 年 5 月 21 日，付 × × 在退还章 × 作品时，为章 × 出具了作品被损坏证据。该证据载明：2002 年 4 月《女性大世界》所用的英国图片均被印刷厂损坏。

诉讼中，双方均未向法庭提交损坏的反转片。对此，章 × 称因图片有划痕并被涂胶，已严重损坏，故付 × × 交还图片时其拒绝取回，并提出赔偿。杂志社称，付 × × 已将图片退还章 ×，且未造成损坏，但该社未提交已将反转片退还原告的有关证据。

（二）本案所涉及的知识点

1. 著作权许可合同中的表见代理。

2. 著作权诉讼中举证不能的法律后果由谁承担。

（三）我国现行法中的相关规定

《合同法》第 49 条：行为人没有代理权、超越代理权或者代理权终止后以被代理人名义订立合同，相对人有理由相信行为人有代理权的，该代理行为有效。

《著作权法》第 10 条：著作权包括下列人身权和财产权：……署名权，即表明作者身份，在作品上署名的权利；……

《著作权法》第 53 条：当事人不履行合同义务或者履行合同义务不符合约定条件的，应当依照《中华人民共和国民法通则》、《中华人民共和国合同法》等有关法律规定承担民事责任。

（四）双方意见以及法院判决结果

原告诉称：《女性大世界》杂志社未尽到妥善保管的义务，导致原告所有的25张英国风光、人物摄影作品的反转片正片严重损坏。由于自己的照片系在国外拍摄所得，成本相当高。所以《女性大世界》杂志社应当按照合同约定，以每张5000元共赔偿原告损失12.5万元。此外，《女性大世界》杂志社在刊登涉案作品时，未经许可将章×独立创作的作品与其他作者的作品混同使用，将章×与其他作者一并署名，易引起属于共同作品的误认。故要求被告在《女性大世界》杂志上刊登更正声明，明确为章×的独立署名作品；同时由被告承担本案的诉讼费用。

被告则认为：1. 杂志社从未授权或追认付××与章×所签订著作权许可使用合同。付××虽系我社编辑，但只有权约稿，无权与他人签订著作权许可使用合同，也无权约定损毁的赔偿数额。付××与章×所签订的著作权许可使用合同，应属无效，对我社不具有约束力。2. 付××与章×所签订的著作权许可使用合同，全文系章×打印的，不是我社使用的格式合同；该合同的日期有明显的更改痕迹。3. 付××没有出具损坏底片证明的资格。故请求法院驳回原告的诉讼请求，维护我社的合法权益。

北京市海淀区人民法院经审理认为：付××系杂志社编辑，完成了与章×的约稿、发稿、支付稿酬等行为，章×有理由相信其是依职权而为，故其在合同订立过程中不存在过错。付××代表杂志社与章×签订的图片许可使用合同合法有效。杂志社应按照协议约定对图片损害的后果承担赔偿责任，由此给杂志社自身造成的损害是其内部管理问题，不能作为拒绝向章×赔偿的理由。此外，杂志社在刊登涉案作品时，未经许可将章×独立创作的作品与其他作者的作品混同使用，将章×与其他作者一并署名，易引起属于共同作品的误认，因此章×要求更正的请求应予支持。故判决如下：（1）自本判决生效之日起10日内，被告《女性大世界》杂志社赔偿原告损失12.5万元；（2）自本判决生效之日起2个月内，被告应当在《女性大世界》杂志上刊登更正声明，为原告章×的作品明确独立署名。

(五) 对本案的法理分析

本案主要涉及付××与章×签订的著作权许可使用合同对《女性大世界》杂志社是否具有约束力的问题。

1. 表见代理的定义和构成要件

表见代理又称表现代理，是指因本人的行为造成足以使人相信某人是具有代理权的表征，本人须对之负授权人责任的代理。简言之，即本无代理权，表面上却足以令人信其有代理权，而按（有权）代理对待的行为。[1]

表见代理的构成要件为：（1）交易相对人有理由相信行为人拥有代理权，即交易相对人为善意。一般认为，相对人的善意是指其相信行为人有代理权有一定的客观依据，并且一个正常的、理性的人在这样的情况下会认为行为人有代理权。比如，行为人持有被代理人签章的空白合同书，行为人占有交易物等。（2）无权代理人与相对人所为的民事行为，符合法律行为的一般有效要件和代理行为的表征。[2] 表见代理的法律后果是代理行为有效，可以约束被代理人和相对人。同时，相对人也可以行使撤销权，使代理行为归于无效。被代理人对于其损失可向代理人要求赔偿。我国《合同法》在第49条中明确承认了表见代理制度。

2. 付××与章×签订的著作权使用合同对《女性大世界》杂志社是否具有约束力

根据我国《合同法》第49条的规定，行为人没有代理权、超越代理权或者代理权终止以后以被代理人名义订立合同，相对人有理由相信行为人有代理权的，该代理行为有效。表见代理制度的设立是为了维护交易安全，保护合同相对人的利益。在司法实践中，表见代理

[1] 张俊浩. 民法学原理 [M]. 北京：中国政法大学出版社，1998：275.

[2] 所谓法律行为的一般有效要件是指：（1）行为人具有相应的行为能力；（2）当事人意思表示真实；（3）不违反法律、行政法规或社会公共利益；（4）符合法律规定的形式。所谓代理行为的表征是指代理人以被代理人的名义独立为民事法律行为。

的常见情形主要有以下几种：（1）本人对第三人表示授权给行为人而实际上并未授权或者授权后又撤回授权的；（2）本人交付证明文件给行为人，行为人以此证明文件与相对人实施民事行为；（3）代理关系终止后，本人未收回代理证书的；（4）本人知道行为人为无权代理而不表示反对的。

本案中，付××曾系被告杂志社的编辑，其职责即为稿件采编、约稿。付××是以《女性大世界》杂志社代理人的名义与章×签订的合同，合同的内容也主要是关于杂志社对章×图片的使用及损害后果拟定。此后，付以杂志社的名义与章×履行了发稿、支付稿酬等行为。无论是从付××的身份及职责，还是从合同内容及履行情况等各方面看，章×都有理由相信付××的行为系代表杂志社履行其职责的行为。章×在合同签订过程中也没有主观过错。根据《合同法》中有关表见代理的规定，付××与章×签订的合同合法有效，对杂志社具有法律约束力。杂志社应按照合同约定对图片损害的后果承担赔偿责任。被告提出的“该合同应属无效”的抗辩不能得到法院的支持。

（六）本案启示

本案揭示了著作权诉讼中举证不能的法律后果由谁承担的问题。在此案二审时，杂志社提交印刷合同和客户计价表，以图证明 2002 年 4 月下半月《女性大世界》杂志系 2002 年 3 月 24 日前印刷完成，付××代表杂志社与章×于 2002 年 4 月 6 日签订的合同，属于无效合同。

对此，法院认为：首先，从该证据提交的时间看，该证据在一审经延期举证后，仍未能按规定的举证期限提交证据，杂志社应当承担举证不利的法律后果。其次，从该证据效力看，印刷合同和客户计价表中的印刷品名称虽为《女性大世界》第 4 期，但是该杂志为半月刊，杂志社未能证明印刷合同中所称杂志即 2002 年 4 月下半月刊；法庭也无法确认该两份证据所涉的印刷杂志即指 2002 年 4 月下半月《女性大世界》。最后，从该合同形式要件看，未加盖印刷公司的印章，杂志社也没有证据证明在其上签字的即为印刷公司的法定代表人。

由于杂志社未能对该证据所存在的多处不确定因素作出合理解释，故法院对该证据与本案的关联性及效力未予采信。根据已查明的事实，可以认定章×依约将25张反转片交给杂志社，且已在被告的刊物上正式发表；在杂志社退还图片时，章×因图片出现划痕、涂胶等严重损坏而拒绝取回，当时仍为杂志社编辑的付××为章×出具了损坏的证明。在被告提交的证据不能证明涉案合同无效的情况下，杂志社称其已将25张反转片退还给章×，就应当提交退还的证据。由于杂志社既未能证明已经退还涉诉的25张反转片，也没有证明它们未发生损坏，自当承担举证不能的法律后果。

（七）思考题

在著作权许可合同中适用表见代理的情况主要有哪些？可否将其类型化？

三、著作权的许可使用

【案例32】词作者王路之子女诉广东乐百氏集团有限公司等案

（一）案情简介

“小燕子，穿花衣……”是国人耳熟能详的歌曲，可是它的来历大家就不一定清楚了。黄石人王路1956年创作了一组儿歌，发表在当年的《长江文艺》6月刊上，《小燕子》就是其中之一。随后王路先生与北京音乐家王云阶共同将儿歌改编为电影《护士日记》插曲，由著名演员王丹凤演唱。半个世纪以来，《小燕子》被唱遍大江南北而历久不衰。歌曲的署名为王路、王云阶词，王云阶曲。

1994年，作者王云阶曾与中国音乐著作权协会签订《音乐著作权转让合同》，将其享有著作权的音乐作品的公开表演权、广播权和录制发行权授权给中国音乐著作权协会代为行使。1999年9月，中国音乐著作权协会向广东乐百氏集团有限公司及上海李奥贝纳广告有限公司发出《著作权使用许可证》，许可其使用作品《小燕子》制作广告在电视台播放，上海李奥贝纳广告有限公司为此向中国音乐著作权协会支付使用费6万元。该协会将其中的3.6万元付给了王云阶的遗产全权处理人李某。王路当时对此并不知情。

1999年11月，“乐百氏”AD钙奶广告开始在中央电视台和全国各地方电视台反复播放，用的正是歌曲《小燕子》的旋律，歌词却根据宣传需要进行大幅修改，成了“小燕子，小淘气，开开心心乐百氏……”这在社会引起广泛关注。王路生前曾多次去电去函，要求停止侵害。2000年3月10日，王路先生抱憾辞世。

2000年5月21日，王路的4名子女以被告侵犯了其父亲的著作权为由，向武汉市中院提起诉讼，将广东乐百氏集团有限公司、乐百氏（广东）食品饮料有限公司、中国音乐著作权协会、上海李奥贝纳广告有限公司、北京广而告之影视制作有限公司5家单位一并告上法庭。

（二）本案所涉及的知识点

使用合作作品应当获得完整授权。

（三）我国现行法中的相关规定

1990年《著作权法》第13条：两人以上合作创作的作品，著作权由合作作者共同享有。没有参加创作的人，不能成为合作作者。

合作作品可以分割使用的，作者对各自创作的部分可以单独享有著作权，但行使著作权时不得侵犯合作作品整体的著作权。

1990年《著作权法》第12条：改编、翻译、注释、整理已有作品而产生的作品，其著作权由改编、翻译、注释、整理人享有，但行使著作权时，不得侵犯原作品的著作权。

1990年《著作权法》第28条：出版者、表演者、录音录像制作者、广播电台、电视台等依照本法取得他人的著作权使用权的，不得侵犯作者的署名权、修改权、保护作品完整权和获得报酬权。

（四）双方意见以及法院判决结果

原告诉称：乐百氏公司未经王路同意擅自将《小燕子》歌词篡改后作为广告语在中央电视台频频播放。王路去世后，广告片还在继续播放。要求五被告停止侵害，并当面销毁广告带；判令被告以相同的广告费用在相同的电视台公开向原告赔礼道歉、消除影响；共同赔偿原告损失300万元，并承担本案的诉讼费用。

五被告则认为：王路不是《小燕子》的共同创作者，不享有

《小燕子》的著作权。因为共同创作必须具备两个条件，即共同创作的意思表示和行为事实。而王路只是儿歌《小燕子》的作者，王云阶后来将儿歌改编后自行谱曲写成歌。王云阶和王路素不相识，两人根本没有共同创作的意思表示，也没有共同创作的行为事实，因此王路不是歌曲词作者，原作品的署名是错误的。另外，原告方没有充分的证据证明我们侵权的事实，故请求法院驳回原告的诉讼请求。

武汉市中级人民法院经对此案公开审理后认为：王路享有《小燕子》歌词的著作权，乐百氏广告保留了《小燕子》歌曲的旋律，对歌词所作的大幅度删改的行为，侵犯了歌词作者王路的署名权、保护作品完整权和获取报酬的权利。

故本案判决如下：（1）被告乐百氏公司、上海李奥贝纳广告有限公司和中国音乐著作权协会对原告侵权行为成立，应立即停止侵权。乐百氏公司、上海李奥贝纳广告有限公司在《中国知识产权报》刊登启事，消除影响；（2）乐百氏公司和上海李奥贝纳广告有限公司共同赔偿原告经济损失 15 万元；（3）被告中国音乐著作权协会赔偿原告经济损失 2 万元。此外，法院还裁定收缴采用《小燕子》作为背景音乐的 AD 钙奶“健康快车”产品的 30 秒、15 秒电视广告片（包括母带及复制品）。但是，对于原告请求被告赔礼道歉的诉讼请求，法院未予支持。判决后双方当事人均未提起上诉。

（五）对本案的法理分析

本案主要涉及以下几个法律问题：

第一，对于合作作品，特别是不能分割使用的合作作品，在使用时必须征得全部合作作者的同意。

本案中《小燕子》的曲作者是王云阶，被告乐百氏公司和上海李奥贝纳广告有限公司使用歌曲作为广告的背景音乐是经过代王云阶管理音乐著作权的中国音乐著作权协会许可的，不属于侵权，而是合法使用。

但是，被告在使用歌词时却忽略了王路与王云阶共同创作了歌词这一重要事实。而且，该歌词是表达共同主题的一个完整信息，是不能分割使用的作品。因此根据我国 1990 年《著作权法》第 13 条的规定，被告使用歌词之前不仅需要得到王云阶先生的许可，还应当取得另一共同著作权人王路先生的同意；否则就构成了对王路先生著作权的侵犯。〔1〕

第二，广告经营制作商和广告主在制作广告时未经许可使用他人享有著作权的作品，将承担著作权侵权的连带责任。

根据我国1990年《著作权法》第12条、第28条的规定，改编已有作品时不得侵犯原作品的著作权。所以，广告经营制作商和电视台在使用作品过程中应当尊重著作权人的权利。特别是在对原作品进行重新修改、编辑的行为，必须要得到原作者的授权，否则将构成侵权行为。

著作权可以分为精神权利和经济权利。被告上海李奥贝纳广告有限公司在制作广告片时，在保留了《小燕子》歌曲旋律的同时对歌词作了大幅删改。该行为不仅直接侵犯了词作者王路先生的经济权利，即通过许可他人使用自己的作品而获取报酬的权利，还侵犯了他的署名权、修改权、保护作品完整权等精神权利。广告主乐百氏公司作为委托方，应当与受其委托制作广告的上海李奥贝纳广告有限公司对外共同承担著作权侵权的连带责任。

第三，著作权人的财产继承人起诉时能否要求被告以赔礼道歉的形式承担民事责任。

按照大陆法系的理念，作品是一种特殊的权利对象，它是作者精神外化的一种表现。精神权利概念来自法国，法国1957年《著作权法》第6条将精神权利定义为："作者应享受对其姓名、作者身份和作品得到尊重的权利。此种权利是永久的，不得转让的，不能凭时效消灭的。"〔2〕可见，精神权利的立法宗旨主要是为保护作者的声誉。

---

〔1〕付剑清．用合作作品需经著作权人同意［J］．中国知识产权报，2004（6）．

〔2〕沈达明．知识产权法［M］．北京：对外经济贸易大学出版社，1998：9.

根据我国1990年《著作权法》第19条和《著作权法实施条例》第15条的规定，本案原告作为王路的继承人，可以对著作权中的财产权利部分予以继承并对作者的署名权、修改权和保护作品完整权享有保护权。但是就承担民事责任的方式而言，原告作为著作权人的财产继承人，只能继承著作权中财产权利部分；赔礼道歉属于对侵犯人身权利的精神赔偿民事责任形式，在原著作权人已死亡的情况下，赔礼道歉的对象已经不复存在。故法院不支持原告要求被告承担赔礼道歉的民事责任的诉讼请求是恰当的。

（六）本案启示

利用民歌、儿歌等创作广告片的情况在我国很常见，也不乏成功的范例。但是在为创作广告作品而寻求他人的著作权许可时，要特别注意获得授权的全面性和具体性。除上述我国1990年《著作权法》第13条的规定之外，我国现行的《著作权法实施条例》第9条也有相关规定："合作作品不可以分割使用的，其著作权由各合作作者共同享有，通过协商一致行使；不能协商一致，又无正当理由的，任何一方不得阻止他方行使除转让以外的其他权利，但是所有收益应当合理分配给所有合作作者。"由此可见，在使用合作作品制作广告作品时，第一要确定该合作作品的著作权人；第二要确定该合作作品是否可以分割使用，各著作权人所分别享有的权利内容；第三还要查清各著作权人之间是否已经协商一致等。[1]

当许可人为著作权集体管理组织时，还需要首先查明著作权人是否为该著作权集体管理组织的会员或者该组织是否已经获得了著作权人的授权；其次，确定著作权人授权该组织所管理的权利的具体内容，以保证能够获得合法、全面的授权。

（七）思考题

精神权利是否可以继承，为什么？如果不能，作者的继承人维护其署名权、修改权和保护作品完整权的请求权基础是什么？

---

〔1〕 李德成．合作作品的完整授权［J］．现代广告，2003（6）．

四、著作权的代理与拍卖

【案例 33】顾工等诉深圳青年杂志社等案

（一）案情简介

本案的原告共 5 人，分别为顾城之父、母顾工和胡惠玲；谢烨之父、母张生同和谢文娥；顾城与谢烨之子顾杉木。被告为深圳青年杂志社；广东省期刊实业公司。第三人也有两个，即肖聪和作家出版社。

《英儿》系顾城和谢烨（笔名雷米）夫妻二人合作创作并共同署名的小说作品。1993 年 10 月，顾城、谢烨均在新西兰亡故。

1993 年，两被告发起成立了“深圳首次优秀文稿公开竞价组委会”（以下简称组委会）。组委会于 5 月制定的活动章程规定，该活动的目的是最大限度保护作者的合法权益并探索精神产品商品化的途径；组委会保证竞价在公开、公平、公正的原则下进行；组委会在取得作者书面委托授权后为作者代理版权交易事宜。由组委会制定并作为章程附件一的“授权委托书”第 2 条规定，组委会保证参加本次活动的作品通过适当方式平等地参加公开竞价，以出价最高者为签订合同的基础。章程附件七第 4 条规定，凡竞价成交后的作品，其作者须向组委会缴纳成交价 10% 的中介服务费；第 7 条规定，对未取得竞价资格，但仍具有出版价值的文稿，经作者申请和组委会同意，也可由组委会通过常设交易机构继续为作者提供版权交易服务。

原告顾工得知上述消息后，便转告当时在德国的顾城和谢烨，并将章程及附件寄给他们。同年 8 月，顾城、谢烨向组委会寄来署名为顾城、雷米的《英儿》文稿及“著作权说明书”。他们还通过经纪人史明又寄了一份打印稿给组委会。同时，顾工也代为向组委会报名参加文稿竞价活动，填写了《英儿》参加竞价活动的“授权委托书”和“著作权说明书”等，并从北京寄给组委会。

1993 年 9 月，组委会发布了新的 9 月版章程，明确表示一些作品可以不经由公开竞价会进行交易；其中第 44 条规定，对未取得竞价资格，但经审读委员会审读认为仍有一定出版价值的作品，在作者标明文稿最低起价及授权范围的前提下，经组委会同意，可以由组委会代理作者进行版权交易。

1993年10月11日，组委会与第三人肖聪签订《英儿》专有出版权买卖合同，约定：肖聪取得《英儿》专有出版权，合同期限5年，使用费为33000元（22万字，按千字150元）。肖聪所交款保存在被告深圳青年杂志社处，组委会从中收取了中介服务费3300元。11月，肖聪将其购买的《英儿》文稿转让给李春燕。11月18日，李春燕将此作品捐赠给第三人作家出版社。作家出版社于同月出版了《英儿》。

（二）本案所涉及的知识点

版权交易中善意相对人的保护。

（三）我国现行法中的相关规定

《民法通则》第66条：没有代理权、超越代理权或者代理权终止后的行为，只有经过被代理人的追认，被代理人才承担民事责任。未经追认的行为，由行为人承担民事责任。本人知道他人以本人名义实施民事行为而不作否认表示的，视为同意。

代理人不履行职责而给被代理人造成损害的，应当承担民事责任。

代理人和第三人串通，损害被代理人的利益的，由代理人和第三人负连带责任。

第三人知道行为人没有代理权、超越代理权或者代理权已终止还与行为人实施民事行为给他人造成损害的，由第三人和行为人负连带责任。

1990年《著作权法》第13条：两人以上合作创作的作品，著作权由合作作者共同享有。没有参加创作的人，不能成为合作作者。

1990年《著作权法》第19条：著作权属于公民的，公民死亡后，其作品的使用权和获得报酬权在本法规定的保护期内，依照继承法的规定转移。

（四）双方意见以及法院判决结果

原告五人向深圳市中级人民法院起诉称：9月中旬，顾工接到组委会的电话，问《英儿》能否在公开竞价前私下交易，顾工回答一定要公开竞价，不能私下交易。但组委会却以33000元将《英儿》私下卖给组委会总策划兼秘书长王星的妻弟肖聪。被告的上述行为违背了组委会所制定的章程，超越了委托权限，是代理人与第三人串通损害被代理人利益的侵权行为。为此要求法院判令：(1) 确认两被告主办的组委会与第三人订立的《英儿》作品买卖合同无效。(2) 判令两被告因侵权行为赔偿30万元。(3) 判令被告向原告公开赔礼道歉，第三人因无效合同而得到的《英儿》文稿交还原告。本案诉讼费由两被告承担。

被告答辩称：(1) 著作权人对组委会的委托关系成立。1993年8月，顾城、谢烨自德国向组委会寄来署名顾城、雷米的《英儿》文稿、"授权委托书"、"著作权说明书"，这表明组委会转让《英儿》是经被代理人同意的。应认定组委会的委托代理权成立，著作权的授权委托行为具有法律效力。(2) 组委会未违反章程，代理成交《英儿》的行为有效。代理人代理成交《英儿》是按9月版章程进行的。即使被代理人只收到了5月版章程，因该章程列明了代理人有审读权和章程解释权，其对《英儿》未通过审读标准不能上竞价会集中交易时，应撤回文稿未明确说明，相反其后却有书信对文稿收益进行处分，因此应认定顾城愿意接受《英儿》任何形式的交易结果。

法院经审理认为：应认定作者对组委会就《英儿》5年期专有出版权交易的委托代理行为成立。组委会未得到作者申请，也无证据证明作者另有特别委托授权行为，就将《英儿》5年期专有出版权转让给肖聪，属超越代理权限的行为，应就此行为承担民事责任。原告就此要求被告赔礼道歉，也应支持。至于原告主张组委会将作品卖给组委会成员之亲属，属于代理人与第三人串通损害被代理人利益的行为，因缺乏证据，不予认定。原告要求判令两被告赔偿人民币30万元，无充分证据，不予采纳。

故判决如下：(1) 被告深圳青年杂志社和广东省期刊实业公司连带向原告赔偿人民币5万元（两被告各负担人民币2.5万元）。(2) 被告深圳青年杂志社和广东省期刊实业公司于本判决生效之日起1个月内在《深圳法制报》上就超越了代理权限行为向原告公开赔礼道歉。(3) 驳回原告的其他诉讼请求。

(五) 对本案的法理分析

通过版权交易中介组织乃至以拍卖的形式进行版权交易，是一种新的交易方式。所谓版权交易，只能是一定期限的作品专有使用权的交易。本案中需要注意几个问题：

第一，本案中“文稿竞价”的法律性质实为拍卖，其版权交易的客体是文稿中作品的专有出版权而非文稿本身。本案中“专有出版权买卖合同”的法律性质为著作权许可使用合同。虽然组委会在交易完成后将作者的文稿《英儿》交付于买受人，但是买受人并不享有文稿《英儿》本身的物权，只是根据著作权许可使用合同享有文稿《英儿》的专有出版权。因此，如果著作权许可使用合同无效，作者可以向文稿《英儿》的占有人主张文稿的物权；如果著作权许可使用合同有效，作者在文稿《英儿》出版之后仍然可以向买受人（被许可人）主张文稿的物权，而且作者对于文稿物权的主张并不会影响其著作权的许可使用。本案中，原告是作者的继承人，其继受的权利既包括文稿《英儿》的著作权，也包括文稿本身的物权。因此，本案中，原告要求被告返还文稿《英儿》的主张应该得到法院的支持。

第二，本案中组委会和肖聪的版权交易的行为构成恶意串通。顾城和谢烨与组委会成立委托代理关系，然而组委会违反活动章程和“授权委托书”关于公开竞价的约定，将文稿《英儿》私下卖给组委会总策划兼秘书长王星的妻弟肖聪。组委会的行为超越了代理的权限，与第三人恶意串通损害了被代理人的利益。在此，法院认为“原告主张组委会将作品卖给组委会成员之亲属，属于代理人与第三人串通损害被代理人利益的行为，因缺乏证据，不予认定”。笔者认为本案中恶意串通的事实较为明显：(1) 组委会放弃公开竞价而采用私下交易的方式，未经作者同意，缺乏合法性和合理性；(2) 著作权许可中的第三人——肖聪为组委会总策划兼秘书长王星的妻弟，二人有可能影响到著作权人利益的亲属关系，肖聪的行为难以表现

"善意"。而恶意串通损害第三人利益的合同无效，据此，肖聪并未取得文稿《英儿》的专有出版权，组委会和肖聪对原告的损失应承担连带赔偿责任。

第三，肖聪将文稿《英儿》专有出版权"转让"给李春燕的行为系无权处分。〔1〕因为如前所述，肖聪并不享有文稿《英儿》的专有出版权，因此无论对文稿《英儿》的物所有权，还是文稿《英儿》的著作权，肖聪的处分都构成无权处分。在此情形中，如果相对人李春燕主观上是善意的，那么考虑到维护版权交易中善意第三人的利益，笔者认为相对人李春燕通过交易取得文稿《英儿》的专有出版权；如果相对人李春燕主观上是恶意的，则不存在上述"善意第三人取得著作权"的问题，无权处分行为无效，相对人未取得专有出版权，其后的赠与行为也无效。

（六）本案启示

著作权的其他利用方式主要是指经济权利除转让和许可之外，还可以作为债的担保、信托、破产财团、强制执行的对象。在本案中，由于文稿竞价活动的特殊方式使组委会得以以自己名义而不是以委托人名义与相对人进行交易，所以原告与被告之间的关系容易被误认为是信托。实际上他们之间应为代理关系。原因如下：第一，本案中没有经过登记的独立、确定的信托财产。虽然著作权人给被告寄去了文稿，但是被告并没有控制《英儿》的著作财产权。第二，被告并没有管理、处分信托财产的充分自主权，而只拥有根据授权委托书，代理著作权人与他人签订《英儿》5年期专有出版权转让合同的权利。另外，从委托代理合同的角度来看，组委会制定和发出的文稿竞价章程等文件为要约，发出的"授权委托书"等则属于单方格式合同。作者将其创作的《英儿》文稿和自己阅读章程后填写的"授权委托书"一起寄交组委会的行为，既是对组委会要约的承诺，也是委托

〔1〕 大陆学者一般认为无权处分之标的仅限于物权。而台湾学者一般认为无权处分之标的不仅包括物权，还包括知识产权、债权等。笔者认为无权处分的标的应包括知识产权。

组委会按章程所规定的交易方式代理其作品的版权交易的行为。组委会收到作品及“授权委托书”后未以相应方式表示不同意见，即表明委托人与组委会之间的委托代理关系成立，双方均受章程和“授权委托书”内容的约束，不得违反。本案中委托人顾城和谢烨夫妇的委托是依据组委会5月版章程及其附件作出的，所以是对5月版章程内容所构成的要约的承诺。〔1〕综上所述，委托人顾城和谢烨夫妇与组委会就《英儿》专有出版权交易是委托代理关系。

（七）思考题

如何更好地规范版权交易中常见的“买断”文稿行为？

第二节　著作权的限制

本节要点

1. 著作权的合理使用

著作权的合理使用，是指在特定的条件下，法律允许他人自由使用享有著作权的作品而不必征得著作权人的同意，也不必向著作权人支付报酬的制度。根据《伯尔尼公约》的规定，合理使用应当同时具备以下几个要件：即有关的使用是就具体的特殊情况而言的，该特殊情况下的使用没有影响著作权人对作品的正常使用，也没有不合理地损害著作权人的合法权益。这一般被称为合理使用的“三步检验法”。

我国著作权法以列举的方式规定了著作权合理使用的12种主要情形。在适用合理使用时还应当注意以下几点：（1）使用的作品必须已经发表。（2）使用的目的仅限于为个人学习、研究或欣赏，或者为了教学、科学研究、宗教或慈善事业以及社会公共利益的需要。

---

〔1〕因被告提出的9月版章程对5月版章程作了重大改动，且没有证据证明组委会已将9月版章程的内容以恰当方式告知了委托人及委托人有接受9月版章程约束的意思表示，所以9月版章程对本案没有法律意义。

(3) 使用他人作品时，不得侵犯著作权人的其他权利，并且应当注明作者姓名、作品名称。

2. 著作权的法定许可和强制许可

法定许可使用和强制许可使用是对著作权予以限制的两种重要制度。这两种制度与著作权保护期、合理使用制度一道，通过限制著作权的行使，从而减少著作权的垄断性以达到促进社会公共利益的立法宗旨。

法定许可，指按照著作权法的规定，可以不经著作权人同意而使用其已发表的作品。根据法定许可而使用他人作品时，必须具备以下条件：(1) 许可使用的作品必须是已经发表的作品；(2) 著作权人未发表不得使用的声明；(3) 使用作品应当向著作权人支付报酬；(4) 应当注明作者姓名、作品名称和出处，且不得损害著作权人的其他权利。

强制许可，是指著作权人无正当理由而拒绝与使用者达成使用作品协议时，使用者经向著作权行政管理部门申请并获授权而使用该作品。强制许可不必征得著作权人的同意，但是应当向其支付报酬。我国著作权法规定了法定许可制度，却没有相应的强制许可制度。但是我国已加入了《伯尔尼公约》和《世界版权公约》，其中有关强制许可的规定在我国也可以适用。

一、著作权的合理使用

【案例 34】北影录音录像公司诉北京电影学院案

（一）案情简介

原告北影录音录像公司（乙方）于 1992 年 5 月 5 日与汪曾祺（甲方）签订合同，合同规定："一、甲方允许乙方对其拥有版权的作品《受戒》、《大淖纪事》、《徒》进行影视改编及拍摄。二、甲方保证三年内不将以上三篇作品的改编权及拍摄权转让他人。期限为 1992 年 3 月 15 日至 1995 年 3 月 15 日。"合同还规定："由乙方向甲方一次性支付改编转让费人民币 5000 元。乙方在合同期满后，如未对以上三篇作品进行改编拍摄，即丧失其改编权与拍摄权。如欲重新拥有以上权利，则需与甲方重新商定。”1994 年 12 月 30 日，北影录音录像公司与汪曾祺就作品《受戒》、《大淖纪事》、《徒》的影视改编拍摄问题续订合同。双方经协商在原合同中增加了下列条款：“甲方保证三年内不将以上三篇作品的改编权及拍摄权转让他人，期限为 1995 年 3 月 15 日至 1998 年 3 月 15 日，由乙方向甲方支付改编权转让费人民币 5000 元，该影片摄制完成后，乙方再向甲方支付转让费 5000 元，共计 1 万元。”

1992 年 10 月，北京电影学院文学系学生吴琼为完成改编课程作业，将汪曾祺的小说《受戒》改编成电影剧本。北京电影学院对在校学生上交的改编作业进行审核后，选定将吴琼改编的剧本《受戒》用于学生毕业作品的拍摄。吴琼和北京电影学院教师赵凤玺通过电话与汪曾祺取得了联系。汪曾祺表示小说《受戒》的改编、拍摄权已转让给北影录音录像公司。赵凤玺与北影录音录像公司协商，该公司未明确表示同意北京电影学院拍摄《受戒》一片。1993 年 4 月，北京电影学院投资人民币 5 万元，并组织该院 89 级学生联合摄制电影《受戒》。1993 年 5 月拍摄完成。影片全长为 30 分钟，用 16 毫米胶片拍摄，片头字幕为“根据汪曾祺同名小说改编”，片尾字幕为“北京电影学院出品”。影片摄制完成后，曾在北京电影学院小剧场内放映一次，用于教学观摩，观看者均为该院教师和学生。1994 年 11 月，北京电影学院经国家广播电影电视部批准，组团携《受戒》等片参加法国朗格鲁瓦国际学生电影节。《受戒》影片在该电影节上进行了放映，观众系参加电影节的各国学生及教师，也有当地公民。放映该片时，电影节组委会对外公开出售少量门票。北京电影学院共制作《受戒》电影拷贝两个及《受戒》一片录像带一盒，都已被法院封存。

（二）本案所涉及的知识点

1. 从事电影教学的艺术院校未经权利人许可将作品改编成电影以供学生观摩的行为是否为合理使用？

2. 教学单位利用合理使用将他人作品改编成电影后，利用该电影参加国际电影节的行为是否属于合理使用范围？

（三）我国现行法中的相关规定

1990 年《著作权法》第 22 条：在下列情况下使用作品，可以不经著作权人许可，不向其支付报酬，但应当指明作者姓名、作品名称，并且不得侵犯著作权人依照本法享有的其他权利：……（六）为学校课堂教学或者科学研究，翻译或者少量复制已经发表的作品，供教学或者科研人员使用，但不得出版发行；……

1991 年《著作权法实施条例》第 35 条：取得某项专有使用权的使用者，有权排除著作权人在内的一切他人以同样的方式使用作品，如果许可第三人行使同一权利，必须取得著作权人的许可，合同另有约定的除外。

（四）双方意见以及法院判决结果

原告北影录音录像公司诉称：1992 年 3 月，作家汪曾棋将其小说《受戒》的电影、电视剧改编权、拍摄权转让给自己。双方又于 1994 年 12 月续签了有效期至 1998 年 3 月的转让合同。根据合同，原告是小说《受戒》改编权及拍摄权的唯一合法享有者。为拍摄该作品，原告已完成了前期的准备工作，投入了相当的人力、物力。原告于 1995 年在《戏剧电影报》（总第 729 期）上读到了“《受戒》入围法国短片电影节”的报道。据此，原告得知北京电影学院未经权利人许可，擅自将小说《受戒》改编、摄制成电影，并组团携该影片参加法国朗格鲁瓦国际学生电影节，使该片入围法国克雷芒电影节。北京电影学院公然侵犯原告依法享有的作品改编专有使用权，并将其侵权行为由校内扩展到校外，由国内扩展到国外，给原告带来无法弥补的精神及财产损失。故要求法院判令北京电影学院停止侵权，销毁侵权影片拷贝；公开向原告赔礼道歉；考虑到北京电影学院的经济现状，要求其赔偿原告经济损失 20 万元，并赔偿原告为本案支付的一切费用；承担本案诉讼费。

被告北京电影学院辩称：被告 89 级学生改编拍摄的《受戒》一片是学生毕业作业。拍摄该片之前，被告曾向原告征求意见，原告未明确表示反对。被告拍摄该片的行为，属对汪曾祺先生已发表作品《受戒》的合理使用，直接目的是制作学生毕业作业，没有侵犯原告的作品专有使用权。被告携带《受戒》等学生电影作品参加法国朗格鲁瓦学生电影节，该电影节的主题是“向北京电影学院致敬”。《受戒》是全长仅为30分钟的短片，除被告在小剧场放映一次用作观摩教学外，在朗格鲁瓦学生电影节上也只放映了一次。朗格鲁瓦电影节并非法国克雷芒电影节的预选电影节。总之，被告拍摄《受戒》一片主观上无恶意，事实上更未参加克雷芒电影节。原告称被告“将其侵权结果由校内扩展到校外，由国内扩展到国外”是毫无根据的夸大其辞，并称“带来无法弥补的精神及财产损失”更是危言耸听。原告在既缺乏事实基础又未正确理解法律的前提下，对被告提起诉讼，严重损害了被告的声誉，已在社会上造成难以挽回的损害。请求法院驳回原告的诉讼。

北京市海淀区人民法院经对此案公开审理后判决如下：(1) 本判决生效后10日内，被告北京电影学院向原告北影录音录像公司以书面形式赔礼道歉（致歉内容需经本院审核）。(2) 被告北京电影学院制作的电影《受戒》拷贝及录像带自本判决生效之日起只能在其学院内供教学使用，不得投入公知领域。(3) 本判决生效起10日内被告北京电影学院赔偿原告北影录音录像公司经济损失人民币1万元。

（五）对本案的法理分析

本案主要涉及对著作权合理使用能否采取目的扩张解释的问题。

1. 著作权合理使用的概念和标准

著作权的合理使用，是指在特定的条件下，法律允许他人自由使用享有著作权的作品而不必征得著作权人的同意，也不必向著作权人支付报酬的制度。根据《伯尔尼公约》的规定，合理使用应当同时具备以下几个要件：即有关的使用是就具体的特殊情况而言，该特殊情况下的使用没有影响著作权人对作品的正常使用，也没有不合理地损害著作权人的合法权益。这一般被称为合理使用的“三步检验法”。[1]

---

[1] 齐爱民．现代知识产权法学［M］．苏州：苏州大学出版社，2005：193.

根据我国著作权法的规定，著作权合理使用的情形主要有以下几种：(1) 个人使用。(2) 引用。(3) 新闻报道使用。(4) 对政论性文章的转载转播。(5) 对公共场所开展演讲的转载、转播。(6) 教学使用。(7) 公务使用。(8) 图书馆陈列或保存版本。(9) 免费表演。(10) 室外陈列作品的使用。(11) 对汉语言作品的翻译。(12) 盲文出版。以上 12 种合理使用行为，同样适用于对出版者、表演者、录音录像制作者、广播电台、电视台的权利的限制。

此外，在适用合理使用时还应当注意以下几点：(1) 使用的作品必须已经发表。(2) 使用的目的仅限于为个人学习、研究或欣赏，或者为了教学、科学研究、宗教或慈善事业以及公共文化利益的需要。(3) 使用他人作品时，不得侵犯著作权人的其他权利，并且必须注明作者姓名、作品名称。

2. 被告的行为是否属于合理使用

本案的焦点在于：被告为教学目的将他人作品拍摄成电影是否属于合理使用，依据我国 1990 年《著作权法》第 22 条规定，出于教学目的的合理使用方式仅限于翻译或少量复制。

如果仅仅使用文意解释的方法，那么法院无疑应当判定北京电影学院没有经过权利人许可将作品改编成电影以供学生观摩作品的行为不构成合理使用，应当为此承担侵权责任。可是我国 1990 年《著作权法》第 22 条第 1 款的规定，目的正在于许可学校为课堂教学在一定范围内无偿使用他人作品，以保障教学活动得以顺利进行。作为培养电影人才的高等艺术院校，被告的教学方式具有相对的特殊性，练习拍摄电影是该校进行课堂教学活动所不可或缺的一部分。被告组织应届毕业生改编小说《受戒》拍摄电影，其目的是为学生完成毕业设计和锻炼学生的实践能力，在校内放映该片也是为了教学观摩及评定，均为课堂教学必要的组成部分。所以，根据对相关法条的目的扩张解释，被告在上述范围内的行为系对小说《受戒》的合理使用，不构成对原告专有使用权的侵犯。[1]

---

〔1〕 最高人民法院公报 . 1996 (1)：31-35.

但是1994年11月，被告将电影《受戒》送往法国参加朗格鲁瓦国际学生电影节。电影节放映该片时，观众除特定的学生、教师外，还有当地公民，且组委会还出售了少量门票，这就超出在本校内课堂教学使用的范畴，违反了著作权法的规定，构成了对原告依法取得的小说《受戒》专有使用权的侵犯。这种侵权情节虽然轻微，但是对原告以后将以同样方式使用同名作品仍可能造成潜在的市场影响，所以被告应当就此向原告赔礼道歉并予以适当赔偿。

（六）本案启示

在本案中，被告利用学生改编的电影剧本组织应届毕业生摄制毕业电影，目的是为了评定学生学习成果。影片摄制完成后，在国内使用方式也仅限于在北京电影学院内进行教学观摩和教学评定，作品未进入社会公知领域发行放映。所以法院判决被告此阶段的行为属于合理使用，不构成对原告依法取得的小说《受戒》的专有使用权的侵犯。这种判决无疑是符合实质正义的。

我国著作权法对教学目的合理使用的方式仅列举了“翻译或者少量复制”，这种规定方式的漏洞在本案中暴露无遗。尽管法官最终通过法律漏洞补救技术实现了个案公正,〔1〕但是这种立法方式仍不乏可商榷之处。〔2〕因为仅就文意而言，我国1990年《著作权法》第22条中的“翻译、复制”无论如何也不能扩张成“拍摄”。

著作权是民事权利之一种。在民法司法过程中，由于法官不能因为法律没有规定而拒绝裁判，用合理的法律解释方法来补充法律漏洞本为司空见惯之事。民法是权利保护法，其规范设定的目的在于为社会公众提供行为指引。民事权利解释规则是法不禁止即自由，为了保护自由、鼓励创造，民法设定了尽可能广泛的活动空间。当民事权利

〔1〕 法律漏洞补救技术是重要的法律技术，它是指如何通过类推、目的限缩与目的扩张技术解决法律中业已存在的漏洞问题。胡玉鸿．法律原理与技术［M］．北京：中国政法大学出版社，2002：339.

〔2〕 李琛．知识产权片论［M］．北京：中国方正出版社，2004：188-193.

的行使超越法律规定时即出现所谓的法律漏洞，法官必须通过合理方法去补充漏洞。可是，本案所揭示的问题在于，对权利的限制是否可以同权利的行使一样适用目的扩张解释？如果可以，这种目的扩张解释会不会损害法律的确定性，进而混淆立法与司法的功能？笔者认为，如果我国著作权法在今后的修改中能够借鉴美国版权法的经验，对合理使用采取概括加列举的立法模式，将可以为法官的司法解释提供更为坚实的基础，进而增强法律的可预见性。〔1〕

（七）思考题

对合理使用等著作权的限制是否应当只采取列举的立法方式？为什么？

二、著作权的法定许可

【案例35】B市电视台诉H市电视台案

（一）案情简介

1994年6~8月，B市电视台新开设了一档娱乐专栏节目“北方音乐电视（NMTV）”。该专栏在每周六晚6点播出，开播后颇受欢迎。H市电视台得知这一信息后，指示其驻在B市的技术人员将每期“北方音乐电视”都完全翻录下来。1994年10~12月，H市电视台将B市电视台的“北方音乐电视”在该台开办的“电视点歌台”节目中播放，并且在播放时以自己的台标覆盖了B市电视台的台标。根据H市电视台的规定，在该台“电视点歌台”节目中点播歌曲时，需要根据播放时间长短的不同，交纳每首100元到200元的点歌费。

---

〔1〕《美国版权法》第107条：尽管有第106条的规定；但为了批评、评论、新闻报导、教学（包括供课堂用的多份复制件）、学术研究等目的而合理使用有版权的作品，包括用复制件或录音制品，或者该条中所规定的任何其他方式来使用有版权作品，不属于侵犯版权。在任何特定情况下，确定对一部作品的使用是否是合理使用，要考虑的因素应当包括：（1）使用的目的和性质，包括这种使用是具有商业性质或者是为了非营利的教育目的；（2）有版权作品的性质；（3）同整个有版权作品相比所使用的部分的数量和内容的实质性；（4）这种使用对有版权作品的潜在市场或者价值产生的影响。

1994 年 12 月，B 市电视台发现了 H 市电视台的做法，立即要求其停止侵权和赔偿损失。H 市电视台则并不认同 B 市电视台的意见，它认为这种做法是当时全国各地方电视台的普遍做法。同时，根据我国 1990 年《著作权法》第 43 条，自己也不需要进行赔偿。

（二）本案所涉及的知识点

1. 新旧《著作权法》第 43 条的变化。

2. 音乐电视的著作权保护。

（三）我国现行法中的相关规定

1990 年《著作权法》第 42 条：广播电台、电视台对其制作的广播、电视节目，享有下列权利：（一）播放；（二）许可他人播放，并获得报酬；（三）许可他人复制发行其制作的广播、电视节目，并获得报酬……

1990 年《著作权法》第 44 条：电视台播放他人的电影、电视和录像，应当取得电影、电视制片者和录像制作者的许可，并支付报酬。

1990 年《著作权法》第 43 条：广播电台、电视台非营业性播放已经出版的录音制品，可以不经著作权人、表演者、录音制作者许可，不向其支付报酬。

2001 年《著作权法》第 43 条：广播电台、电视台播放已经出版的录音制品，可以不经著作权人许可，但应当支付报酬。当事人另有约定的除外。具体办法由国务院规定。

2001 年《著作权法》第 45 条：电视台播放他人的电影作品和以类似摄制电影的方法创作的作品、录像制品，应当取得制片者或者录像制作者许可，并支付报酬；播放他人的录像制品，还应当取得著作权人许可，并支付报酬。

1991 年《著作权法实施条例》第 36 条：著作权法和本实施条例所称与著作权有关权益，指出版者对其出版的图书和报刊享有的权利，表演者对其表演享有的权利，录音录像制作者对其制作的录音录像制品享有的权利，广播电台、电视台对其制作的广播、电视节目享有的权利。

（四）双方意见以及法院判决结果

原告诉称：H市电视台未经原告同意擅自将“北方音乐电视”节目篡改台标后作为营利性“电视点歌台”节目在H市电视台频频播放，直至B市电视台起诉时，该节目还在继续播放。这种行为严重侵害了原告的相关权益。故要求判令被告：（1）停止侵害，并当面销毁私自录制原告节目的录像带；（2）被告在自己的电视台公开向原告赔礼道歉、消除影响；（3）赔偿原告损失10万元，并承担本案的诉讼费用。

被告则认为：自己这种做法是当时全国各地方电视台的普遍做法，同时，根据我国1990年《著作权法》第43条，自己也不存在承担赔偿责任的问题。另外，原告方没有提供充分的证据以证明侵权事实的发生，故请求法院驳回原告的诉讼请求。

法院经对此案公开审理后认为：原告享有“北方音乐电视”节目的邻接权，被告的行为为营利性使用，显然属于侵权。故本案判决如下：（1）被告H市电视台对原告侵权行为成立，应立即停止侵权。在本电视台刊登启事，消除影响；（2）被告赔偿原告经济损失10万元；（3）对被告私自录制的原告音乐电视录像带（包括母带及复制品）都予以收缴和销毁。判决后双方当事人均未提起上诉。

（五）对本案的法理分析

本案主要涉及H市电视台未经许可就擅自使用B市电视台的音乐电视节目的行为是否合法的问题。

要明确这一问题，首先需要了解B市电视台对其音乐电视节目享有何种权利。显然，依据我国1991年《著作权法实施条例》第36条，B市电视台对其制作的电视节目享有邻接权。法律之所以作出这种规定，是因为著作权法的目的之一就是鼓励作品的传播。而作品的传播在很大程度上要依赖于传播者的努力，要依靠他们的劳动和投资。同时，传播者往往还要冒比较大的商业风险，所以法律在保护作者的著作权的同时，也要保护传播者的邻接权。

无需征得著作权人和邻接权人的同意就可以合法使用作品的类型主要有三种，即合理使用、法定许可和强制许可。强制许可需要事先以合理条件和理由请求许可，H市电视台的行为显然不属于这种类型。H市电视台未向B市电视台支付使用费，因此它的行为也不属于法定许可。

本案中H市电视台以我国1990年《著作权法》第43条为依据提出了合理使用的抗辩。但是这种抗辩显然不能成立。因为该条款中有以下两个限制性条件：第一，必须属于非营业性的播放；第二，播放的作品仅限于录音制品；第三，播放的作品必须是已经出版的录音制品。H市电视台播放的“北方音乐电视”是以音乐为题材，通过类似摄制电影的方法制作的，具有独创性的作品。它是画面与音乐的结合，因此不属于单纯的录音制品。而且H市电视台在播放时观众每点播一首歌都要收取一定的费用，显然是一种营业性的播放。所以它不能以此条法律规定而免责。

其次，还应当了解我国《著作权法》第43条由有条件合理使用向法定许可制度的变化。著作权法对表演权尤其是明确对机械表演权的保护，对作者和传播者而言具有重要的意义。我国1990年《著作权法》第43条规定广播电台、电视台非营业性播放已经出版的录音制品，可以不经著作权人、表演者、录音制作者许可，不向其支付报酬。这一规定显然授予广播电台、电视台一种不合理的特权，严重损害了作者和传播者的正当利益，因此曾受到我国知识产权法学界和音乐界人士的长期批评。修改后的《著作权法》第43条修改为：“广播电台、电视台播放已经出版的录音制品，可以不经著作权人许可，但应当支付报酬。当事人另有约定的除外。具体办法由国务院规定。”2001年修改后的《著作权法》第43条将原《著作权法》第43条的内容从类似“合理使用”改为类似“法定许可”，著作权人和邻接权人在广播电台、电视台的机械表演权从无到有，这是一个值得肯定的进步，也令音乐界的艺术家们为之欣喜。但这种规定仍与我国社会的法治进步程度和文化体制领域市场化改革的进程不相适应。相信随着社会的不断发展，这个问题将会得到更好地解决。

最后还需要指出两点。第一，H市电视台未经许可就擅自使用B市电视台的音乐电视节目的行为不仅侵犯了B市电视台的邻接权，还侵犯了音乐电视作品著作权人的著作权。第二，H市电视台播放B市电视台的音乐电视节目时，以自己的台标覆盖后者的台标，也属于侵犯B市电视台名称权的违法行为，因为它变相剥夺了对方在自己制作的节目上标示名称的权利。[1]

（六）本案启示

涉及音乐电视的著作权民事纠纷案件在我国很常见，这与对其性质的认识不清楚有关。以音乐为题材，通过类似摄制电影的方法制作的，具有独创性的音乐电视，属于我国2001年《著作权法》第3条规定的作品。对音乐现场表演进行机械录制等不具有独创性的录像制品，则不在此列。

根据相关的司法解释，音乐电视的著作权由制片者享有。未经制片者许可，复制、发行、放映音乐电视的，应当根据我国2001年《著作权法》第47条的规定承担民事责任。未经音乐作品著作权人许可摄制音乐电视或者复制、发行、放映前述音乐电视，以及未经音乐作品著作权人许可，营利性放映音乐电视，侵犯音乐作品著作权的，也应当根据我国2001年《著作权法》第47条的规定，承担民事责任。音乐电视制片者与音乐作品的著作权人就音乐作品的使用、报酬支付等有约定，因他人复制、发行、放映相关音乐电视又发生报酬分享等纠纷的，音乐作品著作权人可以就合同履行或者侵权向音乐电视的制片者主张权利；音乐电视制片者向复制、发行、放映者主张权利。

确定侵权行为人侵犯音乐电视制片者的放映权的赔偿数额时，应当根据我国2001年《著作权法》第48条的规定处理。不能按照该条规定确定赔偿数额的，应当考虑侵权行为的持续时间、规模和方式、场所位置、作品流行程度、当地文化市场行情、侵权人过错及其已支付相关权利人费用情况等，并参照著作权集体管理组织收取同类型音乐作品表演权的收费标准处理。

---

〔1〕 姚辉．以案说法民法篇［M］．北京：中国人民大学出版社，1999：171-172.

（七）思考题

在我国现行文化体制下，如何界定广播电台、电视台播放行为的非营业性？我国对音乐作品著作权的立法保护应当如何进一步完善？

三、著作权的强制许可

【案例 36】大名出版公司诉阿拉巴马音带定制公司案

（一）案情简介

本案为二审案件，上诉人为大名出版公司（一审被告），被上诉人为阿拉巴马音带定制公司（一审原告）。

上诉人大名出版公司在美国的音乐出版界名声不佳。它专门瞄准某些已经获得录制版权作品权利的出版公司，如果它们所推出的音带正要开始流行畅销之时，就立即买下一盒，大量翻录复制后投入市场。由于这家公司盗版的几乎都是已经在市场走红的音带，所以它不像其他音带公司那样在歌星推介业务上有广种薄收带来的试错成本和失败风险，生意始终十分兴隆。

被上诉人阿拉巴马音带定制公司也是大名出版公司取巧行为的受害者之一。当阿拉巴马音带定制公司发现其权利受到侵犯的时候，即向法院起诉，要求大名出版公司停止侵权，并赔偿由此造成的经济损失。地区法院审理后，做出了禁止大名出版公司继续复制阿拉巴马音带定制公司制作的音带的简易判决。大名出版公司不服判决，于是向美国联邦第五巡回上诉法院提起上诉。

（二）本案所涉及的知识点

1. 美国版权法中的强制许可。

2. 著作权强制许可制度在我国的适用。

（三）我国现行法中的相关规定

《著作权法》第 39 条：录音录像制作者使用他人作品制作录音录像制品，应当取得著作权人许可，并支付报酬。

录音录像制作者使用改编、翻译、注释、整理已有作品而产生的作品，应当取得改编、翻译、注释、整理作品的著作权人和原作品著作权人许可，并支付报酬。

录音制作者使用他人已经合法录制为录音制品的音乐作品制作录音制品，可以不经著作权人许可，但应当按照规定支付报酬；著作权人声明不许使用的不得使用。

《著作权法》第 41 条：录音录像制作者对其制作的录音录像制品，享有许可他人复制、发行、出租、通过信息网络向公众传播并获得报酬的权利；权利的保护期为 50 年，截止于该制品首次制作完成后第 50 年的 12 月 31 日。

被许可人复制、发行、通过信息网络向公众传播录音录像制品，还应当取得著作权人、表演者许可，并支付报酬。

（四）双方意见以及法院判决结果

上诉人大名出版公司提出的主要抗辩理由是，根据美国 1909 年《版权法》第 1 条（e）有关强制许可的规定，它复制被上诉人的音带是受到法律保护的，并不构成侵犯他人录制权的行为。

被上诉人为阿拉巴马音带定制公司要求驳回上诉，维持原判。

负责审理此案的刘易斯．R. 摩根法官指出，由于本案涉及的音乐作品是受版权保护的作品，被上诉人是版权作品的合法录音制造者，上诉人无权擅自复制其录音制品。故美国联邦第五巡回上诉法院最后裁定驳回上诉，维持原判。[1]

（五）对本案的法理分析

本案主要涉及大名出版公司的行为是否可以适用强制许可，我们可以用文意解释和目的解释两种方法来分析这个问题。

第一，从文意解释的角度看，大名出版公司的行为不能适用强制许可。

美国版权法中不存在强制许可的一般条款，但对一些范围严格限制的特定情况也规定了强制许可。这些强制许可条款中最古老的就是关于录音制品录制的强制许可，即获得授权的录音制品在美国首次发行之后，任何申请者只要支付法定的使用费（按照当时的规定每录

---

〔1〕 叶京生．美国知识产权案例与评注［M］．上海：上海译文出版社，1998：37.

制一次应当支付2美分的使用费)，都可以就有版权的非戏剧音乐作品制作和发行录音制品。

但是，上诉人大名出版公司却不能据此得出自己的行为可以适用强制许可的结论。美国1909年《版权法》第1条对于音乐作品的录制权实行强制性许可制度是指，当版权人本人或其授权人将版权音乐作品录制成音带后，其他人也可以对该作品做“类似使用”。此处的“类似使用”显然是指录制，这种录制无需经过版权人许可，但是应当支付报酬。在大多数情况下，这意味着作品一旦录音后，必然要允许其他艺术家对该作品的演奏进行录制。可是，本案中上诉人大名出版公司却是对他人首次录制的制成品进行重复录制。这种重复录制并不属于“类似使用”的范畴。因为，从首次录制来看，对作品的“使用”是由制作方法（现场演奏）和产品（录制品）两大因素组成。而大名出版公司对音带的录制绝不是版权法所规定的对作品的“类似使用”。它不需要现场演奏而只是借助机械表演，只要利用磁带录音机对阿拉巴马音带定制公司制作好的音带进行机械录制就可以了。〔1〕它的制作方法和产品与首次录制完全不同。因此虽然大名出版公司生产的也是录音带，但是它的这种使用与被上诉人对作品的使用显然并不“类似”。

第二，从目的解释的角度看，大名出版公司的行为也不能适用强制许可。

在版权法中规定强制许可的立法意图是为了防止版权人滥用专有权进行垄断，妨碍公众基于正当目的和合理条件使用作品，进而有利于作品的传播与科学文化的繁荣。

从本质上说，强制许可是对版权人专有权的一种限制。在制定版权法时，立法者既要考虑鼓励作者的创作活动，又要反对音乐业的独

---

〔1〕美国版权法中的表演权至少包括以下两方面的内容：一是通过演唱、演奏等方式表演作品的“现场表演”。二是通过录音机、录像机等设备表演音像制品的“机械表演”。大多数国家的版权法中，包括《伯尔尼公约》中“表演权”的表演既具有现场表演的含义，又具有机械表演的含义。

占。因此，对版权人实行强制许可是兼顾个人和社会利益的方法之一。但是以这种方法对版权人权利实行的限制不应当过大，否则会影响创作者的积极性，反而不能实现版权保护的最终目的。而且在适用强制许可时不能忽视邻接权人的利益。本案中阿拉巴马音带定制公司作为录音制作者，不仅在作品和表演者选择等方面进行了大量创造性的劳动，而且在录音、复制、宣传和销售音带等各个环节投入了巨资；忽视这种付出而放任大名出版公司以强制许可为借口的“搭便车”行为显然是不恰当的。所以，我们不应当把强制许可的范围无限地扩大到允许任何人可以不经许可而复制版权作品。如果允许这样做，复制者将可以较低的成本通过各种渠道和手段翻录、销售录音制品，使合法录制者处于极为不利的竞争地位。这将大大损害版权人和合法录音制作者的利益，并且显然与版权法的宗旨相背离。

（六）本案启示

强制许可，是指在特定条件下，由著作权主管机关根据情况，将对已经发表的作品进行特殊使用的权利授予申请获得此项权利的使用人的制度。在国际著作权公约中，又被称为强制许可证，属于一种非自愿的许可情形。此项制度起源于美国1909年《版权法》的有关规定。1919年，英国《版权法》也规定了此项制度。之后有关国际知识产权保护公约在进行修订时，经发展中国家的强烈要求，都制定了著作权强制许可。如《伯尔尼公约》1971年7月24日的议定书和《世界版权公约》1971年7月24日新修订文本的第5条就规定了强制许可。

各国对版权强制许可的规定并不相同，本案主要涉及美国版权法中的强制许可问题。过去，美国版权法中主要有4种强制许可的情况：非戏剧音乐作品的录制、录音制品在自动投币电唱机上的表演、电缆电视服务和公共广播。美国加入《伯尔尼公约》后，为避免与《伯尔尼公约》第11条规定的专有性的表演权相冲突，“录音制品在自动投币电唱机上的表演”已经不再适用强制许可的规定。可见，强制许可的范围往往也会随着时代和大众传播技术的发展进行调整。

我国目前并没有对非自愿许可的重要类型——强制许可制度给予

足够重视。我国2001年《著作权法》中尚没有强制许可的相关规定。但是我国已经加入《伯尔尼公约》和《世界版权公约》，所以公约中有关强制许可的规定也可以适用。按照国务院颁布的《实施国际著作权条约的规定》，我国在适用国际条约中有关强制许可制度的规定时应当由国家版权局负责实施发放强制许可证。但目前由于具体实施办法的欠缺，我国并没有充分利用公约给予发展中国家的优惠。

《伯尔尼公约》和《世界版权公约》都给予发展中国家实行强制许可的特殊优惠，以方便发展中国家学习发达国家的科技文化，促进本国的经济文化发展。这种强制许可制度是指发展中国家国民因教学研究需要翻译、复制外国作品的，在无法找到著作权人或被拒绝的情况下，可以向著作权主管部门申请强制许可；经过一定的期限后，申请者仍不能在国内获得该作品的即可得到著作权主管部门的强制授权。可是我国善于利用这种制度的申请者尚属罕见，而反面的例子却有不少。如“新东方”学校被美国教育考试服务中心起诉并败诉一案就教训深刻。如果“新东方”学校能充分利用强制许可制度，就不会在10年时间内持续侵犯美国教育考试服务中心所出版的教材版权，也不必因侵权而支付1000万元的巨额赔偿。因此，我国应依照国际公约中强制许可的规定建立健全版权强制许可制度，使我国国民充分享受到由此带来的利益。

（七）思考题

版权强制许可制度与法定许可制度有何联系与区别？

第七章 计算机软件的著作权保护

第一节 计算机软件著作权权属纠纷

本节要点

计算机软件的著作权归属

软件著作权属于开发者。

合作开发的软件著作权，由合作者通过书面合同约定。无书面合同或者合同约定不明确的，合作开发的软件可以分割使用的，开发者对各自开发的部分可以单独享有著作权；但是行使著作权时不得扩散到合作开发的软件整体的著作权。合作开发的软件不能分割使用的，其著作权由各合作者共同享有，通过协商一致行使；不能协商一致，又无正当理由的，任何一方不得阻止他方行使除转让权之外的其他权利，但是所得收益应当合理分配给所有开发者。

委托开发的软件著作权，由委托合同约定。无书面合同或者合同约定不明确的，其著作权由受托人享有。

由国家机关下达任务开发的软件，其著作权由项目任务书或者合同约定。项目任务书或者合同没有明确约定的，其著作权属于接受任务的法人或者其他组织。

软件职务作品的著作权属于法人或者其他组织。其分为三种情况：一是针对本职工作中明确指定的开发目标所开发的软件；二是开发的软件是从事本职工作活动所预见的结果或者自然的结果；三是主要使用了法人或者其他组织的资金、专用设备、未公开的专业信息等物质技术条件并由法人或者其他组织承担责任的软件。

【案例37】郑忠中诉中国环球租赁有限公司案

（一）案情简介

1986年9月，原告郑忠中以电脑技术人员身份调入被告中国环球租赁有限公司（以下简称环球公司），负责公司的电脑管理工作。同年10月16日，环球公司在公司设置电脑室并聘请郑忠中为电脑专家。1992年7月14日，郑忠中与环球公司正式签订了劳动合同。合同规定：郑忠中任总经理办公室副主任，公司可根据需要及其能力，安排和调整郑忠中的工作，郑忠中应服从公司的管理和安排，完成公司指派的工作任务。郑忠中到环球公司工作后，在1987年至1989年期间为环球公司基本完成了《多币种财务管理系统》和《租赁合同管理系统》两个计算机软件程序的编写和调试。直至1992年，郑忠中还曾多次修改过上述两套软件。在上述软件开发过程中，环球公司提供了所需的设备、资金和业务资料，为郑忠中提供了电脑业务方面的学习、考察、交流和培训的机会，并指派了有关业务人员配合和参与开发工作。

1992年初，环球公司总经理格诺特·柯鲁斯要求郑忠中交出该两套软件的源程序，被拒绝。后在郑忠中不在场的情况下，格诺特·柯鲁斯拿走了郑忠中编程序使用的公司所有的笔记本电脑。双方发生争议。1993年1月，郑忠中调离环球公司，但上述两套软件仍由环球公司使用和维护。自两套软件投入使用至诉讼时止，在环球公司运转6年左右的时间。

（二）本案所涉及的知识点

1. 软件职务作品。

2. 软件开发行为与纯粹的编程调试行为。

（三）我国现行法中的相关规定

《计算机软件保护条例》第3条：软件开发者，是指实际组织开发、直接进行开发，并对开发完成的软件承担责任的法人或者其他组织；或者依靠自己具有的条件独立完成软件开发，并对软件承担责任的自然人。

《计算机软件保护条例》第 9 条：软件著作权属于软件开发者，本条例另有规定的除外。

如无相反证明，在软件上署名的自然人、法人或者其他组织为开发者。

（四）双方意见以及法院判决结果

原告认为，第一，原告到环球公司后，环球公司没有与其签订项目任务书或合同，因此，原告开发行为不是执行单位任务的职务行为，原告是《多币种财务管理系统》和《租赁合同管理系统》两套计算机软件唯一的作者。第二，环球公司在未与原告签订软件使用合同的情况下，使用该两套软件，不付报酬，并对软件进行复制、剽窃、抄袭、改编，侵犯了我的计算机软件著作权。第三，环球公司总经理格诺特·柯鲁斯拿走的笔记本电脑中存有该两套软件的全部源程序、编译程序和调试数据，其拒不归还，也侵犯了原告的软件著作权。故请求法院确认该两套软件著作权归原告享有，环球公司及格诺特·柯鲁斯被告停止侵权行为并连带赔偿经济损失 30 万美元和 10 万元人民币。

被告辩称，原告从到公司工作直至离开时，始终从事和负责公司的电脑工作。原告开发的两套软件是根据公司董事会确定的目标完成的，应属职务行为。原告来公司前不懂融资租赁和财务业务，故公司业务部和财务部的有关人员根据总经理委员会的决定，配合原告进行软件的编写及调试，做了大量的工作。公司为开发该软件提供了资金、设备和物质条件，自 1986 年 9 月至 1992 年底，仅原告直接经手用于软件开发及购置设备的费用就达 304576.81 元。因此，该两套软件的著作权应属公司享有，请求法院驳回原告的诉讼请求。

一审法院认为，第一，原告对两套软件的编写和调试行为是其本职工作，是完成公司指定工作任务的行为。第二，涉案软件的开发者应是环球公司，著作权也属环球公司享有。综上所述，依据现行法律和本案证据，环球公司总经理格诺特·柯鲁斯拿走原告编程使用的属于公司所有的笔记本电脑，并未侵犯原告的计算机软件著作权。原告要求享有两套软件作品的著作权，指控两被告侵犯其软件著作权的诉讼请求，缺乏事实和法律依据，不予支持。

二审法院认为，第一，环球公司总经理格诺特·柯鲁斯从郑忠中办公处拿走属于公司的笔记本电脑，尽管事先未征求郑忠中的意见，但应确认是公司的行为。因此，郑忠中与格诺特·柯鲁斯之间不存在民事法律关系，郑忠中对其的侵权指控属无权起诉。第二，郑忠中与环球公司虽然在1992年7月14日才签订劳动合同，但郑忠中自1986年至劳动合同签订之前在环球公司工作期间与环球公司形成了事实上的劳动法律关系。第三，涉案软件是按照环球公司的意图，在环球公司的具体组织并提供相应的物质条件下实施开发的。因此，涉案软件的开发者和著作权人应确认为环球公司。郑忠中在不享有权利的情况下指控两被上诉人侵犯其著作权，不能成立，对其上诉请求，不予支持。一审判决认定事实清楚，适用法律并无不当，应予维持。

（五）对本案的法理分析

1. 涉案软件的开发者及其著作权归属

我国著作权法规定软件著作权属于软件开发者。软件开发者根据不同的主体可以分为两类：一是法人或者非法人组织作为软件开发者，其是由法人或者其他组织实际组织开发、直接进行开发，并对开发完成的软件承担责任；二是自然人作为开发者，其是由自然人依靠自己具有的条件独立完成软件开发，并由自然人对开发的软件承担责任。在本案中，涉案软件是由被告环球公司组织开发的，从被告董事会会议资料及原告在环球公司工作期间亲笔所写的工作文件、文章可以看出，开发涉案软件是被告环球公司的工作目标。同时，从两套软件管理的对象和内容看，涉案软件亦是符合被告环球公司的意志和业务特点的。另外，被告环球公司在两套软件开发前和开发的过程中提供了资金、设备、人力、业务资源等各种物质技术条件，为软件的开发创造了良好的环境。因此，涉案软件是由被告直接进行开发并由被告承担责任的，被告环球公司是涉案软件的开发者，依法享有软件的著作权。

2. 软件开发行为与纯粹的编程调试行为

原告郑忠中到被告环球公司工作后，为环球公司基本完成了两套涉案计算机软件程序的编写和调试。原告认为由于自己在编写和调试涉案软件的期间并没有和被告签订工作合同，因此自己对涉案软件的编写和调试与被告没有关系，原告是涉案软件的开发者而享有著作权。在此需要指出的是：第一，虽然原告在编写和调试涉案软件的期间没有与被告签订劳动合同，但是这段期间原告一直在被告单位任职并负责其电脑管理工作。同时，原告是在被告单位领取薪金的工作人员，而不是被告专为开发涉案软件而临时缔结的非劳动关系的人员。所以原告自1986年至劳动合同签订之前在被告环球公司工作期间与被告在事实上形成劳动法律关系。正如法院判决所言："事实劳动法律关系由于没有书面合同，故只涉及双方权利义务关系的稳定性，而不涉及权利义务关系的有无问题。"因此，原告编写和调试涉案软件是完成被告指派的工作任务，而非其所言的自行开发。第二，原告认为自己编写了涉案软件的程序并进行了调试和修改，所以自己是涉案软件的开发者。原告的这一认识混淆了软件的开发和软件程序的编写调试这两个不同的行为。不可否认，软件程序的编写及其调试在软件的开发过程具有重要的作用，但是一个完整的软件开发工作不只是软件程序的编写与调试，就好比一个电影作品的完成不只是剧本的撰写和修改。软件程序的编写及其调试只是软件开发这一系统工程中重要的组成部分。因此，确定软件的开发者及其著作权人，不能简单地以编程和调试软件的人员为依据，应该以实际组织开发软件，并对开发完成的软件承担责任的主体来确定。

（六）本案启示

软件开发者包括法人（非法人组织）开发者和自然人开发者。在司法实践中，法人（非法人组织）开发者开发的软件作品与软件职务作品在概念上往往容易搞混。如其所述，法人（非法人组织）开发者是指实际组织开发、直接进行开发，并对开发完成的软件承担责任的法人或者其他组织；而软件职务作品是自然人在法人或者非法人组织任职期间满足《计算机软件保护条例》第13条规定的三种情形时所开发的软件。因此从概念的划分来看，软件职务作品仅指自然人开发者在任职期间开发的软件，不包括法人（非法人组织）开发者开发的软件。[1] 如果以传统著作权法的原理来分析，法人（非法人组织）开发者即相当于著作权中的“法人视为作者”。而软件职务作品则相当于著作权法中的“著作权归单位的职务作品”。在对职务作品的规定上，我国《著作权法》和《计算机软件保护条例》略有不同。在《著作权法》中，法律原则上规定职务作品的著作权由作者享有，只有在“主要利用法人或者其他组织的物质条件创作并由法人或者其他组织承担责任”以及“法律、行政法规规定或者合同约定”的两种情形下著作权才由法人或者其他组织享有，作者只享有署名权。而在《计算机软件保护条例》中，其第13条规定：自然人在法人或者其他组织中任职期间所开发的软件有下列情形之一的，该软件著作权由该法人或者其他组织享有，该法人或者其他组织可以对开发软件的自然人进行奖励：（1）针对本职工作中明确指定的开发目标所开发的软件；（2）开发的软件是从事本职工作活动所预见的结果或者自然的结果；（3）主要使用了法人或者其他组织的资金、专用设备、未公开的专门信息等物质技术条件所开发并由法人或者其他组织承担责任的软件。从上述规定可以看出，其第13条细分的三种情形基本上包括了大部分软件职务作品。因此，软件职务作品的著作权由工作单位的法人或者其他组织享有。之所以我国《著作权法》与《计算机软件保护条例》对职务作品的规定出现差异，是因为传统作品的创作和计算机软件的开发两者所要求的环境不一样。软件的开发通常都需要大量的资金、专用设备、物质技术、业务信息等一系列配套的软件开发环境，我国对软件职务作品权利归属的特殊规定是出于对上述软件开发环境提供者利益保护的需要。

（七）思考题

甲为乙公司员工，在职期间参与了乙公司开发的软件并编写了主要的程序，甲离职后自行开办公司，甲在其公司使用并销售原来在乙公司参与编写的软件，其行为是否构成侵权？

---

[1] 李明德，许超．著作权法［M］．北京：法律出版社，2003：271.

第二节 计算机软件著作权侵权纠纷

本节要点

1. 软件合法复制品所有人的权利

根据使用的需要把该软件装入计算机软件等具有信息处理能力的装置内。

为了防止复制品损坏而制作备份复制品。这些备份复制品不得通过任何方式提供给他人使用，并在所有人丧失该合法复制品的所有权时，负责将备份复制品销毁。

为了把该软件用于实际的计算机应用环境或者改进其功能、性能而进行必要的修改；但是，除合同另有约定外，未经该软件著作权人许可，不得向任何第三方提供修改后的软件。

2. 软件著作权的限制

为了学习和研究软件内含的设计思想和原理，通过安装、显示、传输或者存储软件等方式使用软件的，可以不经软件著作权人许可，不向其支付报酬。

一、计算机软件著作权的侵权认定

【案例 38】福州外星电脑科技有限公司诉翁正文等案

（一）案情简介

1996 年 6 月至 1997 年 10 月间，原告福州外星电脑公司将其开发的《楚汉争霸》、《战国群雄》、《魔域英雄传》、《水浒传》、《魔法门》、《隋唐演义》、《三十六计》、《创世纪英雄》、《英烈群侠传》、《绝代英雄》等十种中文游戏软件（以下称《楚汉争霸》等十种游戏软件）到国家版权局计算机软件登记管理办公室进行计算机软件著作权登记。经审查后，国家版权局计算机软件登记管理办公室为其颁发了《计算机软件著作权登记证书》。上述十种游戏软件在全国各地发行。自 1999 年 1 月起，被告翁正文、叶秀娟以振华公司（是翁正文等人成立的公司，因未注册登记，该公司实际上并不存在）的名义生产、销售上述游戏软件的盗版卡带，并将这些游戏软件更改了名字，《楚汉争霸》更名为《刘邦传记》、《战国群雄》更名为《战国历史志》、《魔域英雄传》更名为《丝绸之路》、《水浒传》更名为《水浒新传》、《魔法门》更名为《凯旋门》、《隋唐演义》更名为《玄武之争》、《三十六计》更名为《财神到》、《创世纪英雄》更名为《快乐英雄》、《英烈群侠传》更名为《三国争霸》、《绝代英雄》更名为《英雄无悔》。这些盗版游戏卡带通过其雇用的王晓燕向全国各地销售。其中利军商行和环球商行也在非法销售侵权软件。原告福州外星电脑公司在发现上述事实后，向法院提起诉讼。原审法院将从利军商行和环球商行查扣的涉嫌侵权的《刘邦传记》等十种游戏卡带与原告提供的《楚汉争霸》等十种相应的游戏卡带，委托福建省版权局进行对比鉴定。福建省版权局的鉴定结论是，十种涉嫌盗版游戏软件除开机时将正版游戏软件的制作单位去掉和将游戏名称更改外，游戏里面的程序设计、美术画面及音乐音效与正版卡带完全一样。

（二）本案所涉及的知识点

1. 计算机软件侵权的认定。

2. 计算机游戏软件的性质与侵权形式。

（三）我国现行法中的相关规定

《计算机软件保护条例》第 24 条：除《中华人民共和国著作权法》、本条例或者其他法律、行政法规另有规定外，未经软件著作权人许可，有下列侵权行为的，应当根据情况，承担停止侵害、消除影响、赔礼道歉、赔偿损失等民事责任；同时损害社会公共利益的，由著作权行政管理部门责令停止侵权行为，没收违法所得，没收、销毁侵权复制品，可以并处罚款；情节严重的，著作权行政管理部门并可以没收主要用于制作侵权复制品的材料、工具、设备等；触犯刑法的，依照刑法关于侵犯著作权罪、销售侵权复制品罪的规定，依法追究刑事责任：

（1）复制或者部分复制著作权人的软件的；

(2) 向公众发行、出租、通过信息网络传播著作权人的软件的;

(3) 故意避开或者破坏著作权人为保护其软件著作权而采取的技术措施的;

(4) 故意删除或者改变软件权利管理电子信息的;

(5) 转让或者许可他人行使著作权人的软件著作权的。

有前款第(1)项或者第(2)项行为的,可以并处每件100元或者货值金额5倍以下的罚款;有前款第(3)项、第(4)项或者第(5)项行为的,可以并处5万元以下的罚款。

《计算机软件保护条例》第28条:软件复制品的出版者、制作者不能证明其出版、制作有合法授权的,或者软件复制品的发行者、出租者不能证明其发行、出租的复制品有合法来源的,应当承担法律责任。

(四)双方意见以及法院判决结果

一审法院认为,第一,原告外星电脑公司开发的游戏软件经国家有关部门审查发给了《计算机软件著作权登记证书》,其合法权益应受到保护。翁正文、叶秀娟未经游戏软件著作权人同意,擅自删除、修改、复制外星电脑公司公开发行的《楚汉争霸》等十种游戏软件,将这些游戏软件更名后,制作成游戏卡带,以振华公司的名义由其雇员在全国各地进行销售,严重侵犯了外星电脑公司对这十种游戏软件的署名权、修改权、保护作品完整权、使用权、获得报酬权。第二,王晓燕系翁正文、叶秀娟的雇用人员,不应作为侵权主体承担雇主的侵权责任,故外星电脑公司要求王晓燕承担侵权责任的诉讼请求,不予支持。第三,作为外星电脑公司代理商的利军商行明知以振华公司名义销售的《刘邦传记》等十种游戏软件卡带是侵权产品,仍然进货并转售他人,侵犯了外星电脑公司对这十种游戏软件的使用权、获得报酬权。第四,环球商行未经著作权人外星电脑公司许可,擅自销售《刘邦传记》等十种侵权游戏软件的产品,侵犯了外星电脑公司对这十种游戏软件的使用权、获得报酬权。综上,外星电脑公司认为被告环球商行、利军商行、俞正文、叶秀娟侵犯其《楚汉争霸》等十种游戏软件著作权,应承担相应法律责任的诉讼请求有理,应予支持。

一审判决后，被告不服上诉。二审法院驳回上诉，维持原判。

（五）对本案的法理分析

计算机软件侵权行为的认定，主要是对发生争议的某一计算机程序与比照物（权利明确的正版计算机程序）的对比和鉴别。其在举证责任方面，司法实践中通常采用的是“实质性相似加接触原则”，即一方面原告需要证明被告有机会接触原告作品，另一方面原告需要证明被告在此基础上完成的作品与原告的作品构成“实质性相似”。如何确定两套软件之间构成“实质性相似”？各国司法界都已经形成较为成熟的方法，其中美国法院对程序代码的“三段论侵权确认法”得到了法律界的普遍承认。“三段论侵权确认法”是指在判断某一软件程序在结构、顺序、组织上是否侵犯他人软件程序的著作权时，应分三个步骤：第一，从原、被告软件程序中抽离出不受著作权保护的“创作思想”或者“设计思想”；第二，从原、被告软件程序中抽离出属于公有领域的内容，例如软件程序的“内部功能”和“外部事实”等成分；第三，在两次抽离之后，对原、被告软件程序中相同或者实质相同的部分进行对比，进而认定是否侵权。[1]

我国计算机软件保护的司法实践除了对涉案软件在程序代码上进行对比之外，在认定“实质性相似”方面还形成了一套较为直观和简单的方法和步骤：首先，对两套软件在形式上进行内容对比或者目录、文件名对比。如果这两者完全一致，一般就可以认定涉案软件构成侵权。其次，对两套软件进行安装过程对比。主要看其安装过程中的屏幕显示，包括软件信息以及使用功能键后的屏幕显示等是否相同。再次，在安装完成后，一方面要对其安装后的目录，以及各文件进行对比。主要是对比其表观现象，包括文件名、文件长度、文件建立（或修改）的时间、文件属性四个部分；另一方面要对两套软件进行使用过程对比。主要是对使用过程中的屏幕显示、功能、功能键、使用方法等进行对比。当然，最有效和最有说服力的认定方式还

---

〔1〕 李明德，许超．著作权法［M］．北京：法律出版社，2003：282.

是比较两套软件的程序代码，但是在无法提供源代码的情形下，通过以上的方法和步骤，法院结合其他证据也可以认定涉案软件是否存在“实质性相似”。

在本案中，由于被告翁正文、叶秀娟无法提供其生产、销售的游戏软件的源程序，因此无法对涉案软件源程序的代码进行对比，所以无论是福建版权局的鉴定还是二审庭审过程中的现场演示和勘验，都只是对涉案软件在安装过程以及使用过程上的对比。在二审庭审过程的现场演示中，被告的软件和原告的软件在运行过程中的程序设计、功能设置、画面和字幕的屏幕显示基本相同，被告只是简单地更改了原告游戏软件上的制作单位、人员和游戏名称，尤其是在进入游戏界面后，被告软件的游戏场景、人物、音响与原告的完全相同。二审法院认为虽然从技术上讲相同功能的游戏软件包括外观感受可以通过不同的计算机程序实现，但是鉴于游戏软件的特点，两个各自独立开发的计算机游戏软件，其场景、人物、音响等恰巧完全相同的可能性几乎是不存在的，若是刻意模仿，要实现外观感受的完全相同，从技术上讲亦是有难度的。因此，两套软件在直观上已经构成“实质性相似”。据此法院可以认定被告生产、销售的游戏软件侵犯了原告的著作权，依法应该承担相应的侵权责任。

（六）本案启示

计算机游戏软件符合计算机软件的一切技术特性，但是其又有不同于一般计算机软件的特点。计算机游戏软件一般包括游戏引擎、图像文件和音频文件等三部分。

1. 游戏引擎的法律属性为计算机软件。游戏引擎是计算机游戏的核心部分，从本质上来说是一系列通过计算机语言编写的同时可以被计算机识别和执行的指令序列。游戏引擎的功能在于控制和引导游戏进程，包括读取和调动游戏数据、启动游戏剧情、展示游戏画面、播放游戏音像等。游戏引擎本身不带有任何图像和声音，其只是根据游戏玩家的操作通过原先设定的指令从图像文件和音频文件调取相应的数据来引导游戏进程。

2. 图像文件和音频文件的法律属性为数据库。图像文件和音频文件事实上是涉及游戏中出现的图形以及声音的数据库，数据库中的单个作品构成著作权法上的美术作品和音乐作品。

3. 计算机游戏中出现的场景、人物、动画、音响等游戏效果，来源于固定的图像文件和音频文件，而这些游戏效果随着游戏进程不断变化则是通过以计算机程序代码为内容的游戏引擎来实现的。本案中，被告曾在二审中指出，游戏软件既属于计算机软件，又应当作为影音视听作品，受到著作权保护。从计算机游戏软件的组成来看，被告的观点是正确的。但是计算机软件不仅仅只是一个影音视听作品，而是包含了影音视听作品、数据库和计算机软件的诸多作品的组合。正因为如此，侵犯计算机游戏软件的行为也分为不同的类型：既可以是像本案被告一样对他人游戏软件进行整体性的复制或者简单粗劣的模仿，也可以是对他人游戏引擎的指令代码的剽窃，其反映在游戏中就是整个游戏模式的雷同。此外，游戏软件的侵权还可以是对游戏本身图像文件和音频文件选择性的抄袭。因此，在司法实践中法院应该仔细区别各种不同的侵权类型，从而更好地保护计算机游戏软件的著作权。

（七）思考题

如何认定计算机软件著作权的侵权？如何认定两套软件之间构成“实质性相似”？

二、使用盗版软件的法律责任

【案例 39】加拿大 Discreet 公司诉上海对点文化传播有限公司案

（一）案情简介

原告 Discreet 公司是纳斯达克原上市公司，后被著名软件公司 AutoDesk 收购，Discreet 公司主要从事广告制作、设计软件的开发，其 3DMAX、Flame、Flint 软件为世界影视制作公司所广泛采用，在业内享有很高的声誉。但国内盗版行为猖獗，为维护公司利益，2001 年 9 月 Discreet 公司委托某调查公司对部分侵权用户进行了调查，调查结果显示，上海对点文化传播有限公司不仅安装使用了盗版 Flame

软件，并对外公开发送该软件制作费的报价。经与律师协商，将对点文化传播公司确定为起诉目标。2002年1月Discreet公司委托协力律师事务所及上海市公证处对被告发放的广告报价进行证据公证。2002年2月25日原告以公证书作为初步证据向上海市第一中级人民法院提起诉讼，在起诉的同时提出证据保全申请，当日法院受理了此案，并于2月28日采取了证据保全行为，扣押了侵权设备。

（二）本案所涉及的知识点

1. 软件复制品持有人和软件合法复制品所有人。

2. 使用他人盗版的软件的法律责任。

（三）我国现行法中的相关规定

《计算机软件保护条例》第24条：除《中华人民共和国著作权法》、本条例或者其他法律、行政法规另有规定外，未经软件著作权人许可，有下列侵权行为的，应当根据情况，承担停止侵害、消除影响、赔礼道歉、赔偿损失等民事责任；同时损害社会公共利益的，由著作权行政管理部门责令停止侵权行为，没收违法所得，没收、销毁侵权复制品，可以并处罚款；情节严重的，著作权行政管理部门并可以没收主要用于制作侵权复制品的材料、工具、设备等；触犯刑法的，依照刑法关于侵犯著作权罪、销售侵权复制品罪的规定，依法追究刑事责任：

（1）复制或者部分复制著作权人的软件的；

（2）向公众发行、出租、通过信息网络传播著作权人的软件的；

（3）故意避开或者破坏著作权人为保护其软件著作权而采取的技术措施的；

（4）故意删除或者改变软件权利管理电子信息的；

（5）转让或者许可他人行使著作权人的软件著作权的。

有前款第（1）项或者第（2）项行为的，可以并处每件100元或者货值金额5倍以下的罚款；有前款第（3）项、第（4）项或者第（5）项行为的，可以并处5万元以下的罚款。

《最高人民法院关于审理著作权民事纠纷案件适用法律若干问题的解释》第21条规定：计算机软件用户未经许可或者超过许可范围

使用计算机软件的，依据《著作权法》第47条第（1）项、《计算机软件保护条例》第24条第（1）项的规定承担民事责任。

（四）双方意见以及法院判决结果

原告认为，原告是涉案软件Flame6.6.1oct的著作权人，被告上海对点文化传播有限公司未经原告允许，不仅安装使用了盗版Flame软件，并且对外公开发送该软件制作费的报价，其行为严重侵犯了原告对涉案软件享有的著作权。

被告认为，被告律师曾持法院调查令前往软件企业认定与产品登记办公室进行调查取证，确认原告并未在该办就任何软件进行过登记。而根据国家信息产业部颁布的《软件产品管理办法》规定，未经登记的软件产品不能在我国境内经营或销售。被告据此认为，被告使用Flame6.6.1oct软件的行为并不构成著作权侵权；同时原告的软件没有在国家版权登记机构登记，故不应受《著作权法》保护。

法院认为，《计算机软件保护条例》第7条第1款只是规定软件著作权人可以向软件登记机构办理登记，故软件登记只是享有软件著作权的初步证明，并不是软件开发者获得著作权保护的条件和强制性规定。《计算机软件保护条例》第8条第1款和第2款均规定，软件著作权人享有复制权，软件著作权人可以许可他人行使其软件著作权，并有权获得报酬。因此，复制Flame6.6.1oct软件和许可使用该软件并获得报酬是法定专属于原告的权利。《中华人民共和国著作权法》第4条第2款规定"著作权人行使著作权，不得违反宪法和法律，不得损害公共利益"，除非有法律和行政法规的明文禁止，著作权人不能行使上述权利。《软件产品管理办法》只是信息产业部的部门规章，其效力等级低于法律和行政法规，而且即使系争软件目前尚未在我国境内经营或者销售，也不意味着他人未经原告许可而可随意使用该软件，故被告的辩解不能成立，原告对系争软件享有复制权和获得报酬权。被告的行为已经构成了对原告享有Flame6.6.1oct软件著作权的侵害，理应承担侵权的民事责任。

（五）对本案的法理分析

本案在我国计算机软件著作权案件审理中意义深远，法院最终以判决形式明确认定了使用盗版软件构成侵权，并应依法承担侵权责任。在我国计算机软件司法保护的历程中具有重要的意义。

我国现行法律条文里没有明确规定“使用盗版软件的责任”，但《计算机软件保护条例》第16条规定：软件的合法复制品所有人享有下列权利：（1）根据使用的需要把该软件装入计算机等具有信息处理能力的装置内；（2）为了防止复制品损坏而制作备份复制品。这些备份复制品不得通过任何方式提供给他人使用，并在所有人丧失该合法复制品的所有权时，负责将备份复制品销毁；（3）为了把该软件用于实际的计算机应用环境或者改进其功能、性能而进行必要的修改；但是，除合同另有约定外，未经该软件著作权人许可，不得向任何第三方提供修改后的软件。这一条款被认为是我国追究盗版软件用户的直接依据。与旧的《计算机软件保护条例》相比，修订后的这一条款将原来享有软件装载权和备份权的“合法持有软件复制品的单位、公民”改为“软件的合法复制品所有人”。条款中对于权利主体的修订直接产生了使用盗版软件的侵权责任，因为软件合法复制品所有人与软件复制品持有人是有区别的：前者是指向权利人或者其许可的经销商购买、接受权利人赠予和许可使用的正版软件复制品的自然人、法人等民事主体。其一方面要求用户所使用的软件必须是合法的复制品，另一方面要求用户必须是所使用的软件复制品的所有人。后者是指将软件复制品装入计算机等设备运行而使用软件功能的行为人，其获得软件的途径要远远大于前者，因为后者只需要“合法持有”软件复制品就享有软件的装载权和备份权，而不关心所使用的软件复制品本身是否经过权利人授权。例如借用他人的正版软件并装载到自己的计算机上的行为，其构成“合法持有”，但是却不需要经过软件著作权人的授权。〔1〕因此从这个意义上说，根据我国《计算机软件保护条例》第16条的规定，装载并使用未经著作权人许可的软件是侵权行为，除非其本身是“为了学习和研究软件内含

---

〔1〕 齐爱民. 现代知识产权法学［M］. 苏州：苏州大学出版社，2005：207.

的设计思想和原理”。本案中，被告上海对点文化传播有限公司并不是涉案软件的合法复制品所有人，却安装使用了盗版 Flame 软件，而且对外公开发送该软件制作费的报价。被告明知所使用的软件为原告的盗版软件却还在公司里安装使用，其行为侵犯了原告对涉案软件依法享有的专有复制权。

（六）本案启示

关于使用盗版软件是否应该承担侵权责任的问题，目前我国学术界基本上达成了共识，学者们普遍认为应该承担责任，但是应该谨慎区分不同的使用主体和使用性质来确定法律责任。而在几年前，关于这个问题在国内版权界的分歧是比较大的。曾经有反对承担责任的学者指出，《伯尔尼公约》规定将计算机软件视同文学作品予以著作权保护，因此国际上对计算机软件的著作权保护同传统作品的保护是一致的。而在传统作品中，行为人取得并使用侵权作品不承担类似的侵权责任。例如对于书籍的盗版，其侵权责任的承担主体一般限于盗版商，而读者个人购买或阅读盗版书籍的行为并不构成侵权，更不必承担责任。所以一部分学者认为，既然《著作权法》没有规定购买或使用盗版作品的法律责任，为何要“超越国际立法水平”在《计算机软件保护条例》中规定使用盗版软件要承担法律责任？笔者认为计算机软件虽然纳入到著作权的保护体系中，但是其与传统作品在使用上还存在较大的区别：第一，在传统作品中，无论读者是购买或者是阅读盗版作品，其本身都不构成著作权法意义上的复制，因此读者并没有侵犯原告的著作权，真正实施侵权行为的罪魁祸首是盗版商。而计算机软件则明显不同，首先，一部分用户是未经权利人许可直接从侵权网站上下载软件的，而下载软件的过程本身就是一个复制行为，因此构成对软件著作权人复制权的侵犯。其次，软件的使用首先需要装载，而装载软件的过程本身也是一个复制行为，所以用户的下载和使用软件的行为都侵犯了软件著作权人的复制权；第二，传统作品复制的成本较大，而计算机软件与计算机网络紧密结合，复制相对方便简单，而且可以足不出户。如果对使用盗版软件不加干涉，将会导致盗版软件泛滥成灾，从而给软件企业带来巨大的损失。综上所述，正因为计算机软件和传统作品之间存在较大差异，因此计算机软件的著作权保护应该符合软件本身的特点，所以，为了进一步保护计算机软件权利人的利益，我国在立法中确定使用盗版软件的法律责任是有必要的。

（七）思考题

甲购买正版游戏软件光盘一张，其在自己电脑上安装后将光盘借给班上的同学乙安装，请问甲的这一行为是否合法？

三、盗窃无物质载体的计算机软件复制品的法律责任

【案例40】曾某、杨某盗窃腾讯QQ号码案

（一）案情简介

曾某、杨某二人合谋，由杨某负责收集QQ“靓号”（一般为5、6位QQ号或者数字吉利的号码），然后交由在腾讯公司（以下简称“腾讯”）工作的曾某，曾某再利用职务上的便利窃取这些号码的相关资料，然后杨某利用这些资料重新向腾讯公司申请新密码，以达到非法占有他人QQ号码的目的。本案中涉案号码800多个，成功盗得并出售的有200多个。二人非法获利7万余元。2006年1月14日广东省深圳市某区人民法院对该案作出一审判决，以侵犯通信自由罪分别判处被告人曾某和杨某各拘役6个月。

（二）本案所涉及的知识点

1. 计算机软件和计算机软件复制品。

2. 虚拟财产、计算机软件和电磁记录。

3. 计算机软件产品与计算机信息交易。

（三）我国现行法中的相关规定

《计算机软件保护条例》第3条规定：计算机程序，是指为了得到某种结果而可以由计算机等具有信息处理能力的装置执行的代码化指令序列，或者可以被自动转换成代码化指令序列的符号化指令序列或者符号化语句序列。同一计算机程序的源程序和目标程序为同一作品。

《计算机软件保护条例》第16条规定：软件的合法复制品所有

人享有下列权利：（1）根据使用的需要把该软件装入计算机软件等具有信息处理能力的装置内；（2）为了防止复制品损坏而制作备份复制品。这些备份复制品不得通过任何方式提供给他人使用，并在所有人丧失该合法复制品的所有权时，负责将备份复制品销毁；（3）为了把该软件用于实际的计算机应用环境或者改进其功能、性能而进行必要的修改；但是，除合同另有约定外，未经该软件著作权人许可，不得向任何第三方提供修改后的软件。

（四）双方意见以及法院判决结果

2006 年 1 月 14 日广东省深圳市某区人民法院对该案作出一审判决，以侵犯通信自由罪分别判处被告人曾某和杨某各拘役 6 个月。

（五）对本案的法理分析

本案是全国法院受理的首例盗窃腾讯 QQ 号码案。对于两被告盗窃腾讯 QQ 号码的行为，法院最终以侵犯通信自由罪定案。该判决一经作出即受到了来自理论界和律师实务界的诸多质疑。两被告盗窃腾讯 QQ 号码的行为究竟是侵犯了腾讯 QQ 号码所有人的物权，还是著作权，还是法院认定的通信自由权，亦或 QQ 号码对应的软件复制品的权利，学术界众说纷纭。笔者认为，对本案进行认定需要正确把握腾讯 QQ 号码的法律属性，尤其是要厘清物权的客体与著作权的客体这两者之间的关系。

1. 腾讯 QQ 号码、腾讯 QQ 计算机软件与软件复制品

本案涉及的“腾讯 QQ 号码”这一用语是在两种语境下使用的：一种是指单纯的腾讯 QQ 号码，另一种则是指标有该号码的腾讯 QQ 软件复制品。本案中，盗窃腾讯 QQ 号码的实质是盗窃腾讯 QQ 软件复制品，也就是在第二种语境下使用的。

首先，单纯的一组号码在法律上没有意义。虽然在一些场合吉祥号码可以交易，但是这种交易是基于号码所依附的物品或者权利。号码本身并无实质用途，不是物权的客体，更不是著作权的客体。腾讯 QQ 号码脱离了它们存在的基础——腾讯 QQ 软件就无法独立使用。因此，本案两被告所盗取的“腾讯 QQ 号码”并不是单纯的号码，而是号码、密码和远程客户端软件产品的组合，这种组合就是我国

《计算机软件保护条例》中所称的“软件复制品”，即腾讯 QQ 软件复制品。

其次，计算机软件与计算机软件复制品是两个不同的法律概念。根据有无物质载体为标准，计算机软件复制品可以分为两类：一类是有物质载体的计算机软件复制品，如以光盘或者磁盘形式存在的软件复制品，其受到物权法的保护；另一类是无物质载体的计算机软件复制品，而无物质载体的计算机软件复制品是一种计算机信息，在美国由《统一计算机信息交易法》调整。在本案中，腾讯 QQ 软件是一种计算机软件，而腾讯 QQ 号码对应的是无物质载体的软件复制品。腾讯公司发放腾讯 QQ 号码所处分的是软件复制品，而不是腾讯 QQ 软件本身。

2. 虚拟财产、电磁记录与计算机软件及其复制品

虚拟财产分为狭义的虚拟财产和广义的虚拟财产，前者是针对网络游戏行业而言的，笔者称之为虚拟物。所谓虚拟物是指网络游戏用户通过网络游戏积累或直接向网络游戏运营商购买的“货币”、“宠物”、“武器”等虚拟装备；后者是指在网络空间以比特（bit）方式存在的一切财产，其包括计算机软件和电磁记录。我们所讲的虚拟财产是广义上的虚拟财产。

电磁记录，是指以电子、磁性或其他人之知觉不能直接认识的方式制成的供电脑处理的记录。也可以说，电磁记录是储存在磁带或磁碟等电磁记录物上的计算机可以阅读、记忆与处理的信息。计算机软件和电磁记录虽然都属于广义的虚拟财产的范畴，但是两者的属性以及权利保护模式不同。腾讯 QQ 软件作为一种计算机软件，构成著作权法意义上的作品，受到我国《著作权法》和《计算机软件保护条例》的保护；电磁记录的保护相对较为复杂，我国大陆没有关于电磁记录的立法规定。根据我国台湾地区“刑法”的相关规定，电磁记录之上的权利应被视为物权。目前对虚拟财产给予物权保护的国内外立法将其范围严格限于电磁记录。“电磁记录”是网络环境下新生的一种财产性客体。关于“电磁记录”的法律性质与保护模式，在我国主要有两种代表性主张。第一种主张是扩大“财产”的范围，

将“电磁记录”纳入“财产”的范畴。然而，这种处理方式揭示了电磁记录的财产属性，但没有明确电磁记录属于财产的哪一类：物权还是知识产权？抑或在二者之外？这种主张的优势是可以避免因过早对电磁记录的属性盖棺定论而产生错误。但缺点也显而易见。因为这样做将导致电磁记录的权利属性不明，从而缺乏相应的保护方法和具体保护措施。第二种主张是“电磁记录”不能纳入物的范畴，但应将“电磁记录”视为“物”予以保护。目前，我国台湾地区将网络游戏中的“电磁记录”视为动产，准用物权法的规定，并在“刑法”第323条规定：“电能、热能及其他能量或电磁记录，关于本章之罪，以动产论。”这是一种比较灵活的法律技术措施，既比较好地解决了“电磁记录”的法律保护问题，又坚持了现有物权法上“物必有体”的客体理论。但此种主张也回避了电磁记录的法律属性问题，只是在保护方式上适用“物（动产）”的保护规定。有关电、热、光、磁等能量，是物权法的客体，对此已无太大争议。罗马法上，物采广义的概念，分为有体物与无体物。罗马法上的无体物指的是有体物之外的权利，如债权和知识产权。只有有体物才是物权法的客体。〔1〕有体物可以分为有形物和无形物，二者均受物权法调整。有形物是指具备外观形态的有体物，如建筑、汽车等；无形物是指没有具体外观形态的有体物，如光、电、热、能和气体等。由于光、电、热、能和气体是一种具体的物质存在，因而和有形物一样成为物权法的客体。有体物和无体物最大的区别在于有体物是物质存在，而无体物并非具体的物质存在。物权法保护的客体仅限于物质存在。在近现代立法上，德国、日本民法如此，我国亦如此。“电磁”是一种物质存在，而“电磁记录”作为一种信息并非物质存在。我们可以把“电磁”纳入物权法范畴予以保护，但不可以把“电磁记录”作为物权客体。我国台湾地区的立法者正是注意到了这个细节才在保护方式上将电磁记录视为动产。笔者认为，罗马法关于有体物和无体物的划分，以及只有有体物才是物权法保护客体的思想，仍然为现代物权法

---

〔1〕史尚宽．民法总论［M］．北京：中国政法大学出版社，2000：249.

所遵循，是现代物权法的理论灵魂。放弃或者突破了这一点，物权法就丧失了独立性，和其他财产法就无法区分了。在现有财产法体系下，为了及时解决社会上大量发生的实际问题，权宜之计是将电磁记录视为物，给予物权法保护，以填补立法漏洞。

3. 在我国现行法律下对本案的认定

我国虽然对电磁记录没有作立法规定，但《计算机软件保护条例》第16条规定了软件的合法复制品所有人安装计算机软件进行使用、为了防止损坏而制作备份复制品、为了把该软件用于实际的计算机应用环境或者改进其功能、性能而进行必要的修改的权利。根据该条第2款的规定，软件复制品所有人对复制品享有的权利应为所有权。综观该条的内容可以看出，这实际上是一个物权法则，主体是合法软件复制品所有人，客体是复制品——一种产品，权利是所有权。然而，需要注意的是，软件复制品既包括有物质载体的软件复制品，也包括无物质载体的软件复制品。无物质载体的软件复制品，是一种计算机信息，由于没有物质载体而不能构成物权的客体。但是，在尚无计算机信息立法的情况下，我国立法将电磁记录纳入物权法客体，对权利人所有权予以保护也是解决问题的权宜之计。这和我国台湾地区在信息法缺失的情况下，将电磁记录视为动产予以保护异曲同工。根据《计算机软件保护条例》第16条规定，权利人就软件复制品享有的权利为所有权。本案中两被告盗取腾讯QQ号码，实质是侵犯了权利人就软件复制品享有的“所有权”。因此，从严格的法律适用角度出发，法院应依据《计算机软件保护条例》第16条关于合法软件复制品所有人对其软件复制品享有所有权的规定，认定本案构成盗窃罪。

（六）本案启示

虚拟财产这个概念是随着中国大陆网络游戏市场日益庞大而在IT产业界产生的一个经济概念。虚拟财产并不是严格意义上的法律概念。在美国，对应的法律概念是计算机信息（Computer information）。为了规范计算机信息交易，美国统一州法委员会1999年通过并向各州推荐了《统一计算机信息交易法》（简称UCITA）。在信息技术的推动下，美国统一州法委员会注意到计算机信息与一般的货物相比的特殊性，认为应建立新的规则调整计算机信息及其交易。该法第 102 条规定，“计算机信息”是指以电子形式存在的或者通过计算机使用而获得的或者能被计算机处理的信息。〔1〕按此规定，腾讯 QQ 软件在内的一切计算机软件、无物质载体的软件复制品和可以进行计算机处理的信息都属于一个新的法律概念——计算机信息。立法者专门对计算机信息交易和传统的“货物（Goods)”进行了区分，指出计算机信息不属于“货物”〔2〕，货物交易不适用该法案的规定。UCITA 第 102 条还规定，“计算机信息交易（Computer information transaction)”是指用以生产、修改、转让计算机信息或者许可计算机信息权的协议以及对其的履行。〔3〕可见，UCITA 的调整范围是计算机信息交易，而不是一般的货物交易和以电子形式进行的交易，交易对象必须是计算机信息。交易结果是计算机信息的生产、修改、转让或者计算机信息权的许可。

---

〔1〕 UNCITA 原文："Computer information" means information in electronic form which is obtained from or through the use of a computer or which is in a form capable of being processed by a computer. The term includes a copy of the information and any documentation or packaging associated with the copy.

〔2〕 UNCITA 原文："Goods" means all things that are movable at the time relevant to the computer information transaction. The term includes the unborn young of animals, growing crops, and other identified things to be severed from realty which are covered by [Section 2 - 107 of the Uniform Commercial Code]. The term does not include computer information, money, the subject matter of foreign exchange transactions, documents, letters of credit, letter - of - credit rights, instruments, investment property, accounts, chattel paper, deposit accounts, or general intangibles.

〔3〕 UNCITA 原文："Computer information transaction" means an agreement or the performance of it to create, modify, transfer, or license computer information or informational rights in computer information. The term includes a support contract under Section 612. The term does not include a transaction merely because the parties' agreement provides that their communications about the transaction will be in the form of computer information.

制定计算机信息交易法的一个重要意义在该案中显露出来：本案中的软件复制品尽管和知识产权关系紧密，但它和知识产权法保护的智力成果毕竟不同，它是知识产权权利人运用自己的知识产权而生产的复制品。知识产权法只保护知识产权，不保护产品。一般讲，产品由物权法保护。本案中的软件复制品是以计算机信息为存在形式的，没有载体，是无体物。物权法以有体物作为保护客体，而不保护无体物。本案中的腾讯 QQ 软件复制品本身既不能受到知识产权法保护，也受不到物权法的保护。从我国法律体系来看，存在一个空白地带，而这恰恰落入美国 UCITA 的保护范围。依照美国 UCITA 的规定，对于腾讯公司和用户之间关于腾讯 QQ 软件复制品的交易是计算机信息交易的一种，由 UCITA 调整保护。在这个意义上可以说，计算机信息交易法弥补了物权法和知识产权法保护对象方面的不足。UCITA 第 102 条提出了信息权利（Informational rights）的概念。信息权利指信息持有人在信息生产中知识产权法以及相关其他任何法律赋予其控制或者排除他人使用或者访问其持有的信息的权利。〔1〕信息权利的客体是计算机信息，内容是控制或者排除他人使用或者访问其持有的信息，主体是信息持有人。这种权利在性质上是一种财产性权利。此法案为计算机信息侵权与犯罪的认定提供了明确的法律依据。有着大陆法系传统的中国借鉴美国的立法先例制定计算机信息交易法，可以将不能受到物权法和知识产权法保护的财产性“信息”给予保护。对此种信息权利的保护，不仅是个体权利保护的切实需要，而且是充分保障社会向信息化方向顺利发展的必然要求。

UCITA 对本案的定罪也有意想不到的影响。美国 UCITA 创建了电子代理人这一法律概念。此后，这一概念在全球范围内的电子商务

〔1〕 UCITA 原文："Informational rights" include all rights in information created under laws governing patents, copyrights, mask works, trade secrets, trademarks, publicity rights, or any other law that gives a person, independently of contract, a right to control or preclude another person's use of or access to the information on the basis of the rights holder's interest in the information.

立法中得到推广。《统一计算机信息交易法》第 102 条给电子代理人下了这样一个定义："所谓电子代理人，指的是不需要个人加以干预就能独立地用来启动某个行为，对电子记录或者履行作出回应的计算机程序、电子手段或者其他自动化手段。"[1] 电子代理人是一种智能化的信息系统，具有按照预先设计好的程式自动发出要约，承诺以及履行合同的功能。也曾经有人主张利用电子代理人订立的合同无效，因为没有当事人行为的介入。国际上一致的主张是将电子代理人的行为视为设置电子代理人的当事人的行为，将电子代理人的"意思"视为当事人的意思。1992 年欧共体委员会提出的《通过 EDI 订立合同的研究报告》指出，可以把对计算机（电子代理人）的运作拥有最后支配权的人，视为该计算机（电子代理人）所发出的要约或承诺的责任人。参照美国 UCITA 的规定，本案构成诈骗罪，而不再是盗窃罪了。诈骗罪是指以非法占有为目的，用虚构事实或者隐瞒真相的方法，骗取数额较大的公私财物的行为。诈骗罪与盗窃罪有很多相同之处，其区别主要在于：盗窃罪的客观方面是行为人以秘密窃取的方法占有他人财物，而诈骗罪是行为人通过欺骗手段（通常采用虚构事实隐瞒真相的方法）骗取公私财物控制者的信任，财物控制者基于这种信任主动将财物交付行为人占有。

从犯罪嫌疑人骗取 QQ 密码的行为看，构成"骗取信任"，因此应认定为诈骗罪。犯罪嫌疑人盗窃 QQ 密码的行为，实际上是假冒腾讯 QQ 软件使用人的身份，欺骗 QQ 服务系统获得 QQ 密码。犯罪嫌疑人并没有针对腾讯公司的任何工作人员实施欺诈行为，而是利用了腾讯公司在网络中设置的密码取回功能实施诈骗。腾讯公司设置的密码取回功能是电子代理人的一种。在本案中，犯罪嫌疑人针对电子代理人实施诈骗，导致腾讯公司设置的电子代理人分配新密码的行为，

---

[1] UCITA 原文："Electronic agent" means a computer program, or electronic or other automated means, used by a person to initiate an action, or to respond to electronic messages or performances, on the person's behalf without review or action by an individual at the time of the action or response to the message or performance.

应视为其设置人——腾讯公司的行为。犯罪嫌疑人向电子代理人实施的诈骗，应视为向设置人实施的诈骗行为。因此，本案中盗窃 QQ 号码应认定构成诈骗罪〔1〕。

技术改变社会。信息化是人类社会发展的方向。加强对信息化过程中产生的法律问题的研究是时代赋予我们的历史使命。中国大陆目前有数百万名用户每天投入网络游戏，而网络游戏行业的年产值甚至逼近 50 亿人民币。〔2〕而其他形式的计算机信息交易也已经形成了产业化的趋势。我国应该借鉴美国统一计算机信息交易法的立法经验，加紧制定计算机信息交易法以规范计算机信息交易，填补相关法律漏洞。

（七）思考题

甲酷爱某网络游戏，其花费大量时间和精力杀怪，刷出了一些“黄金装备”，乙盗取甲的游戏账号，将甲所有的黄金装备盗取一空。请问，乙侵犯了甲的何种权利？

---

〔1〕 犯罪嫌疑人在骗取 QQ 密码以后再高价出卖的行为，是骗取 QQ 密码的后续行为。按刑法理论重行为吸收轻行为，本案中应重点考虑犯罪嫌疑人的获取行为.

〔2〕 台湾媒体报道：偷网络虚拟物品也要坐牢［EB/OL］．［2004-03-22］．http：//news. 17173. com/content/2003 - 12 - 29/n375_ 291695. html.

第八章　著作权的集体管理

第一节　著作权集体管理组织的法律地位和性质

本节要点

1. 著作权集体管理组织的法律地位

著作权集体管理组织是非营利性组织。著作权人和与著作权有关的权利人可以授权著作权集体管理组织行使著作权或者与著作权有关的权利。著作权集体管理组织被授权后，可以以自己的名义为著作权人和与著作权有关的权利人主张权利，并可以作为当事人进行涉及著作权或者与著作权有关的权利的诉讼、仲裁活动。

2. 著作权集体管理组织的相互代表

外国人在中国境内行使著作权，特别是表演权等小权利时，一般应通过其在当地参加的集体管理组织和中国境内的集体管理组织签订相互代表协议的方式，由中国的集体管理组织代为行使，包括对侵犯著作权人权益的行为提起法律诉讼等。我国在《著作权集体管理条例》中规定：外国人、无国籍人可以通过与中国的著作权集体管理组织订立相互代表协议的境外同类组织，授权中国的著作权集体管理组织管理其依法在中国境内享有的著作权或者与著作权有关的权利。这种规定体现了 TRIPs（与知识产权有关的服务贸易协议）协议给予著作权人国民待遇的基本原则。

一、著作权集体管理组织的相互代表

【案例41】中国音乐著作权协会诉天津滚石文化发展有限公司案

（一）案情简介

2002年6月1日，天津市滚石文化发展有限公司（一审被告，上诉人）在天津民园体育场举办了“张学友2002音乐之旅超级演唱会”。在该演唱会中未经许可演唱了《等到花儿也谢了》、《吻别》、《想和你去吹吹风》、《一千个伤心的理由》等23首歌曲。而这些演唱曲目的词作者及出版人均为香港作词家、作曲家协会会员。

中国音乐著作权协会（一审原告，被上诉人）在得知“张学友2002音乐之旅超级演唱会”举办的相关情况后，马上以特快专递方式向被告递交了要求其支付这23首歌曲著作权使用费的相关材料；声称根据之前与香港作词家、作曲家协会签订的《相互代表协议》，中国音乐著作权协会有权代为管理这些歌曲，并且享有以自己的名义对相关侵权行为提起法律诉讼的权利。但是，被告不仅事先未向原告征得许可，而且拒收上述材料，拒绝向原告支付著作权使用费。于是，中国音乐著作权协会于2002年10月对演唱会主办方天津滚石文化发展有限公司提起诉讼，要求判决该公司向原告公开赔礼道歉及消除影响，并赔偿因侵权造成的经济损失。

天津市第二中级人民法院经审理查明，中国音乐著作权协会系以集体管理的方式代表音乐著作权人行使权利的非营利性机构，从事著作权集体管理活动。根据其与香港作词家、作曲家协会签订的《相互代表协议》，中国音乐著作权协会有权在中国大陆范围内享有香港作词家、作曲家协会所管理的音乐作品的公开表演权的专有权，根据《著作权法》第8条的规定有权对侵权行为以自己的名义提起法律诉讼。[1]本案中天津滚石文化发展有限公司未经许可举办演唱会的行为，侵犯了中国音乐著作权协会所代表的香港作词家、作曲家协会会

---

〔1〕 本章以下有关中国音乐著作权协会的资料如无特别注明均源于该协会的网站，网址为：http：//www. mcsc. com. cn/index. htm.

员音乐作品的公开表演权。同时，该公司的行为侵犯了中国音乐著作权协会所享有的涉诉音乐作品的专有权，必将使得原告所代表的著作权人的合法权益受到侵害。对此天津滚石文化发展有限公司应当承担赔礼道歉、消除影响并赔偿相关经济损失的法律责任。

（二）本案所涉及的知识点

1.《著作权法》第8条规定的“著作权人和与著作权有关的权利人”是否包括境外权利人或通过权利人授权的境外集体管理组织。

2. 著作权集体管理组织的相互代表。

3. 著作权集体管理组织的法律地位。

（三）我国现行法中的相关规定

2001年《著作权法》第8条：著作权人和与著作权有关的权利人可以授权著作权集体管理组织行使著作权或者与著作权有关的权利。著作权集体管理组织被授权后，可以以自己的名义为著作权人和与著作权有关的权利人主张权利，并可以作为当事人进行涉及著作权或者与著作权有关的权利的诉讼、仲裁活动。

著作权集体管理组织是非营利性组织，其设立方式、权利义务、著作权许可使用费的收取和分配，以及对其监督和管理等由国务院另行规定。

《著作权集体管理条例》第22条：外国人、无国籍人可以通过与中国的著作权集体管理组织订立相互代表协议的境外同类组织，授权中国的著作权集体管理组织管理其依法在中国境内享有的著作权或者与著作权有关的权利。

（四）双方意见以及法院判决结果

2003年6月，天津滚石文化发展有限公司不服天津市第二中级人民法院判决，向天津市高级人民法院提起上诉。

上诉人认为：中国音乐著作权协会与香港作词家、作曲家协会签订的《相互代表合同》是以相互代表处理著作权许可事宜为目的的协议，根据合同目的和约定的内容，应认定“相互代表”是该合同的主要意思表示，所签合同应认定为代理合同，中国音乐著作权协会主张香港作词家、作曲家协会的权利应以被代理人香港作词家、作曲家协会的名义起诉。

同时上诉人还认为，《著作权法》第8条规定的著作权人和与著作权有关的权利人是指加入同一著作权集体管理组织的成员，而本案中中国音乐著作权协会和香港作词家、作曲家协会是两个相互独立的著作权集体管理组织，它们之间的关系不应适用《著作权法》第8条的规定。中国音乐著作权协会据此以自己的名义代表香港作词家、作曲家协会的会员向法院起诉，不符合《著作权法》第8条第1款的规定。中国音乐著作权协会不是适格的权利主体。

中国音乐著作权协会要求驳回上诉，维持原判。

天津市高级人民法院经审理后，支持了天津滚石文化发展有限公司的上诉理由，裁定驳回中国音乐著作权协会的诉讼请求。中国音乐著作权协会对上述民事裁定不服，于2004年向最高人民法院申诉。最高人民法院函告天津高院再审。天津高院复查后以同样的理由驳回了中国音乐著作权协会的再审申请。

（五）对本案的法理分析

本案主要涉及以下几个法律问题。

第一，对我国2001年《著作权法》第8条的解释问题，即该条规定中的“著作权人和与著作权有关的权利人”是否可以包括境外权利人或通过权利人授权的境外集体管理组织？

二审法院的答案显然是否定的。天津市高级人民法院认为，此条规定是指加入同一著作权集体管理组织的成员。本案中中国音乐著作权协会和未参与诉讼的香港作词家、作曲家协会是两个各自独立的著作权集体管理组织，两者间的关系不应适用该条规定。

但是笔者不赞同二审法院对我国《著作权法》第8条的理解。根据我国《著作权法》和《著作权法实施条例》中的相关规定，著作权的主体包括原始主体和继受主体两大类。继受主体就是指通过受让、继承、受赠或法律规定的其他方式取得著作权的自然人、法人或其他组织。[1] 香港作词家、作曲家协会入会合同第2条约定：让与

〔1〕 曲三强．知识产权法原理［M］．北京：中国检察出版社，2004：108.

人（权利人）在此将目前属其所有或今后在其继续保持该协会会员资格期间属其所有的全部表演权在全世界范围内让与协会。可见，香港作词家、作曲家协会是通过与音乐作品著作权人签订转让合同取得著作权的独立民事主体，应该被视为《著作权法》第 8 条所称的“著作权人和与著作权有关的权利人”。

第二，中国音乐著作权协会能否根据与香港作词家、作曲家协会签订的《相互代表协议》直接提起诉讼的问题。

早在 1996 年的“中国音乐著作权协会诉上海市演出公司等著作权使用费纠纷案”中，我国司法实践就出现了中国音乐著作权协会依据与香港作词家、作曲家协会签订的《相互代表协议》，以自己的名义对侵权方提起诉讼的案例。该案的一审法院认定了中国音乐著作权协会的诉讼主体资格，并判定中国音乐著作权协会胜诉。尽管二审中在双方达成的调解协议中降低了赔偿额，但是被告对中国音乐著作权协会的诉讼主体资格始终没有提出异议。这也是确认中国的著作权集体管理组织通过与境外同类组织签订的相互代表协议的方式具备诉讼主体资格的第一个司法判例。

国务院于 1992 年我国加入《伯尔尼公约》后颁布的《实施国际著作权条约的规定》第 16 条规定：使用外国人的复制权、表演权、广播权，……有集体管理组织的，应当事先取得该组织的授权。2005 年 3 月 1 日生效的我国《著作权集体管理条例》第 22 条也规定了外国人和无国籍人可以通过其在当地参加的著作权集体管理组织和中国的相应的集体管理组织签订相互代表协议行使其权利，包括进行诉讼和仲裁的权利。由此可见，外国人在中国境内行使著作权，特别是表演权等小权利时，一般应通过其在当地参加的集体管理组织和中国境内的集体管理组织签订相互代表协议的方式由中国的集体管理组织代为行使，包括对侵犯著作权人权益的行为提起法律诉讼。〔1〕这种规

〔1〕著作权可以分为大权利和小权利，大权利多靠作者和经纪人直接行使，比如戏剧上演，图书出版等。小权利的特点是作品使用量大、即时零散。因此，有的国家规定，集体管理组织实行强制代理。但大多数国家仍由集体管理组织与著作权人通过签订著作权转让合同或者信托合同的方式进行管理。

定也符合 TRIPs 协议给予著作权人国民待遇的基本原则。

（六）本案启示

不同的法律制度往往会产生不同法律形态的著作权集体管理组织，历史的发展也会使传统的法律形态发生变化。目前从世界范围来看，大体上有两种类型的著作权集体管理组织：一种是民间性的私人团体；另一种是官方或半官方的机构。建立公立的还是私立的管理组织，取决于有关国家的历史传统和政经状况。与英美法系国家的著作权集体管理组织通常依据公司法建立不同，我国的著作权集体管理组织带有半官方机构的色彩，它在诉讼中的法律地位需由法律特别规定。

国际作者、作曲者协会联合会（CISAC）为在全球范围内更好地保护著作权人的合法权益，制作了各协会之间相互代表协议的示范文本。该文本规定两个国家或地区的著作权集体管理组织通过签订相互代表协议，在各自的区域内代表对方以自己的名义在本国或地区范围内管理对方权利人的权利，包括对侵权行为提起法律诉讼。本案中，中国音乐著作权协会依据与境外的著作权集体管理组织签订的相互代表协议代表境外权利人向我国法院提起的诉讼，法院理当受理。

国家版权局于 2004 年 3 月给最高人民法院的《关于对境外著作权集体管理组织诉讼主体资格问题的复函》中也表明了同样意见：我国对境外法律中介服务组织在华设立机构和开展业务活动设立了市场准入门槛。著作权集体管理组织属于法律中介服务组织，境外著作权集体管理组织在我国开展业务活动（包括进行诉讼）必须符合我国的市场准入条件。目前，我国政府未向任何国家和地区作出开放著作权集体管理组织来华开展业务活动（包括法律诉讼）的承诺。如果中国的著作权集体管理组织不能依据与境外的同类组织签订的相互代表协议向法院提起诉讼，而境外的著作权集体管理组织又不可能直接在中国开展集体管理活动（包括诉讼），那么境外的集体管理组织所代表的权利人的权利在中国被侵犯时就不能得到保护。这不仅和中国参加的国际公约相违背，也将使中国音乐著作权协会已经与海外四

"本身违法原则"的本意是在解释《谢尔曼法》反对限制贸易的契约、共谋和联合的禁令时，法院曾经认为某些协议或行为具有如此明显的反竞争性而且通常缺乏任何足以弥补缺陷的长处，以至于它们不必用通常适用于《谢尔曼法》案例中的合理性原则进行进一步的审查就被决定性地假定为非法。[1] 本身违法原则是提高反垄断执法效率的有效工具。

但是本案中不能适用"本身违法原则"，因为美国最高法院认为尽管集体管理在字面上的确有固定价格之意，即权利人结合成某种组织来确定出售的总许可证的价格。但是此案中面临的并不是一个简单地确定两个或更多的竞争者是否确实固定了某种价格的问题。当两个伙伴确定它们的商品或者服务的价格时，按照字面的意义它们是"固定价格"，但是在先例中这通常并不构成《谢尔曼法》意义上的本身违法行为。[2] 文意解释进路往往会因为过于单一而超越了其边界。所以，描绘被质疑的行为的特征以确定它们是否属于"本身违法的固定价格"行为的类型就是必要的。通常只有在对特定商业关系有了相当的经验性考量之后法院才能把它们归类为本身违法行为。[3] 历史上司法部曾经对 ASCAP 等著作权集体管理组织进行过相当彻底的反垄断调查，但是审查的结果是建议法院勿将总许可证判定为本身违法行为。

（六）本案启示

当前我国最为活跃的著作权集体管理组织中国音乐著作权协会（以下简称音著协）也处于音乐表演权领域。至 2002 年，音著协已跻身于全球音乐著作权集体管理组织 50 强之列。然而随着以音著协为代表的我国著作权集体管理组织的蓬勃发展，著作权集体管理组织

---

[1] National Society of Professional Engineers v. United States, 435 U. S. 679, 692 (1978).

[2] United States v. Addyston Pipe, Steel Co., 85 F. 271, 280 (CA6 1898), aff'd, 175 U. S. 211 (1899).

[3] United States v. Topco Associates, Inc., 405 U. S. 596, 607-608 (1972).

与作品使用者特别是一些需要频繁而大量的使用作品的公司之间的矛盾愈发尖锐起来。笔者认为，鉴于以下几点原因，我国应当加强规制著作权集体管理组织垄断行为方面的研究。

首先，我国的著作权集体管理组织的设立模式更易于引发垄断问题。当今世界各国著作权集体管理组织的产生模式大致有两种：一种以美国等国为代表，美国政府并不强制规定某一领域只能存在一家集体管理组织，所以美国有多家著作权集体管理组织，其中仅音乐表演权的集体管理组织就有三家。另外一种是为德国、荷兰等国所采取的模式，即政府对著作权集体管理组织的成立加以严格限制，一般某一领域仅允许存在一家集体管理组织。我国属于后一种模式，而且我国的著作权集体管理组织均在政府行政主管部门的主导下加以设立，〔1〕这一点与德国、法国等国的著作权集体管理组织是先自发产生然后由政府承认其地位迥异。显然，我国这种产生著作权集体管理组织的模式具有浓厚的垄断意味，更易于产生著作权集体管理组织滥用其优势地位，忽视权利人利益或者不合理地压迫利用人的现象。

其次，我国的著作权集体管理组织的性质更易于引发垄断问题。我国的著作权行政主管部门与集体管理组织之间已经远非仅有寻常的“业务联系”，如音著协会在各地办事处的首席代表都由当地版权局版权处或版权代理公司经理或者副经理担任。一方面具有浓厚的行政色彩，另一方面法律上我国的著作权集体管理组织又均为非营利性社团法人。而实际上它们又都实行企业化的运营方式，这使得国家易于忽视用反垄断法等经济法规规范该类组织运作的必要性。〔2〕反观美国等国，著作权集体管理组织可以采用有限责任公司的方式设立和管

〔1〕 王德利．对我国著作权集体管理制度的几点思考［J］．中州大学学报，2003（2）：21.

〔2〕 如“音著协”的会员指南中就规定该协会是非营利性的社团法人，但是实行企业化的运营方式，协会扣除所收取使用许可费的20%用于协会的日常工作支出。协会所有的职能活动都由国家版权局监督和指导。

理，其活动被视为商业性活动。因此美国著作权集体管理组织的活动不仅受到了司法部等行政部门的监控，还要受反垄断法和公司法等经济法规的规范。

最后，我国反垄断立法的缺失也容易诱发著作权集体管理组织的垄断行为。迄今为止我国人大尚未通过《反垄断法》，有关反垄断的法律规范主要集中在《反不正当竞争法》及一些相关的行政法规和部门规章中。这些法律法规限于时代背景和立法体例，缺乏系统性和全面性；对与著作权集体管理有关的反垄断问题则全然没有涉及。这与美国以《谢尔曼法》和《克莱顿法》等制定法为核心，以众多的判例法为补充形成的极其严密细致的反垄断法规范体系形成了鲜明的对比。在这种法制环境下，我国的著作权集体管理组织显然更易滥用其垄断地位以牟取不正当的利益。

笔者认为，在建立我国的反垄断法体系，完善与著作权集体管理有关的法律规范的过程中，美国的司法实践值得借鉴：

第一，在适用反垄断法的过程中注重不同行业的特点和区别，不搞一刀切。特别是将某些行为直接归类为违反反垄断法的行为时要十分慎重。

美国法院认为“只有经过对特定商业关系的考察，法院才把它们归类为《谢尔曼法》下的本身违法行为”，〔1〕因此在适用反垄断法时特别注意对行业特点和规律的调研工作。例如在 CBS 诉 ASCAP 和 BMI 案中，美国司法部和地区法院就是通过对 ASCAP 和 BMI 以及它们的许可行为的反垄断调查，发现在音乐表演权行业中个别的版权交易、监督和执行的成本非常昂贵；特别是从单个作曲家的角度来看更是如此。在这种环境下著作权集体管理组织的应运而生自有其必要性和合理性。最后美国最高法院也正是依据音乐表演权市场的特点作出了总许可证不是应该自动受到《谢尔曼法》惩罚的固定价格行为，而应当用合理原则仔细评估其合法性的终审判决。

第二，在适用反垄断法规制著作权集体管理行为时注重经济分析

---

〔1〕 United States v. Topco Associates, Inc., 405 U.S. 596, 607-608.

方法的运用，将审查的焦点集中在该行为产生的社会效果上。某种明显具有反竞争性的行为只要同时具有可弥补其缺陷的优点，而且从总体上看有利于促进创新和社会进步，就可以有条件的受到反垄断法的豁免。

虽然表面上看著作权集体管理组织将著作权直接交易变成间接交易，加大了交易成本，但是如果著作权集体管理组织能够高效运行，给权利人带来的经济利益并不亚于直接交易。〔1〕美国最高法院在判断总许可证的合法性时就首先肯定了它具有在实质上降低价格的作用，而这对销售者和购买者都有利。市场化的批量交易带来的成本优势以及方便、快捷等其他优点，都使得使总许可与个别许可相区别并获得其存在价值。因此尽管著作权集体管理组织在某些方面限制了竞争，从总体上看其作用仍是积极的。

第三，在从总体上认可著作权集体管理组织许可行为的合法性的同时，注意用反垄断法对某些许可方式（特别是总许可证这种一揽子许可方式）加以严格限制。

集体管理给为数众多的作者和版权使用者提供了一种可接受的市场交易机制，在降低版权交易和版权侵权监督成本，促进版权权利人的利益充分迅捷的实现方面具有不可替代的优越性。但是集体管理组织进行的一揽子许可活动中潜在的垄断危害也不容忽视。在美国正是通过反垄断法及相关判例施加了多种限制性条件，才从外部遏制了集体管理组织自身固有的垄断性的发展空间；〔2〕使其发放的总许可证不至于逾越反垄断法的边界，成为竞争者之间非法固定价格的横向协议。

随着网络的出现和发展，集体管理组织在版权交易和实现版权权

---

〔1〕 李明德，许超．著作权法［M］．北京：法律出版社，2003：200.

〔2〕 上文提到的美国诉 ASCAP 案的判决中法院对集体管理组织施加的限制值得我国借鉴。笔者认为其中最重要的一条就是 ASCAP 的成员只可以授予 ASCAP 许可公开表演他们的作品的非排他性权利，而成员自身保留单独地许可公开表演以及为其他目的使用他们作品的权利。这保障了使用者以其他方式获得版权许可的可能性。

利人利益的过程中将发挥越来越重要的作用。[1] 因此，应当在借鉴美国等反垄断法制成熟国家之经验的基础上，在我国未来的《反垄断法》中进一步明确相关规定。

（七）思考题

如何更有效的规制著作权集体管理组织的固定价格行为？

第二节　我国著作权集体管理组织的职能和完善

本节要点

1. 背景音乐收费的法律性质

背景音乐收费不是行政性收费。在法律上，这种费用叫做音乐作品著作权许可使用费。著作权集体管理组织，是为权利人的利益依法设立，对权利人的著作权或者与著作权有关的权利进行集体管理的社会团体；其权利的产生来源于著作权人的委托。如果商家使用了著作权人的作品而拒不付费，著作权集体管理组织只能依据民事诉讼的法律程序提起诉讼，而不是给予“行政处罚”。

由于著作权集体管理组织的收费依据是民事法规而非行政性收费，所以这也不需要物价部门批准。背景音乐收费实际上是使用者应当向著作权人支付的报酬。目前中国音乐著作权协会公布的收费标准对商场使用背景音乐一般按营业面积收费。

2. 著作权集体管理组织的收费标准

由于对艺术品或是智力劳动成果本身是难以精确定价的，著作权集体管理组织运行中最容易引发争议的往往是它的收费标准。著作权集体管理组织的收费标准要本着公平合理的原则由当事人双方经协商确定。在协商不成的情况下，再寻求司法救济。即使著作权集体管理组织的单方收费标准已经为行政主管部门所批准，在司法实践中也不

〔1〕 刘丽娟．网络时代亟需版权的集体管理［M］//张平．网络法律评论：第1卷．北京：法律出版社，2001：109.

能简单地适用该规定来约束被许可人，这从根本上是由著作权的私权性质所决定的。

一、著作权集体管理组织的诉讼主体资格

【案例 43】中国音乐著作权协会诉东方歌舞团案

（一）案情简介

2000 年 10 月 7 日，北京市朝阳区人民法院受理了中国音乐著作权协会（原告，被上诉人）状告东方歌舞团（被告，上诉人）演出侵权一案。

1999 年 8 月 2 日，东方歌舞团在北京世纪剧院主办了《东方之花》歌舞晚会。在晚会演出中，东方歌舞团使用了歌曲作品《乡恋》，没有向该作品的权利人支付作品使用费。该作品由词、曲两部分组成，其中的曲作者张丕基已经将歌曲《乡恋》的曲谱授权中国音乐著作权协会（以下简称音著协）以信托的方式管理。音著协认为东方歌舞团在其主办的晚会中使用其会员的作品而不支付报酬的行为侵害了其会员的合法权益，于是自 1999 年 8 月 5 日起将相关文件发往该团，要求东方歌舞团履行法定义务，支付著作权使用费。但是经过多次交涉，东方歌舞团始终不给予明确答复。

为充分维护著作权人的合法权益，音著协于 2000 年 10 月 3 日向北京市朝阳区人民法院提起诉讼，要求东方歌舞团支付歌曲《乡恋》的作品使用费。

一审法院经审理查明：1993 年 3 月 12 日，张丕基与音著协签订音乐著作权合同。合同约定：张丕基同意将音乐作品的公开表演权、广播权和录制发行权授予音著协以信托的方式管理；张丕基保证享有授权音著协管理的权利；音著协对张丕基权利的管理，指同音乐作品使用者商谈使用条件并按音乐作品使用情况向张丕基分配使用费，上述管理活动以音著协的名义进行；张丕基应将授权音著协管理的音乐作品向音著协登记，并为此填写由音著协提供的作品登记表；音著协为有效管理张丕基授予的权利，有权以自己的名义向侵权者提起诉讼，双方另有约定的除外；合同有效期为 3 年，至期满前 60 天张丕

基未提出书面异议，本合同自动续展3年，之后亦照此办理；合同中所称的音乐作品指张丕基现有和今后将有的作品；合同自双方签字之日起生效。诉讼中，张丕基出具证明，认可与音著协签订的合同续展至今。

东方歌舞团为参加文化部举办的评比展演活动，1999年8月在世纪剧场承办《东方之花》晚会。东方歌舞团共获取两场晚会票房收入119733.33元。在该两场晚会上，东方歌舞团使用了张丕基作为曲作者的作品《乡恋》。

（二）本案所涉及的知识点

1. 著作权集体管理组织的诉讼主体资格。

2. 2001年《著作权法》修改前，应当由表演者而非组织者承担付费义务。

（三）我国现行法中的相关规定

1990年《著作权法》第13条：两人以上合作创作的作品，著作权由合作作者共同享有。没有参加创作的人，不能成为合作作者。

合作作品可以分割使用的，作者对各自创作的部分可以单独享有著作权，但行使著作权时不得侵犯合作作品整体的著作权。

1990年《著作权法》第35条第2款：表演者（演员、演出单位）使用他人已发表的作品进行营业性演出，可以不经著作权人许可，但应当按照规定支付报酬；著作权人声明不许使用的不得使用。表演者使用改编、翻译、注释、整理已有作品而产生的作品进行营业性演出，应当按照规定向改编、翻译、注释、整理作品的著作权人和原作品的著作权人支付报酬。

《民事诉讼法》第108条：起诉必须符合下列条件：（一）原告是与本案有直接利害关系的公民、法人和其他组织……

《民事诉讼法》第119条：必须共同进行诉讼的当事人没有参加诉讼的，人民法院应当通知其参加诉讼。

（四）双方意见以及法院判决结果

原告认为：东方歌舞团在1999年8月2日、3日主办的《东方之花》歌舞晚会的演出中，使用了中国音乐著作权协会管理的曲作家张丕基的作品《乡恋》，侵犯了作者的获得报酬权。故该协会起诉要求东方歌舞团支付著作权使用费2510元。

被告东方歌舞团辩称其无法知道音著协依何收取费用，也不知道哪些作品为音著协管理的作品，音著协未向东方歌舞团出示过委托信托合同，而且东方歌舞团不是《东方之花》晚会的组织者，故不同意音著协的诉讼请求。

一审法院经审理后认为：张丕基出证认可与音著协签订的音乐著作权合同续展至今，故音著协依据该合同主张张丕基作品的获得报酬的权利合法有效。虽然该合同中约定："张丕基应将授权音著协管理的音乐作品向音著协登记"，但并不限制音著协主张张丕基作品的获得报酬权。东方歌舞团在晚会中使用了《乡恋》这一作品，就应向音著协支付相应的使用费。尽管晚会是依据文化部下达的通知举办的，但东方歌舞团是该台晚会的具体组织者，且东方歌舞团通过承办该台晚会获取了相应的票款收入，东方歌舞团应向张丕基托管的音著协支付使用费380.96元。

东方歌舞团不服一审判决，提出上诉。二审法院经审理，认为音著协依据与作者签订的音乐著作权合同向东方歌舞团主张权利，应予支持。在二审期间，东方歌舞团同意就所使用的歌曲作品《乡恋》向音著协支付相应的使用费，但认为原审法院计算使用费数额错误，也未能与音著协就使用费数额问题达成一致。二审法院依据国家版权局发布的《演出法定许可付酬标准暂行规定》，确定了东方歌舞团应支付的作品使用费。由于一审法院未查明《东方之花》晚会演出曲目数量，且将被使用作品《乡恋》的使用费全部确定给曲作者张丕基一人，导致所判定的给付张丕基作品使用费数额有误。故二审法院依法改判东方歌舞团给付音著协作品使用费174.60元。

（五）对本案的法理分析

本案主要涉及诉讼主体是否适格的问题。有可能成为原告的当事人有音著协、歌曲《乡恋》的曲作者张丕基和词作者马靖华三方。下面笔者将逐一分析他们的诉讼地位。

1. 音著协是否为本案适格的原告

在东方歌舞团主办的歌舞晚会之中，表演者使用了歌曲《乡恋》

而未支付报酬，侵犯了该作品著作权人的获得报酬权。而该作品由词和曲两部分组成，属于曲作者张丕基和词作者马靖华的合作作品。其著作权应当由合作作者共同享有。所以，表演者不支付《乡恋》的使用费同时侵犯了合作作者的合法权益。

如果著作权仅由作者本人行使的话，两位作者中的任意一人都有权对侵权者提起诉讼以维护其合法权益。但是著作权的重要利用方式之一就是经济权利可以作为信托的对象。〔1〕著作权信托关系的构成，一般要求有：(1) 委托人。(2) 受托人。(3) 受益人或信托目的。(4) 设定信托的意思表示。(5) 信托财产。其中信托财产是信托关系的基础，无信托财产则无信托关系。信托财产一般须进行登记。

在此次诉讼发生之前，张丕基已经以书面的方式与音著协签订了著作权信托合同，委托音著协以信托的方式管理包括歌曲《乡恋》曲谱在内的所有自己的作品。虽然本案发生时信托合同表面上已经超过了有效期，但是根据其中的自动续展条款和张丕基后来的追认，应当认定信托关系仍有效存在。此外，张丕基虽未就《乡恋》向音著协填写作品登记表，但双方合同约定张丕基现有和今后将有的作品均授权音著协进行管理，而这种“一揽子”授权的方式正是著作权信托的主要特色，所以《乡恋》曲谱在张丕基授权音著协管理的范围之内应无疑义。

既然张丕基与音著协之间的著作权信托关系有效成立，《乡恋》曲谱的著作权又在信托财产之列；当侵权行为发生时，音著协自然可以自己的名义向侵权者提起诉讼。音著协成为本案的原告是顺理成章之事。

2. 张丕基和马靖华之中谁应当成为本案的原告

张丕基与音著协之间既然为信托关系，那么，当他委托音著协管

---

〔1〕 著作权信托是指著作权人通过转让或其他处分方式将著作权托付给受托人，受托人以自己的名义按照一定的目的对著作权进行管理或者进行其他处分行为，信托人按照约定的标准收取报酬。

理的权利受到侵害后，只有在以下两种情况下才应自己提起诉讼：一是著作权人的著作权受到侵害而音著协未提起诉讼；二是权利人认为有必要的其他情况，这主要是指音著协与作品的使用人恶意串通损害著作权人利益以及其他可能损害著作权人合法权益的行为。[1] 而在本案中，音著协在张丕基的合法权益受到侵害后，已经及时提起诉讼；同时音著协也没有任何其他损害张丕基合法权益的行为。因此，张丕基的原告资格已基于信托合同的约定转由音著协行使，他已无必要成为原告。

《乡恋》是张丕基和马靖华的合作作品，而合作作品的著作权由合作作者共同享有。尽管张丕基已无必要参加诉讼，但马靖华并未与音著协建立信托关系，因此音著协并不能代表他参加诉讼。

笔者认为，基于诉讼标的共同性（歌曲《乡恋》为一部完整的作品），依据民事诉讼法学的理论，本案属于固有的必要共同诉讼。固有的必要共同诉讼是一种不可分之诉，即共同诉讼人必须一同参加诉讼。根据《最高人民法院关于适用〈中华人民共和国民事诉讼法〉若干意见》第57、58条的相关规定：必须共同进行诉讼的当事人没有参加诉讼的，人民法院应当通知其参加。应当追加的原告，明确表示放弃实体权利的，可不予追加；既不愿意参加诉讼，又不放弃实体权利的，仍追加为共同原告。其不参加诉讼，不影响人民法院对案件的审理和依法作出判决。既然本案属于必要的共同诉讼，作为歌曲《乡恋》词作者的马靖华除非已经明确表示放弃实体权利，是必须参加诉讼的；否则法院应追加其为共同原告之一。所以，本案原告应当为音著协和马靖华。法院只将音著协作为本案的原告，而未将马靖华

[1] 《最高人民法院民事审判庭关于中国音乐著作权协会与音乐著作权人之间几个法律问题的复函》第2条：根据民法通则、著作权法、民事诉讼法以及双方订立的合同，音乐著作权人将其音乐作品的部分著作权委托音乐著作权协会管理后，音乐著作权协会可以自己的名义对音乐著作权人委托的权利进行管理。发生纠纷时，根据合同在委托权限范围内有权以自己的名义提起诉讼。但音乐著作权人在其著作权受到侵害而音乐著作权协会未提起诉讼或者权利人认为有必要等情况下，依法仍有权提起诉讼。

追加为共同原告的做法是不恰当的。

（六）本案启示

本案中，法院不仅未依法追加马靖华为原告，而且对被告的确认方面也存在偏差。法院判决东方歌舞团承担责任的重要理由是东方歌舞团是晚会《东方之花》的具体组织者，并从中获得了不菲的票房收入，所以东方歌舞团应向作品的权利人支付报酬。

但应当注意，本案发生于1999年〔1〕，根据我国2001年《著作权法》第59条第2款的规定，即“本法施行前发生的侵权或者违约行为，依照侵权或者违约行为发生时的有关规定和政策处理”，法院应依据1990年《著作权法》审理此案。但1990年《著作权法》第35条第2款明确指出了演出者（演员、演出单位）应为其营业性的演出支付报酬，并没有规定演出组织者应当为演员使用作品而支付作品使用费。同时1991年《著作权法实施条例》第45条也规定：依照著作权法第35条的规定，表演者应当通过演出组织者向著作权人支付报酬。可见，支付作品使用费的义务主体是表演者，演出组织者只是表演者可通过其向著作权人支付报酬的媒介，本身并没有向著作权人或者替表演者向著作权人支付作品使用费的义务。虽然国家版权局制定的《演出法定许可付酬标准暂行规定》规定了演出组织者应当向著作权人支付作品使用费的义务，但是该规定显然与上述《著作权法》和《著作权法实施条例》中的规定相抵触。按照上位法优于下位法的原则，法院在审判的过程中应不予适用。〔2〕由于当时实行的《著作权法》和《著作权法实施条例》都没有规定演出组织者有为其营业性演出向著作权人支付报酬的规定，却明确地规定了在上述情况下表演者（演员、演出单位）的付酬义务。所以，本案的被告应当是使用歌曲《乡恋》的表演者，而非演出组织者——东方歌

〔1〕此案是在2000年10月起诉的，终审于2001年5月。

〔2〕我国2001年《著作权法》第36条第1款的规定：使用他人作品演出，表演者（演员、演出组织者）应当取得著作权人许可，并支付报酬。演出组织者组织演出，由该组织者取得著作权人的许可，并支付报酬。

舞团。[1] 当然，如果在晚会中使用歌曲《乡恋》的演员是代表东方歌舞团参加表演的，此时东方歌舞团将以表演者（演出单位）的身份成为被告。

（七）思考题

表演者和演出组织者中应当由谁承担付费义务更为合理？

二、我国著作权集体管理组织的完善

【案例 44】中国音乐著作权协会诉北京东安集团长安商场案

（一）案情简介

2003 年初，中国音乐著作权协会（以下简称音著协）发现北京东安集团长安商场（以下简称长安商场）大量播放自己管理的音乐作品。2003 年 4 月，音著协向长安商场指出其未经著作权人允许，长期以播放背景音乐的形式使用音乐作品，严重侵犯了著作权人的作品使用权。音著协要求协商解决，但遭到了长安商场的拒绝。于是中国音乐著作权协会以商场背景音乐侵犯著作权为由，起诉北京东安集团长安商场，要求长安商场停止播放背景音乐并赔偿经济损失。2003 年 11 月 10 日，北京市第一中级人民法院正式立案受理了这起全国首例因背景音乐使用而侵犯音乐作品著作权的案件。

（二）本案所涉及的知识点

1. 著作权集体管理组织对背景音乐著作权的保护。

2. 著作权集体管理组织自身的完善。

（三）我国现行法中的相关规定

2001 年《著作权法》第 10 条：著作权包括下列人身权和财产权：……（九）表演权，即公开表演作品，以及用各种手段公开播送作品的表演的权利……（十一）广播权，即以无线方式公开广播或者传播作品，以有线传播或者转播的方式向公众传播广播的作品，以及通过扩音器或者其他传送符号、声音、图像的类似工具向公众传

---

[1] 林海涛．评音著协诉东方歌舞团案[EB/OL]. http://www.netlawcn.com/second/content.asp? no=620.

播广播的作品的权利……

著作权人可以许可他人行使前款第（5）项至第（17）项规定的权利，并依照约定或者本法有关规定获得报酬。

《保护文学艺术作品伯尔尼公约》第11条第1款规定："戏剧作品、音乐戏剧作品和音乐作品的作者享有下列专有权利：（1）授权公开演奏和公演其作品，包括用各种手段和方式公开演奏和公演；（2）授权用各种手段公开播送其作品的表演和演奏。"

（四）双方意见以及法院判决结果

原告音著协诉称：《著作权法》规定使用他人作品进行表演，应当事先取得著作权人的许可并支付报酬。作为一家大型商场，被告长安商场长年使用该会管理的音乐作品，却拒绝支付报酬。音著协北京办事处工作人员多次与长安商场协商，均未解决问题。2003年4月，音著协的律师向其发出律师函再次交涉，仍未果。为推进背景音乐的收费工作，维护会员的合法权益，该协会在北京市公证处人员的配合下对长安商场进行了多次现场取证后起诉。要求被告长安商场未经许可不得在其经营场地播放该会管理的音乐作品，支付侵权赔偿金人民币215900元，为制止侵权而产生的合理支出人民币12200元，并承担本案的诉讼费。

被告长安商场辩称：首先，音著协与音乐作品著作权人之间订立的委托合同对第三人没有约束力；其次，音著协是一个民间组织，无权向被告收取费用；再次，音著协主张的收费依据是其单方制定的《表演权收费标准》，对被告没有强制约束力，而且被告并没有因为这些音乐作品而营利，只是提供给公众精神享受，真正的受益人并不是被告；最后，作为大型商场企业，播放的音乐都是已经发表的作品，没有违背著作权人创作音乐服务大众的初衷，在一定程度上还负载了某种文化信息的传播与社会文明的宣传功能，因此严格限制音乐的商业行为会削弱文化传播的功能。

在诉讼中，原告音著协以原、被告双方同意协商解决本争议为由向法院书面申请撤回对被告的起诉。北京市第一中级人民法院准予原告撤诉。案件受理费5932元，减半收取2966元，由原告音著协负担。

（五）对本案的法理分析

本案主要涉及以下几个法律问题。

第一，长安商场将已经公开发表的作品作为背景音乐播放侵犯了何种著作权?

播放“背景音乐”，是指在公共场所，特别在饭店、歌舞厅、商场、餐厅等商业场所通过扬声器、录音机、CD 机、电视机等机械设备公开再现音乐作品的行为。长安商场对背景音乐的使用构成了对著作权人的机械表演权的侵害。表演是指人或借助技术设备以表情、声音、动作等来公开再现作品的内容。表演包括两类情况，一是现场表演又称活表演，即由演员直接向公众的现场表演。二是机械表演，即借助技术设备向公众再现作品。表演权是指著作权人对作品自行表演，或授权他人表演的权利。本案中商场对背景音乐的使用实质上是一种机械表演。

《伯尔尼公约》等著作权国际公约中早已规定机械表演同样属于表演，发达国家的著作权法中也不乏类似规定。如德国著作权法规定，表演权是通过个人表述公开表达音乐著作或以戏剧形式公开演出著作的权利，还包括个人表述场所之外通过银幕，扩音器或类似技术设备使公众感知到表演的权利。法国著作权法规定，属于作者的使用权包括表演权和复制权，其中，表演权即以任何方式向公众传播作品的权利。我国 1990 年《著作权法》规定的表演权仅包括现场表演而无机械表演。这与著作权保护国际化的潮流不相适应。1992 年我国正式加入《伯尔尼公约》后，国务院制定了《实施国际著作权条约的规定》，其中首次规定对外国作品的机械表演权进行保护。2001 年，我国修改《著作权法》时即增加了机械表演权。第 10 条中的“用各种手段公开播送作品的表演”即指机械表演。目前，虽然对表演者的机械表演权保护在我国尚有争议，但是我国著作权法保护著作权人的机械表演权已成定论。

所以在本案中，依照我国 2001 年《著作权法》第 10 条和《伯尔尼公约》第 11 条中的相关规定，长安商场无偿使用他人享有著作权的音乐作品，显然侵犯了著作权人的机械表演权。

第二，商场对背景音乐的使用是否属于合理使用？

长安商场的机械表演并不构成合理使用。我国2001年《著作权法》第22条关于合理使用的第9项规定“免费表演已经发表的作品，该表演未向公众收取费用，也未向表演者支付报酬”的情况下，可以不经著作权人许可，不向其支付报酬。然而本案中长安商场并非没有营利目的，只是这种对背景音乐的使用对商场营利起到的作用是潜在的、辅助型的。有关研究显示，当普通人在商场或者酒店消费的时候，那里所播放的背景音乐会在人们不自觉的情况下，渗透进他们的大脑皮层，使其感觉到兴奋、愉悦，获得放松。这就是商家所获得的无形的利益，多年来它们一直享受这种“免费的午餐”。〔1〕因此这种情况不能适用合理使用的有关规定。退一步说，参照《国家版权局关于著作权法实施条例第五条中表演的具体应用问题的解释》，即使长安商场对背景音乐的使用毫无营利目的，也同样应当征得许可并支付相应的报酬。〔2〕

根据2001年《著作权法》第47条第1项规定，未经著作权人许可，复制、发行、表演、放映、广播、汇编、通过信息网络向公众传播其作品的，应当根据情况，承担停止侵害、消除影响、赔礼道歉、

---

〔1〕 佚名．背景音乐收费之争［EB/OL］．http：//www.cctv.com/oriental/sklx/jmnr/20021031/16.html.

〔2〕 1999年发布的《国家版权局关于著作权法实施条例第五条中表演的具体应用问题的解释》指出：著作权法实施条例第五条的“表演”，即著作权法第十条规定的“表演”，指直接或者借助技术设备公开再现受著作权法保护的作品。无论表演有无营利目的，只要是公开的，都属于著作权法所指的表演。表演的形式分为两种：第一，指直接演唱歌曲、演奏乐曲、上演剧本或朗诵诗词等形式的现场公开表演；第二，指借助技术设备公开播送、放映录音或音像制品等形式的公开表演，也称机械表演。

以机械表演的形式公开表演受著作权保护的作品，使用者应该事先取得著作权人或者著作权集体管理机构的许可，并且支付相应的报酬。著作权人或著作权集体管理机构无正当理由不得拒绝许可使用。著作权集体管理机构发放许可使用收费标准应当报国家版权局批准。

赔偿损失等民事责任。所以，原告要求被告停止播放背景音乐并赔偿经济损失是于法有据的。

（六）本案启示

本案中另一个引发争议的问题是背景音乐收费是否为行政性收费？著作权集体管理组织，是为权利人的利益依法设立，对权利人的著作权或者与著作权有关的权利进行集体管理的社会团体；其权利的产生来源于著作权人的委托。在法律上，这种费用叫做音乐作品著作权使用费。如果商家使用了著作权人的作品而拒不付费，音著协可以依据民事诉讼法提请诉讼，而不是给予“行政处罚”。所以背景音乐收费肯定不是行政性收费。

由于音著协的收费依据是民事法规而不是行政性收费，所以其也不需要物价部门批准。背景音乐收费实际上是使用者应当向著作权人支付的报酬。即使在政府定价起主导作用的时期，关于艺术品或是智力劳动成果本身也是难以精确定价的。目前音著协公布的收费标准主要是参考了我国的国情并按照国际标准来制定的，对商场使用背景音乐一般按营业面积收费。

自2000年9月国家版权局批准《使用音乐作品进行表演著作权许可使用费标准》起，中国音乐著作权协会就先后在北京、上海等地同全国数百家三星级以上宾馆、饭店和超过五千家商场签订了背景音乐使用许可协议。出于对法律的尊重，大部分商家能够认可和接受这一收费，也不会因为要收费就不再播放背景音乐，但对于收费方及收费标准的合理性，许多商家仍存有疑问。目前商家集中反映的问题是认为背景音乐收费的价格太高了，而这种价格的制定是否应该像其他行业一样也通过价格听证会等多边协商机制形成，或是通过物价部门的审核。这种现象一方面是由于现代意义上的知识产权制度存在的历史还很短，而著作权又是一种无形权利且内容复杂，所以尽管著作权人的权利在我国的著作权法中规定得很明确，大众对著作权法还是普遍缺乏了解；另一方面也是由于我国著作权集体管理组织的确存在种种不尽如人意之处。所以我国著作权集体管理组织需要进一步完善，以期早日实现内部治理机制的规范化，许可方式的便捷化，收费标准的合理化和分配方式的透明化，从而发挥更为积极的作用。

（七）思考题

著作权法对表演者的机械表演权是否应当给予保护，为什么？

三、著作权集体管理组织的收费标准

【案例 45】中国音乐著作权协会诉广州网易计算机系统有限公司、北京移动通信有限责任公司案

（一）案情简介

《血染的风采》的曲作者为苏越。1994 年 1 月 18 日，苏越与原告中国音乐著作权协会（以下简称音著协）签订合同，将该音乐作品的公开表演权、广播权和录制发行权委托音著协管理。2001 年 10 月 9 日，苏越与音著协签订了补充合同，将该音乐作品的有关互联网络的上载、下载及传输的权利也授权音著协管理。

法院经审理查明：被告广州网易计算机系统有限公司（以下简称网易公司）在其开办的 163 网站中，设有“网易短信中心”推荐服务项目，其中的“铃声传情”栏目收录了众多音乐作品，用户可选择其中的作品为移动电话的铃声下载使用。网易公司将《血染的风采》收录于该栏目的民歌曲目中时，未经苏越本人或者音著协的许可，亦未支付任何报酬。

网易公司的上述服务是通过移动通信部门提供的专用设备和技术条件进行的。移动电话用户在 163 网站中选择该服务时，首先要通过电信部门的互联网登录 163 网站，在网站的相关网页上选择所需歌曲，然后由网易公司的服务器将该歌曲编辑成二进制编码，通过互联网发送至移动通信部门的移动短信平台，并由移动短信平台发送至移动电话用户。全国各地的移动电话用户，都须通过本地区的移动通信部门实施上述下载过程。在 163 网站的页面上，有公众对每一音乐作品的点击次数的统计显示，该数字即为全国各地的移动电话用户通过移动通信部门试听或下载该音乐作品的次数。

2001 年 11 月 21 日，网易公司与北京移动通信有限责任公司（以下简称移动通信公司）签订了合作协议。双方约定：移动通信公司代网易公司收取用户下载歌曲的费用，网易公司向移动通信公司支付15%的服务费，双方以移动通信公司计费系统出账的当月应收信息费的全部金额为准。此外，移动通信公司在为网易公司提供传输音乐信息服务时，另向网易公司按每条0.05元收取不均衡通信费。

根据现有技术条件，移动通信公司提供传输音乐信息服务时，无法对所传输的音乐信息进行识别、记录和编辑等处理，亦无法将某一特定的音乐信息单独予以剔除、过滤。有关的信息在通过自动化设备进行接收、传输的过程中，无法进行人工控制。

网易公司向移动终端用户提供下载每首歌曲服务的收费标准为：普通音质的铃声1元，高保真音质的铃声2元。截至2001年11月28日，在163网站对歌曲《血染的风采》显示的点击次数为15091次。

（二）本案所涉及的知识点

1. 下载手机铃声侵犯了何种著作权。

2. 移动通信公司是否应当对手机铃声下载侵权承担责任。

3. 著作权集体管理组织的收费标准问题。

（三）我国现行法中的相关规定

2001年《著作权法》第10条：著作权包括下列人身权和财产权：……（十二）信息网络传播权，即以有线或者无线方式向公众提供作品，使公众可以在其个人选定的时间和地点获得作品的权利……

2001年《著作权法》第47条：有下列侵权行为的，应当根据情况，承担停止侵害、消除影响、赔礼道歉、赔偿损失等民事责任；同时损害公共利益的，可以由著作权行政管理部门责令停止侵权行为，没收违法所得，没收、销毁侵权复制品，并可处以罚款；情节严重的，著作权行政管理部门还可以没收主要用于制作侵权复制品的材料、工具、设备等；构成犯罪的，依法追究刑事责任：（一）未经著作权人许可，复制、发行、表演、放映、广播、汇编、通过信息网络向公众传播其作品的，本法另有规定的除外……

（四）双方意见以及法院判决结果

原告诉称：本协会受曲作者苏越委托，管理音乐作品《血染的风采》的公开表演权、广播权、录制发行权和信息网络传播权。网易公司在其所属的www.163.com网站（以下简称163网站）的“铃声传情”服务中，擅自将歌曲《血染的风采》提供给移动电话用户作为音乐振铃下载使用；移动通信公司在向移动电话用户提供有偿信息服务时，使移动电话用户可以随意下载该歌曲。二被告的上述商业性行为，构成了对《血染的风采》曲作者著作权的侵害，故请求判令：（1）二被告立即停止使用音乐作品《血染的风采》，公开赔礼道歉，共同赔偿经济损失113182.5元；（2）赔偿原告为制止侵权行为所花费的合理支出6300元。

被告网易公司辩称：原告提供的证据无法证明苏越就是《血染的风采》歌曲的著作权人。由于移动通信公司已收取一定数额的服务费和不均衡通信费，故不能以163网站中显示的歌曲点击数量作为我公司收益的根据。原告要求我公司按盈利的5倍赔偿其经济损失，没有法律依据。

被告移动通信公司辩称：我公司作为电信运营商，在移动通信服务中仅起传输渠道的作用，没有侵权的过错，原告要求我公司承担侵权责任，没有法律依据。

北京市第二中级人民法院于2002年9月20日判决如下：1. 网易公司立即停止在互联网上向公众传播歌曲《血染的风采》。2. 网易公司于本判决生效后10日内向音著协支付赔偿费1万元；公证费1300元。3. 驳回音著协的其他诉讼请求。案件受理费3900元，由音著协负担1000元，网易公司负担2900元。

宣判后，双方当事人均未提起上诉。

（五）对本案的法理分析

本案主要涉及以下几个法律问题。

1. 下载手机铃声侵犯了作者何种著作权

手机铃声最早出现于日本，后经各国手机厂商和电信运营商的大力推广，已经成为风行全球的一种新式增值服务。将音乐作品制成手机铃声以供下载是一种新的作品使用方式。根据我国2001年《著作权法》第10条规定，著作权人享有信息网络传输权，即以有线或无线的方式向公众提供作品，使公众可以在其个人选定的时间和地点获得作品的权利。

铃声下载涉及的法律主体一般有网络内容提供商、网络服务商、移动终端用户。网络内容提供商将自己制作或购买的音乐铃声上载到网站，用户通过网站发出下载铃声的请求，通过网络服务商的无线传输，下载到移动终端用户，网络服务商将代收的手机资费，扣除一定的运营费用后交到网络内容提供商。在上述铃声下载的运作过程中，网络内容提供商作为音乐作品的直接使用人和受益人，应该取得著作权人的许可，并支付使用费。移动终端用户将下载的铃声储存在自己的手机中作为电话提示音，则属于合理使用。

根据当事人的举证情况，可以认定苏越为歌曲《血染的风采》的曲作者。苏越与音著协之间已经签订了合法有效的著作权委托管理合同，双方办理的有关登记手续也真实有效。网易公司虽然对苏越与音著协之间办理的登记手续提出了质疑，但未能提供证据支持其主张，故法院未予采信。音著协依据苏越的授权及有关的法律规定，已经成为著作权信托关系的受托人，其作为原告的诉讼主体资格应无疑义。网易公司未经许可，将音乐作品《血染的风采》直接收录进163网站的栏目中公开展示，并有偿向移动电话用户提供下载使用服务的行为，构成了对著作权人信息网络传播权的侵犯，应承担停止侵害、赔偿损失的民事责任。

2. *移动通信公司是否应当对铃声下载侵权承担赔偿责任*

根据我国的相关立法，承担侵害著作权行为的赔偿责任的主体必须在主观上具有过错。原告要求移动通信公司承担赔偿责任，应证明移动通信公司是涉案侵权作品的发布者，或者对接收及传播的信息负有审查义务却疏于审查，或者在权利人告知其传输了侵权信息后，有能力删除侵权信息而不作为。

在本案中，移动通信公司设置的短信网关为接收网易公司发送的信息及向移动终端用户发送该信息提供了短信平台。它作为移动终端用户与互联网之间连接的纽带，实现了手机到互联网、互联网到手机的双向沟通功能。移动通信公司接收的信息是经网易公司选择后发布的，移动通信公司并未对信息内容进行遴选。而网易公司向移动通信公司传输包括涉案侵权歌曲在内的生成消息是以二进制编码信息形式通过互联网发送至短信网关，在现有技术条件下，移动通信公司在实际运营中既无法对其传送的信息内容进行遴选，也无法对其中的某一信息单独予以删除。整个接收、传输过程均是在计算机之间进行的，所以在实施信息接收和发送行为的过程中，移动通信公司为网易公司提供的服务是技术性的和被动的。它只是利用自身的行业特点和经营优势提供设备，对信息的接收和传送提供了连接平台。

由于移动通信公司在向移动终端用户和网络公司提供传送服务时，对具体的传送信息内容并不负有审查的责任，实际上亦无法进行审查，故在主观上对侵权结果的发生，不存在法律上的过错。从本案的实际情况看，判决侵权信息的提供者网易公司停止发布侵权信息，即足以制止侵权行为的继续。如再判决仅仅是因提供了基础技术性服务而收取费用的移动通信公司共同承担赔偿责任，对社会公众利益和网络技术的应用与发展都是无益的。

（六）本案启示

著作权集体管理组织运行中最容易引发争议的往往是它的收费标准，本案也不例外，乐曲使用费的高低成为双方争议的焦点之一。作品使用费的价格标准的确是一个关键性问题，因为这牵扯到作品作者、著作权集体管理组织和使用者三方的现实利益。把收费标准问题解决好了，其他相关问题往往会迎刃而解。

面对纷繁复杂的使用情况和众多的使用者，如何确定收费标准是一个繁重的任务，所以美国等国家的著作权法中没有对收费问题作出具体规定，而是由著作权集体管理组织同使用人自由协商解决具体的收费标准问题。大陆法系的日本和德国对收费标准的规定也比较灵活。日本《著作权与邻接权管理事务法》第 13 条规定，从业者应该明确其使用费规则。对于使用费规则，从业者应履行如下义务：制定或变更使用费规则时，尽力听取来自使用者或其团体的意见；事先将使用费报告文化厅长官；报告之后，应公开、公告所报告的使用费规则或其概要，在具体实施时不得超过之。如果协商没有达成一致意见，有关当事人可申请裁定。裁定由文化厅长官主持进行。文化厅长官在收到裁定申请后，应当将其通知其他当事人，为其指定足够时间以表达意见。准备做出裁定的，长官应商请文化委员会。〔1〕而德国《著作权集体管理组织法》第6条和第11条规定，集体管理组织有义务按照适当标准向任何使用人授予使用权，使用人不同意付酬标准的，先按该标准支付，同时可到法院起诉。标准是否适当，最后由法院判决。第13条规定，收费的标准由集体管理组织制定，在联邦法律公报上公布，收费标准对使用人没有约束力，使用人如不同意可起诉。法院在判断收费标准是否合理时应当参考以下两个因素：第一是政府主管部门是否同意这个标准；第二是该标准能否被大多数人所接受。〔2〕由此可见，著作权集体管理组织的收费标准要本着公平合理的原则由当事人双方经协商确定。在协商不成的情况下，再寻求司法救济。本案的判决结果也表明，尽管音著协的单方收费标准已经为行政主管部门所批准，也不能简单地适用该规定来约束被告；这从根本上是由著作权的私权性质所决定的。

（七）思考题

移动通信公司是否在任何情况下都不应当对手机铃声下载侵权承担赔偿责任，为什么？

---

〔1〕宋慧献，周艳敏．因应时代的著作权管理制度的革新——日本《著作权与邻接权管理事务法》评介［J］．知识产权，2002（5）．

〔2〕许超．著作权集体管理组织的几个问题［J］．电子知识产权，1999（11）．

第九章 侵犯著作权的法律责任

第一节 著作权侵权行为及其民事责任

本节要点

1. 著作权侵权行为的构成

根据我国2001年《著作权法》第46条、第47条的规定，因侵犯著作权应承担“停止侵害”、“消除影响”、“赔礼道歉”等民事责任的侵权行为，为一般的知识产权侵权行为即“INFRINGEMENT”，其以“侵害行为”为构成要件已足，无须考虑行为人的主观状态。而负损害赔偿责任的知识产权侵权行为即“TORT”的构成要件则包括以下四点：第一，侵害行为具有违法性。第二，侵害行为人主观上有过错。过错包括故意和过失两种形式。第三，造成了损害后果。侵害著作权的行为侵犯了著作权人的人身权利和财产权利，造成著作权人人格、名誉或者经济上的损失以及侵害了公众的利益，破坏了文化市场秩序。第四，侵害行为与损害后果之间具有因果关系。

2. 著作权客体的排除领域

著作权客体的排除领域包括不受著作权法保护的作品和不适用著作权法保护的作品两大类。前者指依法禁止出版、传播的作品，不受著作权法保护。它包括三种情况：（1）违背一般法律原则的作品。（2）违背社会公德和社会伦理的作品。（3）故意妨害公共秩序的作品。后者包括以下三类：（1）法律，法规，国家机关的决议、决定、命令和其他具有立法、行政、司法性质的文件及其官方正式译文。

（2）时事新闻。（3）历法、通用数表、通用表格和公式。

3. 著作权侵权民事赔偿额的计算

根据2001年10月27日修改后的我国《著作权法》第48条的规定，在确定侵权赔偿数额时应首先考虑按照权利人的损失、侵权人的获利进行赔偿，这两种计算方法都不能确定赔偿数额的，才适用定额赔偿的规定。

一、著作权侵权行为的认定

【案例46】摄影家吕厚民诉北京同升和鞋店案

（一）案情简介

本案原告为吕厚民，被告为北京同升和鞋店。

1953年，原告在中央办公厅警卫局摄影科工作期间，拍摄了摄影作品《毛主席与周总理在中央人民政府第24次会议上》。1999年10月至2000年4月间，位于王府井大街225号的中华老字号“同升和”鞋店在该店左侧临街展示橱窗中使用了吕厚民拍摄的涉案摄影作品。在该展示橱窗中，以涉案摄影作品为背景照片，展示了四双为领导人订制的皮鞋鞋样，橱窗下部有国家领导人曾到该店订制皮鞋的文字说明。被告在使用该摄影作品前未征得原告的同意，也未署吕厚民的姓名。

（二）本案所涉及的知识点

1. 涉案摄影作品是否为时事新闻。

2. 涉案摄影作品是否为职务作品。

（三）我国现行法中的相关规定

1990年《著作权法》第3条：本法所称的作品，包括以下列形式创作的文学、艺术和自然科学、社会科学、工程技术等作品：……（四）美术、摄影作品……

1990年《著作权法》第5条：本法不适用于：（1）法律，法规，国家机关的决议、决定、命令和其他具有立法、行政、司法性质的文件，及其官方正式译文；（2）时事新闻；（3）历法、通用数表、通用表格和公式。

（四）双方意见以及法院判决结果

原告吕厚民诉称：被告侵犯了其著作权，故请求法院判令被告在《北京日报》和《中国摄影报》上向原告公开致歉并赔偿原告经济损失5万元。承担本案的诉讼费。

被告北京同升和鞋店辩称：本案中涉案作品属于时事新闻，不属于著作权法保护的客体；即使涉案作品可以受到著作权法的保护，该作品也是职务作品，原告作为摄影者仅享有署名权；且被告翻拍使用的涉案作品源于大型画册《周恩来》，在画册中并未注明该作品的摄影作者；被告委托他人制作展示橱窗的目的在于阐述自己百年老店的悠久历史以及经营业绩，照片只是为了便于说明问题而引用的，应属于合理使用；即使认定被告侵犯了原告的著作权，被告使用涉案作品的性质属于展览性质，其侵权后果也极为轻微。

北京市第二中级人民法院于2001年10月25日开庭审理后，判决如下：1. 北京同升和鞋店在《北京日报》上公开向吕厚民赔礼道歉。2. 北京同升和鞋店赔偿吕厚民经济损失12000元。[1]

宣判后，双方当事人均未提起上诉，一审判决发生法律效力。

（五）对本案的法理分析

本案中被告共提出了两种抗辩理由，分别为涉案作品属于时事新闻和涉案作品属于职务作品。下面笔者将逐一分析这两种抗辩理由能否成立。

第一，涉案摄影作品不是时事新闻，不处于著作权客体的排除领域

本案中原告吕厚民作为涉案摄影作品的著作权人主张权利；被告则提出涉案作品系领导人的工作照片，属于著作权客体的排除领域中的时事新闻，因此不应受到著作权法的保护。要判断涉案摄影作品是否为时事新闻，首先要明确相关概念的定义。

著作权客体的排除领域包括不受著作权法保护的作品和不适用著

---

〔1〕 张晓津．确定摄影作品侵权赔偿数额的司法实践综述［EB/OL］. http：//www. civillaw. com. cn/weizhang/21658.

作权法保护的作品两大类。前者指依法禁止出版、传播的作品，不受著作权法保护。显然，涉案作品不属此类。后者有以下三类：（1）法律，法规，国家机关的决议、决定、命令和其他具有立法、行政、司法性质的文件及其官方正式译文。（2）时事新闻。（3）历法、通用数表、通用表格和公式。

那么，涉案摄影作品是否属于不适用著作权法保护的作品中的时事新闻呢？根据本案审理时应当适用的我国1991年《著作权法实施条例》第6条规定，时事新闻是指通过报纸、期刊、电台、电视台等传播媒介报道的单纯事实消息。时事新闻本身虽然不是可以适用著作权法保护的作品，但是通过对时事新闻内容进行具有独创性的文学、艺术加工时，自然也可以产生受著作权法保护的客体。例如大型文献纪录片《周恩来外交风云》，虽然全部素材都来自中央新闻电影制片厂等单位拍摄新闻资料的新闻电影，但是它已不再是单纯的事实消息，显然应当受到著作权法的保护。本案原告拍摄的国家领导人出席会议时的工作照片不是单纯的事实消息，应属于新闻摄影而不属时事新闻，也理应受到我国著作权法的保护。

我国1990年《著作权法》第3条规定应对"美术、摄影作品"予以保护，2001年10月27日修正后的《著作权法》则将摄影作品单独列为一种作品形式予以保护。我国1991年《著作权法实施条例》第4条规定，摄影作品是指"借助器械在感光材料上记录客观物体形象的艺术作品"。〔1〕摄影作品本身属于著作权法保护的范畴。

第二，涉案摄影作品是职务作品，著作权为摄影作者享有

本案被告还提出即使该作品可依著作权法予以保护，摄影作品也应为职务作品，原告对该作品仅享有署名权。

我国1990年《著作权法》第16条第1款规定："公民为完成法人或者非法人单位工作任务所创作的作品是职务作品，除本条第2款的规定以外，著作权由作者享有，但法人或者非法人单位有权在其业

〔1〕我国2002年《著作权法实施条例》第4条规定，摄影作品，是指借助器械在感光材料或者其他介质上记录客观物体形象的艺术作品。

务范围内优先使用。”

吕厚民拍摄涉案摄影作品时的身份是中央办公厅警卫局摄影科的工作人员，主要工作职责就是为毛泽东、周恩来等党和国家领导人拍摄照片，所以涉案作品是为完成单位工作任务而创作的作品，应属职务作品的范畴。但该作品并不属于我国1990年《著作权法》第16条第2款规定的主要是利用法人或者非法人单位的物质技术条件创作，并由法人或者非法人单位承担责任的工程设计图纸、地图等职务作品的范畴，也没有其他法律、法规规定或者合同约定该作品的著作权由单位享有，因此尽管涉案摄影作品属于职务作品，但作为摄影者的原告仍对该作品享有著作权。被告未经原告许可在该店的展示橱窗中对涉案摄影作品进行商业性使用的行为，侵犯了原告的著作权。为此，被告应当承担相应的法律责任。

（六）本案启示

该案的争议焦点在于原告吕厚民是否为涉案作品的著作权人、被告同升和鞋店未经许可使用该作品的行为是否侵犯了原告的著作权问题。

根据我国2001年《著作权法》第46条、第47条的规定，侵犯著作权应承担的“停止侵害”、“消除影响”、“赔礼道歉”等民事责任的侵权行为，为一般的知识产权侵权行为即“INFRINGEMENT”，其以“侵害行为”为构成要件已足，无须考虑行为人的主观状态。[1] 而负损害赔偿责任的知识产权侵权行为即“TORT”的构成要件则包括以下四点：第一，侵害行为具有违法性。首先是使用他人作品未经权利人的允许；其次是使用他人作品没有法律依据，不属于法律规定的合理使用和法定许可使用，也包括不按著作权法规定的使用条件使用他人作品。第二，侵害行为人主观上有过错。过错包括故意和过失两种形式。故意是指侵害行为人为了谋取个人名誉和利益，主观上处于恶意而实施侵害他人著作权的行为。根据我国著作权法的有关规定，本案中北京同升和鞋店的行为属于过失侵权。第三，造成

[1] 郑成思．知识产权法［M］．北京：法律出版社，2004：47-49.

了损害后果。侵害著作权的行为侵犯了著作权人的人身权利和财产权利，造成著作权人人格、名誉或者经济上的损失；并且侵害了公众的利益，破坏了文化市场的秩序。第四，侵害行为与损害后果之间具有因果关系。

（七）思考题

对侵害著作权的行为是否应当一律适用无过错责任原则？

二、著作权侵权与违约请求权竞合

【案例 47】女编剧王丹诉北京中天润影视策划有限公司案

（一）案情简介

本案原告为文馨工作室女编剧王丹，被告为北京中天润影视策划有限公司。

2003 年 2 月 28 日，王丹和北京中天润影视策划有限公司签订了《合同书》，合同约定 20 集的剧本稿酬 30 万，并且编剧署名王丹。但是，直到《居家男人》拍摄完毕并开始在数家电视台上热播时，只拿到 12 万元的王丹才发现，编剧已经换成了曾编写过《大清宫》等剧的张挺。王丹认为，自己成了影视界常见的制片方欺负不出名编剧现象的又一受害者。于是，她委托律师与中天润公司就合同中约定的相关事项进行交涉，希望能够协商解决。原告的代理律师在通过电话、电子邮件及《法律意见书》等形式与被告协商未果后，依法向北京市海淀区人民法院起诉了中天润公司。

海淀区人民法院经审理查明了以下案件事实：（1）2003 年 2 月 28 日，王丹（乙方）与中天润公司（甲方）签订合同，约定：甲方购买乙方电视连续剧《居家男人》的编剧。该剧初定为 20 集。酬金为：每集酬金为人民币 15000 元，合计人民币 30 万元整（以 20 集计）。每集剧本长度须保证能足够拍摄出 45 ~ 50 分钟长度内容的电视剧集。付款方式为：签订合同后 3 日内甲方支付乙方人民币 13 万元整，款到 3 日内乙方交给甲方该剧的全剧剧本初稿；剧本根据甲方意见修改完毕后甲方支付乙方人民币 13 万元整；开机后 10 天内，甲方付清乙方剩余的稿酬余款，计人民币 4 万元整，共分三次付清全部稿酬。甲方有权对该剧本提出修改，甲方确认乙方提出的故事，有关创作上的问题须甲、乙双方协商解决，直至满意为止。如乙方无法按照甲方的要求创作和修改，甲方有权终止本合同，乙方须归还已付稿酬100%。该剧的编剧为乙方，故甲方在制作该剧中必须在该剧片头字幕上注明乙方的职务及姓名，乙方享有编剧独立署名权（如乙方不遵守合同条款，对甲方提出的修改意见不予理睬，甲方有权另找他人改写，至此乙方不享受独立署名权）。甲方投资创造、拍摄该剧，拥有该剧的所有版权（拍摄权、影像版权及销售权）。（2）合同签订后，王丹完成并向中天润公司交付了全部剧本初稿。中天润公司向其支付了酬金12万元。因剧本修改问题双方发生争议，中天润公司停止支付其余酬金。(3)《居家男人》完成拍摄后，由厦门音像出版社出版发行了VCD，署名为：北京中天润影视策划有限公司、东方神龙影业有限公司、云南电视台节目中心联合摄制，制片人为林子、周游，编剧为张挺、张璐，导演为方刚亮。该剧的宣传画报中注明："故事策划：王丹、郑旭"。（4）在庭审过程中中天润公司亦认可《居家男人》一剧VCD内容修改自王丹的剧本。

（二）本案所涉及的知识点

1. 受委托创作作品的著作权归属。

2. 著作权侵权案件中侵权与违约责任的竞合。

（三）我国现行法中的相关规定

2001年《著作权法》第15条：电影作品和以类似摄制电影的方法创作的作品的著作权由制片者享有，但编剧、导演、摄影、作词、作曲等作者享有署名权，并有权按照与制片者签订的合同获得报酬。

2001年《著作权法》第17条：受委托创作的作品，著作权的归属由委托人和受托人通过合同约定。合同未作明确约定或者没有订立合同的，著作权属于受托人。

（四）双方意见以及法院判决结果

原告诉称：2003年2月28日，原告与被告签订了合同书，内容为：被告购买原告所编剧本《居家男人》20集，价款合计人民币30万元。付款方式为：签订合同后3日内被告支付原告人民币13万元；

修改完毕后被告支付原告13万元；开机后10天内被告付清余款4万元，共分三次付清全部稿酬。该剧的编剧为原告，被告应在制作该剧中在该剧片头字幕上注明原告的职务和姓名，原告享有独立的署名权等。合同签订后原告认真履行合同，而被告却严重违反合同约定。现剧本《居家男人》已经拍成电视剧出版发行和对外公开播放，但被告只支付原告人民币12万元，剩余款项迟迟不支付，该剧片头字幕上的编剧没有依约体现原告的名字，被告对原告的人身权、财产权均已造成了实际侵害。故提起诉讼，要求：（1）被告支付剩余款项人民币18万元及利息10元；（2）恢复原告王丹对剧本《居家男人》的署名权；（3）被告停止侵害并在公开媒体上对原告消除影响、赔礼道歉。

被告辩称：第一，被告收到王丹的剧本后认为需要进行大幅修改。经协商，王丹也同意按照被告要求和市场需要进行大改，但始终未对剧本进行修改。为避免更大的损失，被告就又花费了一笔费用请张挺重写，并用张挺写的剧本拍摄了电视剧，只是保留了人物名称、故事框架、创作动机等少数内容。第二，按照合同约定的付款条件，被告支付第一笔费用后，原告必须在按照被告要求修改之后，才能获得剩余的稿酬。而且合同约定，如果原告不能按照要求修改剧本，被告可以终止合同，原告应退还被告已支付的大部分款项。王丹在没有完成修改的情况下，要求支付剩余价款没有事实依据。第三，按照合同约定，在原告不能按合同约定修改的情况下，可不再署原告的名字。而实际上为尊重事实，被告已经在电视剧上署了“故事策划：王丹”，因此不存在侵犯王丹署名权的问题。故请求法院驳回原告的诉讼请求。

北京市海淀区人民法院于2004年11月20日开庭审理后，判决如下：（1）自本判决生效之日起30日内，被告北京中天润影视策划有限公司在《中国文化报》上刊登声明，明确原告王丹的编剧身份，并向其公开致歉。（2）自本判决生效之日起10日内，被告北京中天润影视策划有限公司给付原告王丹稿酬18万元及利息10元。案件受理费5110元由被告负担。

（五）对本案的法理分析

本案主要涉及以下两个法律问题：

1. 受委托创作作品的著作权归属问题

一般来说，作者的创作行为产生作品，作品产生著作权。作品的著作权理应归于作者。但是委托创作作品的著作权却不是当然地归属于作者。根据我国2001年《著作权法》第17条规定，委托创作作品的著作权归属问题法律允许委托人和受托人以约定的方式确定，既可以归属于委托人，也可以归属于受托人。只有在委托人和受托人没有明确约定的情况下，著作权才自然归属于受托人。这是因为委托人委托受托人创作作品时，委托人与受托人之间存在委托创作的合意。根据民事合同领域的意思自治原则，可以约定委托创作作品著作权归属于委托人。同时，该条又规定了当委托人与受托人没有明确约定时，著作权归属于受托人即作者。为了更充分地保护委托人的利益，《最高人民法院关于审理著作权民事纠纷案件适用法律若干问题的解释》第12条补充规定：按照著作权法第17条规定委托作品著作权属于受托人的情形，委托人在约定的使用范围内享有使用作品的权利；双方没有约定使用作品范围的，委托人可以在委托创作的特定目的范围内免费使用该作品。以上规定有利于平衡委托人与受托人之间的权利义务关系，进而在保护公民创作热情的同时促进文化产业的繁荣。

从本案的情况看，双方已经在合同中明确约定剧本的著作权应归属于委托方。但是，被告的错误在于：第一，没有按约定足额支付报酬。第二，侵犯了原告的署名权。

2. 著作权侵权案件中侵权与违约责任的竞合问题

违约责任是违反合同的责任，侵权责任为侵犯人身权、财产权所应承担的民事责任；当某一行为既符合违约责任的要件又符合侵权责任的要件时就形成了民事责任中违约责任与侵权责任的竞合。本案中被告究竟是应当承担侵权责任还是应当承担违约责任，这就涉及责任竞合的处理问题。

对责任竞合的处理方式，世界各国主要存在三种理论和制度实践：一是以德国为代表的允许竞合制度；二是以法国为代表的禁止竞合制度；三是以英国为代表的限制竞合制度。我国法学界对采取何种方式虽存在争议，但主流观点是赞同限制竞合理论，主张对违约行为和侵权行为采取责任竞合时应予严格限制；即当先存在合同关系且损害后果表现为违约一方仅造成对方合同财产损失时，应按合同纠纷处理。《合同法》颁布后，我国民法学界的主流学者仍然把侵害后果作为区分侵权责任和违约责任的重要标准。如王利明教授就认为："对侵权请求权与违约请求权竞合应该有所限制，比如纯粹是合同履行产生的瑕疵问题，没有造成履行利益以外的损害，尽管标的物交付之后因为物的瑕疵也会造成财产损害，但应该按照违约规则处理。另一方面，如果因为过错造成另一方人身伤害和精神损害，则通常应运用侵权的规则来处理。"〔1〕

从本案案情来看，在王丹完成剧本初稿后，北京中天润影视公司并未明示剧本质量问题即将剧本交他人修改并拒付王丹剩余稿酬，故中天润影视公司的行为显属违约，故法院依法判决被告支付王丹剩余稿酬18万元，并在《中国文化报》上刊登声明，明确王丹的编剧身份，向其公开致歉。当然，被告除了未按照合同约定向原告足额支付创作剧本的报酬外，还侵犯了原告的署名权，给原告造成了合同履行利益以外的其他损害后果，故也可以按侵权责任之诉来处理。

（六）本案启示

违约责任与侵权责任有不少共同之处，如都是救济损害的主要方法；都具有明确的补偿性等。但是它们也有以下主要的区别：第一，归责原则的区别。前者主要采用无过错责任原则；后者一般适用过错责任原则，特殊的情况适用无过错责任原则。第二，责任构成不同。前者是只要违约就要承担责任；后者是无损害事实便无赔偿责任。第三，责任范围不同。前者的赔偿责任主要是财产损失；而后者还包括人身伤害和精神赔偿等。第四，第三人的责任不同。前者如因第三人致合同不能履行，债务人应首先对债权人负责，然后再向第三人追

---

〔1〕王利明. 王利明教授与网友交流回放［EB/OL］. http://www.civillaw.com.cn/weizhang/default.asp? id = 16792.

偿；后者行为人仅对自己的过错负责。第五，诉讼管辖不同。前者由被告住所地、合同履行地法院管辖，或依协议选择前述两地及合同签订地、原告住所地、标的物所在地法院管辖；而后者则由侵权行为地、被告住所地法院管辖。

对违约责任与侵权责任的不同选择，会产生不同的法律后果，直接影响当事人的利益。《合同法》第 122 条规定："因当事人一方的违约行为，侵害对方人身、财产权益的，受损害方有权选择依照本法要求其承担违约责任或者依照其他法律要求其承担侵权责任。"由此可见，我国法律承认违约责任与侵权责任的竞合，允许当事人在诉讼时做出选择。著作权诉讼领域侵权与违约之诉的竞合屡见不鲜。选择何种诉因是原告的自由。值得注意的是，即使当事人选择侵权作为诉因，版权合同中约定的付酬标准也是判断侵权损害赔偿额的重要标准。[1] 这也正是瑞士法律把侵权之债和合同之债有机结合，将侵犯版权之赔偿的规定与版权合同的规定一并纳入《瑞士债法典》之中的原因。

（七）思考题

在因著作权合同违约而引发的侵权诉讼中，选择何种诉因对原告更为有利？为什么？

三、著作权侵权的连带责任

【案例 48】周祖贻诉厦门万利达电子有限公司等案

（一）案情简介

原告周祖贻于 1998 年初发现在由厦门万利达电子有限公司（以下简称为万利达公司）委托福建省新奥广告有限公司（以下简称为新奥广告）、北京市西城区阜外伟孚电脑设计室（以下简称为伟孚设计室）制作，并在中央电视台播放的"万利达 VCD"产品 15 秒电视广告（以下简称"万利达 VCD"电视广告）中，当出现"超强纠

〔1〕 郑成思．知识产权法［M］．北京：法律出版社，2004：217.

错”的文字时，背景画面为虎的图像，而该图像与自己创作并享有著作权的摄影作品《虎威》完全相同，认为三被告侵犯了自己的著作权，于是将之诉至法院。

经法院查明，《虎威》作品收入于上海科学技术出版社出版的《中国珍稀动物》一书，该书出版于1985年11月，由林业部林政保护司主编。该书版权页载明：摄影者为周祖贻等人，附录中的名单也标明《虎威》的摄影作品的摄影者为周祖贻。之后，上海科学技术出版社又与香港读者文摘远东有限公司合作出版了内容完全相同的《中国珍稀动物》(中文版)。该书中未注明摄影者身份。

1997年底，万利达公司口头委托新奥广告设计、制作“万利达VCD”电视广告，并约定由新奥广告承担该广告所引起的一切法律责任。之后，新奥广告又口头委托伟孚设计室设计、制作该广告。在广告设计、制作过程中，万利达公司要求将老虎的形象作为广告中“超强纠错”文字的背景图像。伟孚设计室在查阅了《中国珍稀动物》(中文版) 后，建议使用该书中第82页上标题为《虎威》的摄影作品。万利达公司同意后，伟孚设计室遂在“万利达VCD”电视广告中将上述《虎威》摄影作品作为“超强纠错”文字的背景图像。对伟孚设计室设计、制作“万利达VCD”电视广告，万利达公司和新奥广告均表示满意。万利达公司直接支付给伟孚设计室广告制作费人民币1.5万元。万利达公司与新奥广告之间的广告费用尚未结算。1998年1月至12月间，“万利达VCD”电视广告在中央电视台播放。原告看到了上述广告，与万利达公司交涉无果后遂诉至法院。

（二）本案所涉及的知识点

1. 著作权侵权的归责原则。

2. 著作权侵权的连带责任。

（三）我国现行法中的相关规定

1990年《著作权法》第10条：著作权包括下列人身权和财产权：……（五）使用权和获得报酬权，即以复制、表演、播放、展览、发行、摄制电影、电视、录像或者改编、翻译、注释、编辑等方式使用作品的权利；以及许可他人以上述方式使用作品，并由此获得报酬的权利。

1990年《著作权法》第45条：有下列侵权行为的，应当根据情况，承担停止侵害、消除影响、公开赔礼道歉、赔偿损失等民事责任：……（五）未经著作权人许可，以表演、播放、展览、发行、摄制电影、电视、录像或者改编、翻译、注释、编辑等方式使用作品的，本法另有规定的除外；（六）使用他人作品，未按照规定支付报酬的；……

《民法通则》第130条：二人以上共同侵权造成他人损害的，应当承担连带责任。

（四）双方意见以及法院判决结果

原告周祖贻诉称：摄影作品《虎威》发表在由上海科学技术出版社出版的《中国珍稀动物》第82页上，表现了东北虎长啸时的威武形象。原告依法享有《虎威》的著作权。三被告未经原告同意，在“万利达VCD”电视广告中，擅自使用了原告创作的摄影作品《虎威》，并在中央电视台播放。三被告的上述行为共同侵害了原告对《虎威》所享有的著作权中的作品使用权和获得报酬权。原告据此请求法院判令三被告：（1）停止对原告著作权的侵害；（2）在中央电视台向原告公开赔礼道歉；（3）赔偿原告经济损失10万元并承担本案诉讼费。

而被告万利达公司辩称：在中央电视台播放的“万利达VCD”电视广告中，确实以摄影作品《虎威》作为“超强纠错”镜头的背景图像。但上述系争广告由新奥广告制作。自己在委托新奥广告制作时，双方已经明确约定由新奥广告承担该广告所引起的一切法律责任。万利达公司在本案中不应承担侵权的民事责任，请求法院驳回原告的诉讼请求。

被告新奥广告、伟孚设计室均同意万利达公司的上述辩解，同时均辩称：新奥广告委托伟孚设计室制作上述系争广告时，使用的是由香港读者文摘远东有限公司出版的《中国珍稀动物》（中文版）第82页上编号为①、标题为《虎威》的照片。在该书中未载明摄影者身份，故两被告并无侵害原告著作权的故意，不应承担侵权的民事责任。请求法院驳回原告的诉讼请求。

上海市第二中级人民法院于1999年4月判决如下：（1）被告北京市西城区阜外伟孚电脑设计室、厦门万利达电子有限公司、福建省新奥广告有限公司停止对原告周祖贻《虎威》摄影作品所享有合法权益的侵害。（2）被告北京市西城区阜外伟孚电脑设计室、厦门万利达电子有限公司、福建省新奥广告有限公司以书面形式向原告周祖贻赔礼道歉。（3）被告北京市西城区阜外伟孚电脑设计室赔偿原告周祖贻人民币3000元，被告厦门万利达电子有限公司赔偿原告周祖贻人民币1000元，被告福建省新奥广告有限公司赔偿原告周祖贻人民币1000元。上述各被告对其他被告的赔偿部分承担连带清偿责任。

上述第（2）、（3）项判决应于本判决生效之日起10日内执行完毕。本案诉讼费人民币3510元，由原告周祖贻负担人民币1500元，被告北京市西城区阜外伟孚电脑设计室负担人民币1210元，被告厦门万利达电子有限公司、福建省新奥广告有限公司各负担人民币400元。

（五）对本案的法理分析

被告未经原告许可使用原告作品制作广告的行为，侵犯了原告的著作权。为此，被告应当承担相应的法律责任。但是，本案中侵权的被告有三方，所以该案的争议焦点在于共同侵权的委托人、设计制作人和广告发布人的责任承担问题。

1. 侵权广告的设计制作者的责任

从侵权行为法的一般理论上来看，侵权行为的构成要件是行为的违法性、损害事实的客观存在、行为人的行为与损害事实的因果关系和行为人的主观过错；这四者缺一不可。根据我国《民法通则》第106条第2款："公民、法人由于过错侵害国家的、集体的财产，侵害他人财产、人身的，应当承担民事责任"的规定也印证了这一点。但是在著作权侵权案件中，根据特别法优于一般法的原则，只要实行了《著作权法》所规定的加害行为，即应当认定为侵权。而在确定是否需要赔偿损失时，则需要考虑行为人是否具有主观过错。

本案中，伟孚设计室未经原告同意就利用其摄影作品拍摄成

VCD 广告，而商业广告的营利目的是显而易见的，所以伟孚设计室的行为不是合理使用而是直接侵权。那么，它是否应当承担赔偿责任呢？伟孚设计室的抗辩理由是：未向作者支付报酬是因为在香港的读者文摘远东有限公司出版的《中国珍稀动物》（中文版）中刊登的《虎威》摄影作品并未标明作者为周祖贻，因此也无法和作者取得联系。这显然是借口。因为在资讯发达的现代社会，使用者只要和出版社进行联系，获取作者的有关信息并不困难，成本也不会高到无法承受。而伟孚设计室在将他人的摄影作品直接拿来使用后，从未采取任何行动来主动与作者取得联系。据此可以认定伟孚设计室根本就没有去征得作者同意的意思表示，因此主观上显然对侵权行为的发生存在一定的过失，应该承担主要的赔偿责任。

2. 委托人与转委托人的责任

本案中，万利达公司是制作、播放侵权广告的委托人，新奥广告则是转委托人，它们与伟孚设计室一起共同侵犯了原告的著作权。委托人在明知受托人使用他人摄影作品的情况下，有义务审查受托人是否办理了著作权许可事宜，并有义务要求受托人办理著作权许可事宜。但是本案中的委托人和转委托人，在明知制作的广告可能造成对他人著作权侵犯的情况下，依然放任侵权行为的发生，主观上存在侵权的间接故意，应该承担连带侵权的赔偿责任。

虽然万利达公司在委托新奥广告来制作该广告时，已经约定了一切责任由新奥广告来承担，但是这种由合同约定的责任分配仅在双方当事人之间有效，而不能对抗第三人。因此这并不能成为万利达公司没有侵犯原告著作权的抗辩理由，它依然要承担侵权的连带责任。〔1〕但是万利达公司在承担了赔偿责任之后，可以依照它与新奥广告之间的合同而享有向其追偿的权利。

3. 播放广告的电视台的责任

电视台是侵权广告的播放者和传播者，而且电视台播放广告的行

---

〔1〕徐彦冰. 三家共同侵权，归责原则各有不同［EB/OL］. www.netlawcn.com/second/content.asp? no = 393.

为具有营利性，要收取一定的费用，因此播放广告的电视台似乎在该案中也应当承担侵权责任。但是，笔者认为，在本案中对电视台侵权责任的认定应该与网络服务提供商一样适用过错责任原则。理由如下：第一，电视台播放的广告数量众多，这些广告中包含的享有著作权的作品更是不计其数。因此要求电视台对播放的所有广告中的任何侵权行为都承担赔偿责任显然是不现实也是不公平的。电视台的义务只是对广告进行形式审查，即只要该广告形式上符合要求，各种许可证齐全而没有明显的侵权表征，就可以推定电视台已尽到了审查义务而不存在侵权的故意。第二，当电视台明知该广告是侵权作品还予以播放，或著作权人已经向电视台提供初步证据证明该广告是侵权作品而自己是权益受到侵害的著作权人时，电视台仍然不采取措施撤销该广告的，就构成故意侵权，应当承担共同侵权的赔偿责任。在本案中，电视台不是明知或应知该广告是侵权作品，而且在原告起诉后停止了播放该广告，因此不必承担赔偿责任。

（六）本案启示

民事侵权归责原则，是指损害事实已经发生，确定侵权人对自己的侵权行为造成的损害是否需要承担民事责任的原则。归责，是指以何种根据使侵权人承担民事责任。即是以侵权人的过错还是应以损害结果或是以公平考虑作为标准，使侵权人承担民事责任。著作权是知识产权的重要类型，而知识产权属于民事权利。那么，著作权侵权的归责原则是否应当等同于民事侵权归责原则呢？对于这一点，我国法学界尚存在争议。以郑成思教授为代表的一些学者认为，著作权侵权的归责应当以无过错责任为原则，以过错责任为例外。[1] 而另一些学者则认为，归责原则不同于赔偿原则，前者是解决以何根据承担责任，后者是责任确定后解决怎样进行赔偿问题。根据我国的民事立法和民法的基本理论，民事侵权基本的归责原则仍是过错责任原则，著

〔1〕郑成思．知识产权论［M］．北京：法律出版社，2003：272-295.

作权侵权也不例外。〔1〕笔者赞同前一种观点。在本案中，电视台虽不承担赔偿责任，但是仍需要承担“停止侵权”的责任即是这种观点的有力佐证。

（七）思考题

著作权侵权归责原则与民事侵权归责原则有何联系与区别？

四、著作权侵权赔偿额的计算

【案例 49】赵梦林诉北京永和大王餐饮有限公司案

（一）案情简介

原告赵梦林所著《京剧脸谱》画册于 1992 年由朝华出版社出版，1994 年再版，该书由中国国际图书贸易总公司国外总发行。该书收录赵梦林绘制的京剧脸谱 272 幅，其中包括第 11 幅里克、第 37 幅牛邈、第 42 幅庞统、第 46 幅严颜、第 51 幅夏侯德、第 74 幅吕蒙和第 187 幅颜佩韦的脸谱。

法院经审理查明了以下事实：2001 年 7 月 18 日，被告北京永和大王公司和上海金诚广告有限公司签订广告合约，约定该广告公司负责“和家将”活动的广告创意、设计和完稿工作。2001 年 7 月 20 日，北京永和大王公司向该广告公司支付了“和家将”活动设计制作费。2001 年 8 月 3 日，北京永和大王公司向上海林口彩色印刷有限公司支付了印制超值优惠券 71 000 套的相关费用。2001 年 8 月 31 日至 9 月 30 日，北京永和大王公司开展“和家将·齐亮相”超值优惠券活动，活动范围为北京市场。被告北京永和大王公司称涉案超值优惠券已全部发放完毕，原告对此未提出异议。原告还提供了其下载的涉及该超值优惠券活动的相关网页，其中也使用了原告的涉案作品，但被告提出该网站系由永和集团制作的，与本案被告无关，原告亦未就此提供证据予以反驳。

现原告未能提供该超值优惠券原件，被告北京永和大王公司亦称

〔1〕蒋志培．知识产权侵权损害赔偿的原则［EB/OL］．http：//www. civillaw. com. cn/weizhang/default. asp？id = 20561.

该超值优惠券已发放完毕，无法提供原件。在本案审理过程中，被告北京永和大王公司称其超值优惠券所使用的七幅京剧脸谱以上海金丰易居购物中心发行的《易居屋讯》中“2000荣誉优质楼盘金秋汇展爆棚开幕”所刊载的京剧脸谱为准。对此，原告赵梦林予以认可。

经比对，被告北京永和大王公司制作的超值优惠券所使用的7幅京剧脸谱与原告主张权利的相关作品相同。被告认可使用上述京剧脸谱作品未征得原告赵梦林的许可，且在使用时未予署名。

（二）本案所涉及的知识点

1. 美术作品侵权赔偿额的计算。

2. 著作权法修改决定施行前发生的侵犯著作权行为的处理。

（三）我国现行法中的相关规定

1990年《著作权法》第10条：著作权包括下列人身权和财产权：……（二）署名权，即表明作者身份，在作品上署名的权利；……（五）使用权和获得报酬权，即以复制、表演、播放、展览、发行、摄制电影、电视、录像或者改编、翻译、注释、编辑等方式使用作品的权利；以及许可他人以上述方式使用作品，并由此获得报酬的权利。

1990年《著作权法》第46条：有下列侵权行为的，应当根据情况，承担停止侵害、消除影响、公开赔礼道歉、赔偿损失等民事责任，并可以由著作权行政管理部门给予没收非法所得、罚款等行政处罚：……（二）未经著作权人许可，以营利为目的，复制发行其作品的……

2001年《著作权法》第48条：侵犯著作权或者与著作权有关的权利的，侵权人应当按照权利人的实际损失给予赔偿；实际损失难以计算的，可以按照侵权人的违法所得给予赔偿。赔偿数额还应当包括权利人为制止侵权行为所支付的合理开支。权利人的实际损失或者侵权人的违法所得不能确定的，由人民法院根据侵权行为的情节，判决给予50万元以下的赔偿。

（四）双方意见以及法院判决结果

原告诉称：1992年朝华出版社出版了《京剧脸谱》画册，该画册收入了自己独立创作的京剧脸谱272幅，这些作品在本领域有极高的权威性。该画册已再版10次，同时被翻译为多国文字用于对外文化交流，还作为中国戏曲艺术发展的重要资料被各文艺团体、图书馆和艺术馆收藏。北京永和大王公司在2001年8月31日至9月30日的“和家将·齐亮相”超值优惠券大行动中，未经原告许可使用《京剧脸谱》画册中的7幅作品作为该优惠活动的广告宣传内容，在其店堂和网络上进行促销宣传，且未署作者姓名。该优惠活动持续时间长、范围广，严重侵害了原告的著作权。故请求法院判令被告停止侵权；在该活动的促销宣传范围内，公开向原告赔礼道歉；并赔偿原告经济损失50万元。

被告辩称：第一，涉案优惠活动广告系被告委托上海金诚广告有限公司提出创意、进行设计并制作的，因该广告而致的侵权后果应由该广告公司承担。被告未参与该广告制作的任何活动，无义务审查该广告是否侵犯了他人的著作权，因此被告无过错，不应承担侵权责任，不应作为本案被告。在本案审理过程中，被告还提出其超值优惠券所使用的7幅京剧脸谱中，夏侯德、牛邈两幅脸谱的颜色深浅与原告主张权利的美术作品不同，该两幅作品与原告作品并不一致。第二，由于京剧脸谱艺术属于民间文学艺术，并且已经广为使用，原告《京剧脸谱》画册中的脸谱与其他脸谱图书的画法和色彩基本相同，因此原告主张权利的脸谱并非原告所独创，不属于著作权法所保护的范围；第三，原告的赔偿请求没有法律依据，不应予以支持。因此，请求法院依法驳回原告的诉讼请求。

北京市第二中级人民法院于2002年9月18日判决如下：（1）北京永和大王餐饮有限公司于本判决生效之日起30日内在《北京晚报》上刊登向赵梦林赔礼道歉的声明，致歉内容须经本院核准，逾期不履行，本院将在该报登载本判决内容，所需费用由北京永和大王餐饮有限公司负担；（2）北京永和大王餐饮有限公司于本判决生效之日起15日内赔偿赵梦林经济损失7万元人民币；（3）驳回赵梦林的其他诉讼请求。案件受理费10010元，由赵梦林负担4010元，由北京永和大王餐饮有限公司负担6000元。

判决后，双方当事人均未提起上诉并自觉履行了一审判决内容。

（五）对本案的法理分析

著作权侵权的连带责任问题已在《周祖贻诉厦门万利达电子有限公司等案》中进行了探讨。本案主要涉及侵犯美术作品著作权赔偿额的计算问题。

1. 损害赔偿应当适用补偿性赔偿原则还是惩罚性赔偿原则

有学者认为，在侵权行为之债的损害中，“到底赔偿义务人要补偿什么，只能在赔偿义务目的中寻求答案，在所有损害赔偿的情形中，所共通的是受害人就其所受之损害应获得填补。损害赔偿要赔什么，并不是依处罚原则，也不依阻吓原则，而依据均衡之考量”。[1]为防止原告滥用诉权获得过高的赔偿额，法院在确定侵权赔偿额时应当坚持实际损失赔偿原则。

但是如果对著作权侵权赔偿数额的确定也以填平损失为目的，而不采用惩罚性赔偿的原则，就会造成一方面对侵权者来说成本和风险很低；另一方面，著作权人的维权成本太高，损害了其创新的积极性。惩罚性赔偿（Punitive Damage）是指法庭判定的赔偿数额超出实际损害数额的赔偿，即损害赔偿金不仅是对权利人的补偿，同时也是对故意加害人的惩罚。惩罚性赔偿是英美法的一项特有的法律制度，最早起源于1763年英国法官Lord Camden在Huck-le v. Money一案中的判决。[2]笔者认为，在确定损失赔偿数额时，应当适用惩罚性赔偿原则，以实现补偿和预防的双重功能。为有效地打击侵权，损害赔偿的数额不可过低。如果赔偿数额过低，不仅不足以补偿权利人为打击侵权所支出的费用，而且也不能威慑侵权人，更谈不上达到警示潜在侵权者的作用。国家版权局和北京市高级人民法院的有关规定中以权利人合理预期收入或国家规定稿酬的2～5倍计算赔偿数额的规定，就体现了这种惩罚性赔偿原则。

---

〔1〕 黄立．民法债编总论［M］．北京：中国政法大学出版社，2002：371．

〔2〕 王利明．惩罚性赔偿研究［J］．中国社会科学，2000（4）．

2. 确定美术作品侵权赔偿数额的具体方法

过去在司法实践中，法院在确定美术作品侵权赔偿数额时，通常会适用以下两种计算方法：一种是根据美术作品的历史文化价值、侵权情节等因素，由法院酌定侵权赔偿额。另一种是以权利人可能获得的合理预期收入为基础，确定 2～5 倍的赔偿数额。

根据 2001 年 10 月 27 日修改后的我国《著作权法》第 48 条的规定，在确定侵权赔偿数额时应首先考虑按照权利人的损失、侵权人的获利进行赔偿，这两种计算方法都不能确定赔偿数额的，才适用定额赔偿的规定。

权利人的实际损失，可以通过将权利人的合理预期收入和他为制止侵权行为所支付的合理开支相加得出。合理预期收入因作品使用方式的不同而不同，可能是一定的稿酬，也可能是一定的作品许可使用费。稿酬可以按国家规定的付酬标准，〔1〕也可以采用文化市场上通行的付酬标准。作品许可使用费，可以采用权利人将相关作品许可他人使用的使用费标准，也可以是相关作品同类使用方式应支付的许可使用费的行业标准。

如不能确定权利人的实际损失的，可以按照侵权人的违法所得作为赔偿数额。在既不能确定权利人的实际损失，也无法确定侵权人的违法所得时，可以考虑适用定额赔偿的规定，即在 50 万元以下确定赔偿数额。在适用定额赔偿时，需要从作品的经济和社会价值、侵权方式和范围、侵权人主观过错程度等主要方面进行综合判断。法院在酌定侵权赔偿额时，应综合考虑以上各方面的因素来确定合理的赔偿数额，尽量减少自由裁量的因素以维持司法标准的统一，避免出现畸高或者畸低赔偿的情况。对于将美术作品用于商业性广告的行为，应当考虑使用持续的时间、使用的范围、造成的影响等各方面的因素，适当提高赔偿数额。

---

〔1〕 值得注意的是，随着经济和文化市场的发展，国家版权局制定的自 1984 年 12 月起试行的《美术出版物稿酬标准》已经因太过陈旧而仅具参考价值，如果直接予以适用，得出的赔偿额将显失公平。

本案中法院在确定侵权赔偿数额时，就是以原告许可使用涉案京剧脸谱美术作品的合理预期收入为基础，同时考虑到被告发放超值优惠券和在店堂内张贴海报等使用行为的广告宣传性质；判决被告按照每幅脸谱美术作品1万元的标准赔偿原告的。

（六）本案启示

本案审理于2002年，但是在确定侵权赔偿数额时依据的却是2001年10月27日修改后的我国著作权法第48条所规定的方法。这是什么原因呢？

我国2001年《著作权法》第59条规定："本法规定的著作权人和出版者、表演者、录音录像制作者、广播电台、电视台的权利，在本法施行之日尚未超过本法规定的保护期的，依照本法予以保护。本法施行前发生的侵权或者违约行为，依照侵权或者违约行为发生时的有关规定和政策处理。"由此看来，本案似乎应当适用我国1990年《著作权法》。[1]

但是，2002年《最高人民法院关于审理著作权民事纠纷案件适用法律若干问题的解释》第27条又规定："在著作权法修改决定施行前发生的侵犯著作权行为起诉的案件，人民法院于该决定施行后作出判决的，可以参照适用著作权法第48条的规定。"所以，本案虽然应当适用我国1990年《著作权法》的相关规定进行判决，但是在确定侵权赔偿数额时，参照适用我国2001年《著作权法》第48条的规定也是有据可依的。

（七）思考题

在著作权侵权案件中当适用定额赔偿时，应当如何考虑精神损害赔偿的因素？

---

〔1〕 2002年《最高人民法院关于审理著作权民事纠纷案件适用法律若干问题的解释》第31条规定：除本解释另行规定外，2001年10月27日以后人民法院受理的著作权民事纠纷案件，涉及2001年10月27日前发生的民事行为的，适用修改前著作权法的规定；涉及该日期以后发生的民事行为的，适用修改后著作权法的规定；涉及该日期前发生，持续到该日期后的民事行为的，适用修改后著作权法的规定。

第二节　侵犯著作权行为的行政责任和刑事责任

本节要点

1. 侵犯著作权行为的行政责任的定义和种类

侵犯著作权行为的行政责任是指国家著作权行政管理机关依照法律规定，对侵犯著作权或者与著作权有关权利的行为给予的行政制裁。

对著作权侵权行为给予行政处罚的机关只能是著作权行政管理部门。行政处罚的方式主要有：（1）没收非法所得。（2）罚款。（3）其他的处罚方式。包括警告、责令停止制作和发行侵权复制品、停止营业等方式。上述各种处罚方式，既可以单独适用，也可以合并适用。

此外，当事人对行政处罚不服的，可以自收到行政处罚决定书之日起3个月内向人民法院起诉，期满不起诉又不履行的，著作权行政管理部门可以申请人民法院执行。

2. 我国《刑法》中侵犯著作权犯罪规定的完善

对于侵犯知识产权的行为，从软性的行政处罚过渡到刚性的刑事打击是立法发展的方向。过去司法机关在处理著作权犯罪案件时，常以非法经营罪定罪处理。原因主要有二：第一个原因是因为非法经营罪中“其他严重扰乱市场秩序的非法经营行为”给人以较大的解释空间。第二个原因是如果肯定销售侵权复制品的行为可以按照非法经营罪定罪处罚，则对行为人定罪的数额标准要求明显较低，刑罚处罚明显要重。而如果按销售侵权复制品罪追究，取证较为困难，在客观上增大了办案难度。

今后在修改刑法时，可以考虑将《刑法》第217条和第218条合并，修改为：“以营利为目的，故意实施《著作权法》所禁止的行为，情节严重的，处3年以下有期徒刑或者拘役，并处或者单处罚金；情节特别严重的，处3年以上7年以下有期徒刑，并处罚金。但是依照《著作权法》的规定只承担民事责任的侵权行为，不构成犯罪。”这样有利于更有效地打击著作权犯罪，方便司法机关在定罪量刑时做到慎重稳妥、不枉不纵。

一、侵犯著作权行为的行政责任

【案例50】“云霄阁”网站非法转载文学作品案

（一）案情简介

上海玄霆娱乐信息科技有限公司向国家版权局投诉，称“云霄阁”网站（网址：www. yunxiaoge. com）未经许可非法转载投诉人所属的“起点中文网”拥有独家发布权的《亵渎》等作品，侵犯了其合法权益。通过网站IP地址定位查询，该网站服务器位于山东省济南市境内。国家版权局依法将此案交由山东省版权局和济南市版权局查处。

济南市版权局、公安局迅速组成案件调查组进行调查，查明“云霄阁”网站是由济南市居民刘开山于2004年1月建立的个人网站，以非经营性网站在省通讯管理局备案，备案号为鲁ICP备05000394号。网站开办初期租用福建莆田电信的网络空间，2005年4月后，由刘开山出资购买服务器一台，委托北京华顺宝可机贸有限责任公司管理，并委托福建莆田市的姚国祥进行技术维护，刘开山负责上网发布信息。“云霄阁”网站以发布玄幻类网络文学作品为主，除小部分固定作者在该网站首次发布作品外，其他大部分内容都来自普通会员的转载。网站管理员只对在该网站首次发布的作品进行审查。

刘开山按作品分类将网站分为不同版块，并任命不同的版主负责各个版块的管理（主要是移除涉及淫秽色情和政治性反动言论的内容）。实际上用户免费注册为会员后，可以任意发帖不受任何限制。网站的管理系统和服务器中没有按照规定应记录上传作品IP地址的程序，而且用户可以以文本文档的形式在该网站上发帖（如果上网用户以文本文档的形式发布作品，则无法识别上传用户的计算机地址）。“云霄阁”网站主要通过从显示其他网站的广告中收取部分费用以维持网站的正常运转（大约每年3000元至4000元）。

（二）本案所涉及的知识点

侵犯著作权行为的行政责任。

（三）我国现行法中的相关规定

2001年《著作权法》第47条：有下列侵权行为的，应当根据情况，承担停止侵害、消除影响、赔礼道歉、赔偿损失等民事责任；同时损害公共利益的，可以由著作权行政管理部门责令停止侵权行为，没收违法所得，没收、销毁侵权复制品，并可处以罚款；情节严重的，著作权行政管理部门还可以没收主要用于制作侵权复制品的材料、工具、设备等；构成犯罪的，依法追究刑事责任：（1）未经著作权人许可，复制、发行、表演、放映、广播、汇编、通过信息网络向公众传播其作品的，本法另有规定的除外……

2001年《著作权法》第52条：复制品的出版者、制作者不能证明其出版、制作有合法授权的，复制品的发行者或者电影作品或者以类似摄制电影的方法创作的作品、计算机软件、录音录像制品的复制品的出租者不能证明其发行、出租的复制品有合法来源的，应当承担法律责任。

2001年《著作权法》第55条：当事人对行政处罚不服的，可以自收到行政处罚决定书之日起3个月内向人民法院起诉，期满不起诉又不履行的，著作权行政管理部门可以申请人民法院执行。

（四）双方意见以及法院判决结果

刘开山称，投诉人所投诉的《亵渎》等45部作品，不是由他本人转载和发布的，他自己也不知道该作品的来源。

济南市版权局认为："云霄阁"网站未经许可转载了《亵渎》等45部作品，侵犯了上海玄霆娱乐信息科技有限公司享有的作品网络传播权。且"云霄阁"网站会员众多，网上的侵权作品点击率高，社会影响恶劣。

济南市版权局根据《著作权法》第47条、第52条规定，对"云霄阁"网站处以责令停止侵权行为、移除侵权网页、罚款1.5万元的行政处罚；并要求"云霄阁"网站限期整改，在15日内对该网站发布的作品进行全面审核，对未经授权的作品依法移除，同时完善经营管理。

（五）对本案的法理分析

该案的争议焦点在于“云霄阁”网站是否因未经许可转载《亵渎》等45部作品而应当承担行政责任。

1. 侵犯著作权行为行政责任的定义和种类

行政责任是指国家著作权行政管理机关依照法律规定，对侵犯著作权或者与著作权有关权利的行为给予的行政制裁。

行政责任主要规定在我国2001年《著作权法》第47条中，即有下列侵权行为的，应当根据情况，承担停止侵害、消除影响、赔礼道歉、赔偿损失等民事责任；同时损害公共利益的，可以由著作权行政管理部门责令停止侵权行为，没收违法所得，没收、销毁侵权复制品，并可处以罚款；情节严重的，著作权行政管理部门还可以没收主要用于制作侵权复制品的材料、工具、设备等；构成犯罪的，依法追究刑事责任：（1）未经著作权人许可，复制、发行、表演、放映、广播、汇编、通过信息网络向公众传播其作品的，本法另有规定的除外；（2）出版他人享有专有出版权的图书的；（3）未经表演者许可，复制、发行录有其表演的录音录像制品，或者通过信息网络向公众传播其表演的，本法另有规定的除外；（4）未经录音录像制作者许可，复制、发行、通过信息网络向公众传播其制作的录音录像制品的，本法另有规定的除外；（5）未经许可，播放或者复制广播、电视的，本法另有规定的除外；（6）未经著作权人或者与著作权有关的权利人许可，故意避开或者破坏权利人为其作品、录音录像制品等采取的保护著作权或者与著作权有关的权利的技术措施的，法律、行政法规另有规定的除外；（7）未经著作权人或者与著作权有关的权利人许可，故意删除或者改变作品、录音录像制品等的权利管理电子信息的，法律、行政法规另有规定的除外；（8）制作、出售假冒他人署名的作品的。

对这些著作权侵权行为给予行政处罚的机关只能是著作权行政管理部门。行政处罚的方式主要有：（1）没收非法所得。（2）罚款。

于2006年3月22日判决如下：1. 被告人夏××犯侵犯著作权罪，判处有期徒刑1年，并处罚金人民币1万元；犯贩卖淫秽物品牟利罪，判处有期徒刑2年，处并处罚金1万元。决定执行有期徒刑2年，处罚金人民币2万元。2. 被告人何×犯侵犯著作权罪，判处有期徒刑10个月，并处罚金8000元；犯贩卖淫秽物品牟利罪，判处有期徒刑1年6个月，并处罚金8000元。决定执行有期徒刑1年6个月，并处罚金人民币16000元。

一审宣判后，夏××、何×均没有上诉。

（五）对本案的法理分析

检察院办案人员对本案存在三种不同意见。第一种意见认为夏××、何×的行为构成非法经营罪。第二种意见认为夏××、何×的行为因为达不到销售侵权复制品罪的量刑标准，故不构成犯罪。第三种意见认为夏××、何×的行为构成侵犯著作权罪。故本案焦点在于被告的行为究竟构成何种犯罪的问题。

笔者认为，该案中夏××、何×的行为构成侵犯著作权罪。理由如下：

第一，为什么不构成非法经营罪？

有司法人员认为，侵犯著作权罪与非法经营罪的法条之间存在竞合关系，被告的行为本身也是一种非法经营行为，所以他们得出了夏××、何×的行为构成非法经营罪的结论。

他们支持以非法经营罪定罪的理由有二：一是《刑法》第225条规定，非法经营罪是指具有未经许可经营法律、行政法规规定的专营、专卖物品或者其他限制买卖的物品等经营行为；二是国务院颁发的《音像制品管理条例》对于经营音像制品实行许可制度，未经行政许可任何单位与个人不得从事音像制品的出版、制作、复制、进口、批发、零售、出租等活动；而深圳、北京等地也有类似先例，所以认定为非法经营罪是有例可循的。

笔者认为，侵犯著作权罪与非法经营罪的法条之间不存在竞合关系，因为这两个罪名在构成要件上不存在交叉或者包容的关系。从立法意图上讲，刑法设立侵犯著作权罪，宗旨在于禁止复制发行他人享有著作权的作品，强调的是行为对象的侵权性。而刑法设立非法经营罪，宗旨在于维护市场的准入秩序，禁止没有特定资格的单位和个人违反国家规定从事某些经营活动，强调的是经营主体的非法性。

设定非法经营罪的刑法第225条明确规定的三项行为，包括未经许可经营专营、专卖物品或其他限制买卖物品的；买卖进出口许可证、进出口原产地证明以及其他经营许可证、批准文件的；未经国家有关主管部门批准，非法经营证券、期货或者保险业务的。这三项规定清楚地显示，非法经营罪的构成要件虽然是开放性的，即包括“其他严重扰乱市场秩序的非法经营行为”；但那是有特定含义和要求的。该罪惩治的是那些无特定资格而违法从事特定经营活动的自然人和单位，绝非如1979年《刑法》中的投机倒把罪那样是一个“口袋罪”。

当然，如果出版物属于煽动分裂国家、歧视、侮辱少数民族作品或者淫秽物品的，应按相关罪名定罪处罚。就涉及非法出版物的行为而言，只有当这种行为不属于刑法规定的其他犯罪的客观行为时，才会发生以非法经营罪定罪处罚的问题。对于这一点，实际上最高人民法院《关于审理非法出版物刑事案件具体应用法律若干问题的解释》第11条规定的精神是比较明确的。

第二，为什么不能适用销售侵权复制品罪的量刑标准？

司法人员认为不能认定为侵犯著作权罪的理由是：必须注意《刑法》第217条、第218条本身的区别，第218条规定是明确针对销售侵权复制品行为，本案行为特征符合该条规定，如果认定侵犯著作权罪中的“发行”包括批发等销售行为，就会使第218条规定虚置，不符合立法原意。因此，夏××、何×的行为应当构成销售侵权复制品罪。但是其违法所得没有达到10万元的构罪标准，所以不构成犯罪。〔1〕

根据《最高人民法院、最高人民检察院关于办理侵犯知识产权刑事案件具体应用法律若干问题的解释》规定，复制发行侵权音像

---

〔1〕 http://www.nanjing.gov.cn/cps/site/sjcy/jcdt－mb_a200604131848.htm.

制品1000张以上的行为即构成侵犯著作权罪。所以，本案能否按照侵犯著作权罪定罪，关键在于对“发行”如何理解。笔者认为：《刑法》第217条中“发行”一词的外延应包括“出售”，比如1991年《著作权法实施条例》第5条规定：“发行，指为满足公众的合理需求，通过出售、出租等方式向公众提供一定数量的作品复制件”；新闻出版总署《出版物市场管理暂行规定》将“发行”定义为“包括出版物的征订、储运、批发、零售、投递及互联网上购销等经营行为”。侵犯著作权罪在刑法理论上属行政犯，行政机关制订的规范性文件对“发行”一词的定义具有重要的参考价值。因此笔者认为第217条的“发行”应至少包含“批发”之义，该案中夏××、何×的行为构成侵犯著作权罪。

（六）本案启示

对于侵犯知识产权，从软性的行政处罚过渡到刚性的刑事打击是立法发展的方向。某区检察院最终决定以侵犯著作权罪起诉两被告人，这在法律上是站得住脚的。

实际上，过去司法机关在处理著作权犯罪案件时，往往是以非法经营罪定罪处理。原因主要有二：第一是因为非法经营罪中“其他严重扰乱市场秩序的非法经营行为”给人以较大的解释空间。第二是如果肯定销售侵权复制品的行为可以按照非法经营罪定罪处罚，则对行为人的定罪数额标准要求明显偏低，刑罚处罚明显要重。〔1〕如果按销售侵权复制品罪追究，只有盗版者违法所得超过10万元才能定罪，而想让盗版分子自己交代纯利润并加以证实，在取证上极为困难，在客观上增大了办案难度。

《最高人民法院、最高人民检察院关于办理侵犯知识产权刑事案

〔1〕按照最高人民法院《于审理非法出版物刑事案件具体应用法律若干问题的解释》和最高人民检察院、公安部2001年4月18日《关于经济犯罪案件追诉标准的规定》的规定，违反国家规定，出版、印刷、复制、发行非法出版物，个人非法经营数额在5万元以上、单位非法经营数额在15万元以上的，或者个人违法所得在2万元以上、单位违法所得在5万元以上的，就构成犯罪，情节特别严重的最高可处15年有期徒刑。

件具体应用法律若干问题的解释》进一步明确了适用侵犯著作权罪的标准，这无疑是一种进步。[1] 但是相关立法和司法解释的含混显然给司法实践中正确适用法律带来了一定的负面影响。笔者认为，全国人大今后在修改刑法时，可以考虑将《刑法》第 217 条和第 218 条合并，修改为："以营利为目的，故意实施《著作权法》所禁止的行为，情节严重的，处 3 年以下有期徒刑或者拘役，并处或者单处罚金；情节特别严重的，处 3 年以上 7 年以下有期徒刑，并处罚金。但是依照《著作权法》的规定只承担民事责任的侵权行为，不构成犯罪。"这样有利于更有效地打击著作权犯罪，方便司法机关在定罪量刑时做到慎重稳妥、不枉不纵。

（七）思考题

侵犯著作权罪与非法经营罪的法条之间是否存在竞合关系？

---

〔1〕《最高人民法院、最高人民检察院关于办理侵犯知识产权刑事案件具体应用法律若干问题的解释》第 5 条：以营利为目的，实施刑法第 217 条所列侵犯著作权行为之一，违法所得数额在 3 万元以上的，属于"违法所得数额较大"；具有下列情形之一的，属于"有其他严重情节"，应当以侵犯著作权罪判处 3 年以下有期徒刑或者拘役，并处或者单处罚金：（1）非法经营数额在 5 万元以上的；（2）未经著作权人许可，复制发行其文字作品、音乐、电影、电视、录像作品、计算机软件及其他作品，复制品数量合计在 1000 张（份）以上的；（3）其他严重情节的情形。

以营利为目的，实施刑法第 217 条所列侵犯著作权行为之一，违法所得数额在 15 万元以上的，属于"违法所得数额巨大"；具有下列情形之一的，属于"有其他特别严重情节"，应当以侵犯著作权罪判处 3 年以上 7 年以下有期徒刑，并处罚金：（1）非法经营数额在 25 万元以上的；（2）未经著作权人许可，复制发行其文字作品、音乐、电影、电视、录像作品、计算机软件及其他作品，复制品数量合计在 5000 张（份）以上的；（3）其他特别严重情节的情形。

附：思考题参考答案

【案例1】甲为一网络写手，在乙网站发表原创作品数篇，如果丙网站未经甲允许，转载甲的作品，但是却按照所谓的“网络规则”注明了网络作品的出处及甲的网名，请问丙网站的行为是否构成侵权？

丙网站还必须向甲支付报酬，否则将构成侵权。

我国《最高人民法院关于审理涉及计算机网络著作权纠纷案件适用法律若干问题的解释》第3条规定：“已在报刊上刊登或者网络上传播的作品，除著作权人声明或者报刊、期刊社、网络服务提供者受著作权人的委托声明不得转载、摘编的以外，在网络进行转载、摘编并按有关规定支付报酬注明出处的，不构成侵权。但转载、摘编作品超过有关报刊转载作品范围的，应当认定为侵权”。[1] 因此，网站转载网络原创作品需要注意两点：第一，网站转载可以不经过著作权人的许可，但必须按照规定支付报酬，注明出处；第二，如果著作权人声明或者委托网站声明其作品不得转载的，其他网站不得转载。

【案例2】甲为一个技术工人，乙为甲徒弟，乙在工作之余将甲言传身教的技术方法通过自己的整理撰写成一本手册。手册的作者署名为乙，甲认为乙是将自己的技术方法加以总结，自己理应是合作作

---

〔1〕 2004年1月，此条规定修改为：“已在报刊上刊登或者网络上传播的作品，除著作权人声明或者报刊、期刊社、网络服务提供者受著作权人委托声明不得转载、摘编的以外，在网络进行转载、摘编并按有关规定支付报酬、注明出处的，不构成侵权。但转载、摘编作品超过有关报刊转载作品范围的，应当认定为侵权。”

者。请问甲的观点是否正确？

甲的观点不正确，乙是技术手册的唯一作者。

《著作权法》第 11 条第 2 款规定：“创作作品的公民是作者。”《著作权法》第 13 条规定：“……没有参加创作的人，不能成为合作作者。”甲虽然掌握技术方法，但是其并未将掌握的技术方法表达出来形成作品，而且本身也没有创作作品的意图。著作权法的原则是只保护思想观念的表达而不保护思想观念本身，所以甲不能成为合作作者。需要注意的是，如果技术手册是由甲直接口述，由乙来记录整理的，那么甲是技术手册的合作作者。

【案例 3】如果甲委托乙创作作品并约定著作权由甲享有，乙接受委托后又转委托丙进行创作，乙和丙约定作品的著作权由丙享有。请问甲、乙、丙三人中谁对转委托作品的著作权享有权利？

著作权由丙享有。

对于作品创作的“转委托”，其著作权的具体归属问题，我国著作权法没有明确的规定，笔者认为：作者是作品的直接创造者，只有直接创作作品的作者才有和委托人分享著作权归属的权利。出于对作者创作行为的尊重，因此转委托作品应该以次委托的约定或者法定的著作权归属为准。

【案例 4】构成职务作品的要件有哪些？职务作品的著作权由谁享有？

职务作品是指公民为完成法人或者其他组织工作任务所创作的作品。著作权归作者享有。但是有下列情形之一的职务作品，作者享有署名权，著作权的其他权利归法人或者其他组织享有：一、主要是利用法人或者其他组织的物质技术条件创作并由法人或者其他组织承担责任的工程设计图、产品设计图、地图、计算机软件等职务作品；二、法律、行政法规规定或者合同约定著作权由法人或者其他组织享有的职务作品。

【案例 5】本案中，原告以被告为模特拍摄人体艺术照片，被告使用照片时需要征得原告的允许并支付报酬，如果反过来，原告使用这些照片时是否需要征得被告的允许？如果原告未经被告允许而擅自使用以被告为模特的照片，其侵犯了被告的何种权利？

原告以被告为模特拍摄人体艺术照片，原告使用其照片同样需要征得被告的允许，否则侵犯被告的肖像权和隐私权。实践中，摄影者同模特一般事先通过合同来约定照片的拍摄和使用。

【案例6】网络上盛行的“恶搞”已经成为一个不容忽视的问题，其中除了胡戈恶搞影片《无极》的视频短片“一个馒头引发的血案”之外，还有曾一度闹得沸沸扬扬的《大史记》系列的恶搞短片，与“一个馒头引发的血案”只针对电影《无极》不同的是，其是截取多部电影片断进行荒诞地组合喜剧性地来说明一些事情。请问此类网络“恶搞”是否侵犯了原作品著作权人的著作权，侵犯了原作品著作权人的何种权利？

截取电影片断进行“恶搞”的行为都存在侵权的问题，跟截取的影片数量多少无关。网络“恶搞”主要是恶意“歪曲和篡改”了作品，在一定程度上损害了作品及其作者的声誉，其行为侵犯了作者保护作品完整的权利。另外，从经济权利上说，其行为侵犯了著作权人对作品享有的信息网络传播权。

【案例7】如果思想观念和思想观念的表达密不可分，或者说当某种思想观念只有一种或者有限的几种表达时，这种思想观念的表达能否受到著作权法的保护？

我国著作权法对此没有明确的规定，美国版权界流行一条“思想观念——思想观念的表达同一性（Idea-Expression Identity）”的原则。其含义是：如果某一思想观念只有一种或者有限的几种表达，此时思想观念和思想观念的表达已经很难分割，则他人在表现这一思想观念时可以使用这一表达形式。[1]

【案例8】侵犯他人作品的载体是否必然构成侵犯他人对其作品享有的著作权？为什么？

作品与作品载体存在显著的区别：作品载体是载有作品的物质实体，属于物权保护的范围。而作品作为著作权的客体，具有无形性、

---

〔1〕 孟祥娟．版权侵权认定［M］．北京：法律出版社，2001：150-151.

永久性的特征，属于著作权保护的范围。因此，侵犯作品的著作权和侵犯作品载体的物权是不同的。只有在作品没有复制件的情况下，侵犯作品的原件（载体）物权的同时也构成侵犯作品的著作权。

【案例9】我国的四、六级大学英语等级考试的英语试题是否应受到我国著作权法的保护，为什么？

我国的四、六级大学英语等级考试的英语试题都是出题者精心策划、巧妙构思的结果，其从内容和形式上来讲都是具有独创性的试题，构成著作权法意义上的作品。因此不管其是以试卷的形式还是以试题库的形式表现出来，都应该受到我国著作权法的保护。

【案例10】本案中原告为何将侵权软件的销售商北京南宸公司列为被告，其法律依据是什么？

原告为何将侵权软件的销售商列为被告是因为侵权软件的销售商如果不能证明其销售软件的合法来源也要承担法律责任。

《计算机软件保护条例》第28条规定："软件复制品的出版者、制作者不能证明其出版、制作有合法授权的，或者软件复制品的发行者、出租者不能证明其发行、出租的复制品有合法来源的，应当承担法律责任"。

【案例11】作品的基本特征有哪些？如何判定作品的独创性？

作品是指在文学、艺术和科学领域内具有独创性，并能以某种有形形式复制的智力创作成果。作品应具有独创性和可复制性。

作品的"独创性"体现在两个方面：一是作品应该具有"原创性"，即作品应该是作者独立创作完成的，而不是抄袭的；二是作品应该具有"创造性"，即作品应该体现作者创造性的智力劳动。作品应该达到一定的创作水平，而不是对原有作品的简单变化或者是对材料纯粹的列举和汇集。

【案例12】本案中，如果原告能够举出充分证据证明其是涉案作品唯一作者或者合作作者，那么在以下情形中其主张的署名权、发表权是否都会得到法院同样的、完全的支持？

（1）如果原告是涉案作品的唯一作者，被告未经原告同意以被告的名义发表了该作品，原告指控被告侵犯其署名权、发表权，法院应当如何判决?

被告侵犯原告署名权、发表权。

(2) 如果原告是涉案作品的唯一作者，原告同意被告发表其作品，被告以自己的名义发表了该作品，原告指控被告侵犯其署名权、发表权，法院应当如何判决?

被告侵犯原告署名权、发表权。

(3) 如果原告、被告是涉案作品的合作作者，原告曾表示同意发表或者不反对发表，因此被告就发表了该作品，但是却没有署原告之名而是只署了自己的名字，原告指控被告侵犯其署名权、发表权，法院该如何判决?

被告侵犯原告署名权。

(4) 如果原告、被告是涉案作品的合作作者，原告不同意发表而被告发表了该作品，而且只署了被告自己的名字，法院该如何判决?

被告侵犯原告署名权。

如果原告无正当理由而不同意发表合作作品的，被告不侵犯原告的发表权。

(5) 如果原告、被告是涉案作品的合作作者，原告不同意发表而被告发表了该作品，但该作品上同时署了原告和被告的名字，原告指控被告侵犯其署名权、发表权，法院该如何判决?

如果原告无正当理由而不同意发表合作作品的，被告不侵权。

分析：由于精神权利是作者就作品中所体现的人格或精神所享有的权利，因此在认定被告的行为是否侵犯了包括署名权、发表权在内的精神权利时，应该紧紧围绕被告的行为是否违背了作者的意思，是否损害了作者的精神利益来分析。如，被告的行为是否获得了原告的同意，原告同意的具体内容和范围，如果被告没有获得原告的同意和许可，或者超出了原告明确同意和许可的范围而行使原告的署名权和发表权，则构成侵权。如果原告的同意和许可的意思表示是模糊的、概括的，则必须结合具体的案情和相关的证据才能判定被告的行为是否构成侵权。

而如果原被告是合作作品的作者，则情况更为复杂一些，要首先判断该作品是可以分割使用的还是不能分割使用的作品，如果是可以分割使用的作品，使用作品的一方当然可以就其可以单独使用的部分行使其权利，但同时不能侵犯合作作品的整体著作权或其他作者的著作权。如果该作品是不能分割使用的，被告未经过与原告的协商，擅自行使不可分割合作作品中的精神权益，违背了原告的意志、损害了原告精神利益的，也会构成侵权。如果被告与原告不能协商一致，任何一方无正当理由不得阻止他方行使除转让以外的其他权利，但是必须署上合作作者的名字，所得的报酬也应当合理分配。

【案例13】合理编辑的标准该如何确定？本案提到的“有违社会主义国家的公共道德和善良风俗”的标准该如何确定？

“合理编辑”是一个不确定的概念，其具体的标准只有结合具体的作品、作品的类型及其相应的行业惯例才能确定。对于文字作品，一般认为“合理编辑”的限度不应超出文字性地修改、增删的范围。“社会主义国家的公共道德和善良风俗”属于思想意识形态的范畴，其具体的内涵和外延应结合纠纷发生时的有关法律法规的规定以及社会公众关于政治、经济、文化、道德的一般认识和普遍观念来确定。值得注意的是，“合理编辑”和“社会主义国家的公共道德和善良风俗”是侵权抗辩的理由，有关提出证据的责任和证明责任系由被告方来承担，如果被告无法提出充足的证据证明该抗辩成立，则其不能因此而免责。

【案例14】侵犯作者的保护作品完整权是否必然侵犯作者的修改权？作者如果因保护作品完整权之侵犯行为而受到精神伤害，是否能够依法获得精神损害赔偿？

虽然我国现行的著作权法在规定保护作品完整权时并不以“有损作者声誉”为要件，但是，该权利保护作品不受歪曲、篡改的程度显然比修改权保护的程度更深，否则，法律就无规定这两种权利的必要。正因如此，在本案判决中，法院将侵犯保护作品完整权正确地解释为对作品内在表达的破坏，从而与对作品外在表现形式破坏程度较低的侵犯修改权的行为相区别。所以，从这个意义上说，侵犯作者的保护作品完整权必然侵犯作者的修改权。

在诉讼中，如果原告仅仅提出侵犯修改权的诉请，而事实上被告的行为不但构成对原告修改权的侵犯，而且还达到了破坏作品完整的程度，根据“不告不理”的原则，法院只能认定被告的行为侵犯了原告的修改权；同理，如果原告仅仅提出侵犯保护作品完整权的诉请，而没有明确指控被告的行为侵犯其修改权，如果事实证明原告的保护作品完整权受到了侵犯，则法院也只能认定被告的行为侵犯原告的保护作品完整权，而不能擅自追加认定被告侵犯了原告的修改权，否则就超越了法院的审判职权。我国现行法律中有关保护作品完整权与修改权的规定不够严谨、科学之处有待于日后立法完善。

关于著作权人的精神损害赔偿问题，虽然我国著作权法以及最高人民法院《关于确定民事侵权精神损害赔偿责任若干问题的解释》中作出了明确规定，但从保护权利人精神权益以及“有侵权就有救济”的法律原理来分析，权利人有权因保护作品完整权或其他精神权利受到侵犯而主张精神损害赔偿，我国的司法实践中也不乏实例，如北京市高级人民法院判决郭敬明在《梦里花落知多少》中剽窃庄羽小说《圈里圈外》构成侵权行为，郭敬明和春风文艺出版社共同赔偿庄羽经济损失 20 万元，追赔精神损害抚慰金 1 万元。应注意的是权利人提出精神损害赔偿属于债权请求权，适用诉讼时效的有关规定，而与之区别的是权利人要求停止对其精神权利侵害的请求属于保护人身权利的请求，不适用诉讼时效的规定，即使权利人死亡，其继承人仍可以依照法律规定提起停止侵权的诉讼。

【案例 15】如果作者提交原创底稿并授权出版社出版发行，然而，该作品出版后被检举揭发系侵权作品，如该事实属实，出版社是否应当承担责任？承担何种责任？

若作者提交原创底稿并授权出版社出版发行，但该作品出版后被检举揭发系侵权作品，如果出版者对其出版行为的授权、稿件来源和署名、所编辑出版物的内容已经尽到合理注意义务的，著作权人也无证据证明出版者应当知道其出版涉及侵权的，依照《最高人民法院关于审理著作权民事纠纷案件适用法律若干问题的解释》第 20 条和

《民法通则》第117条第1款的规定，出版者承担停止侵权、返还其侵权所得利润的民事责任。

【案例16】 如某房地产公司为庆祝成立十周年而策划图片展，在广场架起宣传板，免费公开展示该公司诸多楼盘的照片，某甲发现自己曾经发表并获奖的摄影作品也在其中，遂指控该房地产公司侵犯其对作品享有的展览权。某甲的指控是否成立？

根据我国《著作权法》第10条规定，展览权是指作者经济权利之一种，是著作权人享有的公开陈列美术作品、摄影作品的原件或者复制件的权利。某房地产公司为庆祝成立十周年而在广场公开展示某甲的摄影作品以宣传该公司楼盘的活动，虽然名为免费图片展，但实际上仍然属于商业行为，该公司未经某甲许可使用其照片且未支付对价的行为当然侵犯了某甲公开陈列其摄影作品并获得相应报酬的权利，构成了对某甲展览权的侵犯。

【案例17】 表演权与表演者权有何区别？

表演权是权利人就其作品享有的公开表演作品，以及用各种手段公开播送作品的表演的权利，而表演者权是表演者就其表演形象、活动享有的权利，前者属于著作权人经济权利的一种，后者属于邻接权中的一类。

【案例18】 著作权的保护期限与诉讼时效的关系如何？对于连续发生的著作权侵权行为如何确定诉讼时效的起算时间？如何确定著作权侵权损害赔偿的起算时间？

著作权的保护期限是权利人依照法律规定享有的权利期间，诉讼时效是指民事权利受到侵害者在法定的时间内不行使权利即丧失请求人民法院依诉讼程序强制义务人履行义务的期间。由于诉讼时效只适用于债权请求权，即合同，侵权之债，不当得利与无因管理之债，缔约过失之债等，而不适用物权、人身权，因此，著作权权利人的精神权利不适用诉讼时效之规定，但其受侵害而产生的债权请求权如精神损害赔偿，以及经济权利受诉讼时效约束。根据最高人民法院《关于审理著作权民事纠纷案件适用法律若干问题的解释》第28条的规定，侵犯著作权的诉讼时效为两年，自著作权人知道或者应当知道侵权行为之日起计算。权利人超过两年起诉的，如果侵权行为在起诉时仍在持续，在该著作权保护期内，人民法院应当判决被告停止侵权行为；侵权损害赔偿数额应当自权利人向人民法院起诉之日起向前推算两年计算。

【案例19】装帧设计权与版式设计权有什么不同？

装帧设计与版式设计是不同的两个概念，其中版式设计是书籍装帧设计的一部分。从设计行业上来讲，装帧设计一般可以分为三个方面，即美术设计、版式设计和材料制作设计。而版式设计包括版心、排式、字体、字号、标点、行距、图表安排以及其他安排，如注释的排印位置、方式，作者简介、内容提要、版权页的排版方式等。因此，装帧设计权与版式设计权也不同。版式设计权是指出版者对其出版的图书和期刊的版面格式的设计所享有的权利，在我国作为一种邻接权而受到著作权法的保护。装帧设计权包含版式设计权，其是指出版者对其出版的图书和期刊的装帧设计所享有的权利。我国立法未特别规定装帧设计权，对于侵犯版式设计权以外的装帧设计权的行为，实践中一般以侵犯他人美术作品的著作权来处理。

【案例22】如果被告没有直接提供涉案歌曲的下载服务，而是像某些搜索网站一样仅仅提供对涉案歌曲下载服务的超文本链接，公众得以通过超文本链接而间接下载歌曲。在此情形下被告的行为是否构成侵权？

此情形下被告的行为构成侵权。

我国《信息网络传播权保护条例》第23条规定："网络服务提供者为服务对象提供搜索或者链接服务，在接到权利人的通知书后，根据本条例规定断开与侵权的作品、表演、录音录像制品的链接的，不承担赔偿责任；但是，明知或者应知所链接的作品、表演、录音录像制品侵权的，应当承担共同侵权责任。"在上述的情形中，被告明知所链接的一部分歌曲侵犯著作权人的信息网络传播权等权利，但是为了获得高额的点击率，仍然提供下载服务，因此构成侵权。

【案例23】按照我国著作权法的规定，"以类似摄制电影的方法创作的作品"和录像制品有什么不同？

“以类似摄制电影的方法创作的作品”是指摄制在一定介质上，由一系列有伴音或者无伴音的画面组成，并且借助适当装置放映或者以其他方式传播的作品，摄制者所享有的是著作权。录像制品是指电影作品和以类似摄制电影的方法创作的作品以外的任何有伴音或者无伴音的连续相关形象、图像的录制品，录像制作者所享有的是邻接权。

【案例 24】我国信息网络传播权的立法模式是否适当？

我国 2001 年《著作权法》对信息网络传播权的规定主要体现在第 10 条、第 37 条、第 41 条和第 47 条中；这种规定也属于“新增式”。此外，我国专门的《信息网络传播权保护条例》也于 2006 年 7 月 1 日起开始实行。这种新增法条与专门法规相结合的方式从总体上看是适当的。

【案例 25】复制权与信息网络传播权中的数字化权有哪些联系和区别？

答：从技术层面看，数字化也属于复制之一种。应该说数字化过程是一种更为高级和复杂的复制。从法律层面看，传统作品的数字化，实际是将该作品以数字代码形式固定在磁盘或光盘等有形载体上，对作品的“独创性”和“可复制性”不产生任何影响。因此，作品的表现形式应当包括数字形式，被数字化后的作品著作权仍应由原著作权人享有。著作权的各项权利内容，也同样适用于数字化作品的著作权。美国等对信息网络传播权是采取“扩张式”立法的国家，往往都是通过对复制权的扩张解释来处理传统作品数字化问题的。

我国 2001 年《著作权法》中已经删除了原第 52 条关于复制的界定。信息网络传播权已经成为一项独立的著作权，数字化权则是其重要内容。

【案例 26】数字图书馆是否可以取得授权的成本过高而请求免责？

在我国判断一个“数字图书馆”是否可以享受一定的著作权侵权豁免，第一要看它的性质是公益性的事业单位还是营利性的企业；第二也是更为重要的，要看它提供图书服务的目的是否牟利，是否要从消费者身上获取利润。同时，即使是公益性的非营利性图书馆，在享受著作权侵权豁免时也要严格遵守在时间、范围等各方面的限制条件。以“数字图书馆”为名的营利性企业不得以取得授权的成本过高而请求免责。

【案例 27】我国报刊等传统媒体与网站等网络媒体享有的法定许可是否应当等同？为什么？

目前《关于审理涉及计算机网络著作权纠纷案件适用法律若干问题的解释》对于我国 1990 年《著作权法》第 32 条规定的法定许可适用范围的扩大体现在以下两个方面：一是明确报刊刊登作品的法定许可可以适用到网络环境下，即除了报刊转载或摘编其他报刊刊登的作品外，网站也可以参照该条件转载、摘编其他报刊刊登的作品。二是明确法定许可作品的范围除了报刊刊登的作品外，还包括网络上所刊登的作品。但是这仅限于网络转载、摘编其他网站刊登的网络作品的形式。

有论者认为适用法定许可的范围应当扩大到包括报刊登载网络作品，这种意见是合理的，应当为新的司法解释所采纳。

【案例 28】区分网络服务商和网络内容提供商的法律标准是什么？

网络服务提供者一般可分为网络服务商（ISP）和网络内容提供商（ICP)。一般来讲网络内容提供商是网络上的信息提供或传播者；网络服务商则只为网络上的信息传播提供中介服务。网络服务商（ISP）和网络内容提供商（ICP）的区分不是绝对的，要在具体案例中主要依据其所提供的服务的性质加以界定。

【案例 29】我国的相关网络立法中是否应当借鉴西方国家对网络服务商适用的“避风港”制度？

美国等国传统的法学理论，对信息流动过程中所有的当事人基本分为发布者和传播者。因为传统环境下，发布者可以做到对所发布的有限的信息先进行实质性审查与选择、能够预料到它可能造成的后果，并对其行使了“充分的编辑控制权”。如果传媒因故意或者过失发布了损害社会公益或侵犯他人合法权利的信息，就要和信息提供者共同承担法律责任，而信息的原始提供者则完全可以通过发布者追查。传统媒体传播的信息违反法律时，信息的原始提供者和传媒都应承担法律责任。

而由于ISP作为网络传播者不可能对其传播的大量信息内容实行一览无余的审查，更不可能有精力行使“编辑控制权”对既定内容进行修改或删除，因此法律一般推定他们事先不知道或没有合理的理由知道传播物的内容，无法预料到其对社会可能产生的不利影响。只有在证明ISP了解信息内容非法后仍加以传播即存在主观上的故意或过失的情况下，才能要求其对传播内容负责。所以，我国的相关网络立法中应当借鉴西方国家对网络服务商适用的“避风港”制度。

【案例30】传统民法的“一物一权”原则是否完全适用于知识产权领域？为什么？

作品与作品的载体是既互相联系又有着显著区别的两种财产权的客体。基于作品，权利人享有的是著作权，是一种无形财产权；基于作品的载体，权利人享有的是动产所有权，是一种有形财产权。这两种权利的主体有时是重合的，但是二者发生分离的场合也屡见不鲜。

取得了作品载体（包括原件）的财产所有权，只是表明取得了对该载体的财产所有权，并不意味着随之就理所当然地取得了著作权。取得财产所有权是基于买卖合同或赠与合同，而取得著作权则必须基于书面的著作权转让合同。

【案例31】在著作权许可合同中适用表见代理的情况主要有哪些？可否将其类型化？

根据我国《合同法》第49条规定，行为人没有代理权、超越代理权或者代理权终止以后以被代理人名义订立合同，相对人有理由相信行为人有代理权的，该代理行为有效。表见代理制度的设立是为了维护交易安全，保护合同相对人的利益。在司法实践中，表见代理的常见情形主要有以下几种：（1）本人对第三人表示授权给行为人而实际上并未授权或者授权后又撤回授权的；（2）本人交付证明文件给行为人，行为人以此证明文件与相对人实施民事行为；（3）代理关系终止后，本人未收回代理证书的；（4）本人知道行为人为无权代理而不表示反对的。

【案例 32】精神权利是否可以继承？如果不能，作者的继承人维护其署名权、修改权和保护作品完整权的依据是什么？

精神权利不可以继承。虽然作者的非经济权利是不可转让或继承的，但是法律授权继承人保护著作权、署名权和作品不可侵犯权。法律对继承人的这种授权不受时间限制。当然，作者也可以指定维护其上述权利的个人。依据我国著作权法的规定，作者死亡后，其著作权中的署名权、修改权和保护作品完整权由作者的继承人或者受遗赠人保护。著作权无人继承又无人受遗赠的，其署名权、修改权和保护作品完整权由著作权行政管理部门保护。

【案例 33】如何更好地规范版权交易中常见的“买断”文稿行为？

通过版权交易中介组织乃至以拍卖的形式进行版权交易，是一种新的交易方式。在这类交易中，要注意以下两点：第一，在我国，根据著作权不买断的立法精神，所谓版权交易，只能是一定期限的作品专有出版权或者使用权的交易。第二，明确委托方与受托方之间的法律关系是信托还是代理。如果没有经过登记的，独立、确定的信托财产或者受托方没有管理、处分信托财产的充分自主权，则双方间只能是代理关系。

【案例 34】对合理使用等著作权的限制是否应当只采取列举的立法方式？为什么？

著作权的合理使用，是指在特定的条件下，法律允许他人自由使用享有著作权的作品而不必征得著作权人的同意，也不必向著作权人支付报酬的制度。它属于著作权限制的一种，因此有关的使用只能是就具体的特殊情况而言的。但是立法中仅采用列举的方式也是不妥的，如果我国著作权法在今后的修改中能够借鉴美国版权法的经验，对合理使用采取概括加列举的立法模式，将可以为法官的司法解释提供更为坚实的基础，进而增强法律的可预见性。

【案例 35】在我国现行文化体制下，如何界定广播电台、电视台播放行为的非营利性？

2001年修改后的《著作权法》第43条将原《著作权法》第43条的内容从类似“合理使用”改为类似“法定许可”，著作权人和邻接权人在广播电台、电视台的机械表演权从无到有，这是一个值得肯定的进步。我国的广播电台、电视台虽为事业单位，但其日常广告经营与企业无异，其使用作品的行为应当被推定为营利性的，并承担支付著作权许可使用费的责任。

【案例36】著作权强制许可制度与法定许可制度有何联系与区别？

强制许可，是指在特定条件下，由著作权主管机关根据情况，将对已经发表的作品进行特殊使用的权利授予申请获得此项权利的使用人的制度。强制许可制度和法定许可制度是对著作权予以限制的两种重要制度。这两种制度与合理使用制度一道，通过减少著作权的垄断性而达致促进社会公共利益的立法宗旨。法定许可与强制许可的区别在于：法定许可适用于愿意使用法律所规定的作品的一切人，不需经过著作权人同意，但要向其支付报酬；如果著作权人声明不准使用的则不得使用。而强制许可的程序较为繁琐，在向著作权人申请许可未成功时还要向主管部门申请授权，通过强制许可证的形式获得作品使用权，并且同样要向著作权人支付报酬。

【案例37】甲为乙公司员工，在职期间参与了乙公司开发的软件并编写了主要的程序，甲离职后自行开办公司，甲在其公司使用并销售原来在乙公司参与编写的软件，其行为是否构成侵权？

甲的行为构成侵权。

虽然甲在职期间参与了乙公司开发的软件并编写了主要的程序，但是其软件的开发者是乙公司。软件著作权属于软件开发者，所以乙公司是软件的著作权人。甲未经许可擅自使用并销售软件，侵犯了乙公司对软件享有的著作权。

【案例38】如何认定计算机软件著作权的侵权？如何认定两套软件之间构成“实质性相似”？

认定计算机软件著作权的侵权在举证中采用的是“实质性相似加接触原则”，即一方面原告需要证明被告有机会接触原告作品，另一方面原告需要证明被告在此基础上完成的作品与原告的作品构成“实质性相似”。如何确定两套软件之间构成“实质性相似”？各国司法界都已经形成较为成熟的方法，其中美国法院对程序代码的“三段论侵权确认法”得到了法律界的普遍承认。“三段论侵权确认法”是指在判断某一软件程序在结构、顺序、组织上是否侵犯他人软件程序的著作权时，应分三个步骤：第一，从原、被告软件程序中抽离出不受著作权保护的“创作思想”或者“设计思想”；第二，从原、被告软件程序中抽离出属于公有领域的内容，例如软件程序的“内部功能”和“外部事实”等成分；第三，在两次抽离之后，对原、被告软件程序中相同或者实质相同的部分进行对比，进而认定是否侵权。

【案例39】甲购买正版游戏软件光盘一张，其在自己电脑上安装后将光盘借给班上的同学乙安装，请问甲这一行为是否合法？

甲的行为不合法。

甲是游戏软件的“合法复制品所有人”，其根据《计算机软件保护条例》第16条只享有安装、备份以及修改的权利。“合法复制品所有人”自己在使用软件的同时，未经著作权人许可其不能将软件或者软件的复制品通过任何方式提供给他人使用。

【案例40】甲酷爱某网络游戏，其花费大量时间和精力杀怪，刷出了一些“黄金装备”，乙盗取甲的游戏账号，将甲所有的黄金装备盗取一空。请问，乙侵犯了甲的何种权利？

乙盗窃的“黄金装备”本质上是一种电磁记录，其属于虚拟财产的范畴。虚拟财产分为狭义的虚拟财产和广义的虚拟财产，前者是针对网络游戏行业而言的，笔者称之为虚拟物，其是指网络游戏用户通过网络游戏积累或直接向网络游戏运营商购买的“货币”、“宠物”、“武器”等虚拟装备；后者是指在网络空间以比特（bit）方式存在的一切财产，其包括计算机软件和电磁记录。对于电磁记录的保护比较复杂，我国大陆目前尚没有关于电磁记录的立法规定。在其他国家和地区的立法中，一般将其视为“动产”加以保护。我国法院在司法实践中也将盗窃虚拟财产的行为定性为盗窃罪。因此，从这个意义上说，乙侵犯的是甲对其“虚拟物”所享有的“所有权”。

【案例41】 如何完善我国法律制度，以使参加境外著作权集体管理组织的著作权人的利益在我国能得到更好的保护？

外国人在中国境内行使著作权，特别是表演权等小权利时，一般应通过其在当地参加的集体管理组织和中国境内的集体管理组织签订相互代表协议的方式由中国的集体管理组织代为行使，包括对侵犯著作权人权益的行为提起法律诉讼。国家版权局于2004年3月给最高人民法院的《关于对境外著作权集体管理组织诉讼主体资格问题的复函》中的意见应在今后修改著作权法时加以吸收。我国《著作权集体管理条例》第22条也已规定：外国人、无国籍人可以通过与中国的著作权集体管理组织订立相互代表协议的境外同类组织，授权中国的著作权集体管理组织管理其依法在中国境内享有的著作权或者与著作权有关的权利。

【案例42】 如何更有效地规制著作权集体管理组织的垄断行为？

第一，在适用反垄断法的过程中注重不同行业的特点和区别，不搞一刀切。特别是将某些行为直接归类为违反反垄断法的行为时要十分慎重。第二，在适用反垄断法规制著作权集体管理行为时注重经济分析方法的运用，将审查的焦点集中在该行为产生的社会效果上。某种明显具有反竞争性的行为只要同时具有可弥补其缺陷的优点，而且从总体上看有利于促进创新和社会进步，就可以有条件地受到反垄断法的豁免。第三，在从总体上认可著作权集体管理组织许可行为的合法性的同时，注意用反垄断法对某些许可方式（特别是总许可证这种一揽子许可方式）加以严格限制。

【案例43】 表演者和演出组织者中应当由谁承担付费义务更为合理？

我国1990年《著作权法》第35条第2款规定演出者（演员、演出单位）应为其营业性的演出支付报酬，并没有规定演出组织者应当为演员使用作品而支付作品使用费。此外，1991年《著作权法实施条例》第45条也规定：依照著作权法第35条的规定，表演者应当通过演出组织者向著作权人支付报酬。而2001年《著作权法》第

36 条第 1 款规定：使用他人作品演出，表演者（演员、演出组织者）应当取得著作权人许可，并支付报酬。演出组织者组织演出，由该组织者取得著作权人的许可，并支付报酬。笔者认为，支付作品使用费的合理义务主体应当是演出组织者，这有利于在提高著作权许可效率的同时减少纠纷。

【案例 44】 我国的著作权集体管理组织应当在哪些方面进一步完善？

我国的著作权集体管理组织需要在以下方面进一步完善：第一，早日实现内部治理机制的规范化；第二，推动许可方式的便捷化；第三，促进收费标准的合理化；第四，注重分配方式的透明化。此外，还应当在充分保护广大作者权益的同时提升大众的著作权法律意识。

【案例 45】 著作权集体管理组织的收费标准应当如何确定？

著作权集体管理组织的收费标准要本着公平合理的原则由当事人双方协商确定。在协商不成的情况下，再寻求司法救济。本案的判决结果也表明，尽管音著协的单方收费标准已经为行政主管部门所批准，也不能简单地适用该规定来约束被告；这从根本上是由著作权的私权性质所决定的。法院在司法实践中判断著作权集体管理组织的收费标准是否合理时应当主要参考以下两个因素：第一是政府主管部门是否已同意这个标准；第二是该标准能否被社会大众所接受。

【案例 46】 著作权客体的排除领域包括哪几类？

著作权客体的排除领域包括不受著作权法保护的作品和不适用著作权法保护的作品两大类。前者指依法禁止出版、传播的作品，不受著作权法保护。它包括三种情况：（1）违背一般法律原则的作品。（2）违背社会公德和社会伦理的作品。（3）故意妨害公共秩序的作品。后者共有以下三类：（1）法律，法规，国家机关的决议、决定、命令和其他具有立法、行政、司法性质的文件及其官方正式译文。（2）时事新闻。（3）历法、通用数表、通用表格和公式。

【案例 47】 在因著作权合同违约而引发的侵权诉讼中，选择何种诉因对原告更为有利？

违约责任与侵权责任有以下几点主要的区别：第一，归责原则的区别。第二，责任构成不同。第三，责任范围不同。第四，第三人的责任不同。第五，诉讼管辖不同。对违约责任与侵权责任的不同的选择，会产生不同的法律后果，直接影响当事人的利益。《合同法》第122条规定："因当事人一方的违约行为，侵害对方人身、财产权益的，受损害方有权选择依照本法要求其承担违约责任或者依照其他法律要求其承担侵权责任。"由此可见，我国法律承认违约责任与侵权责任的竞合，允许当事人在诉讼时做出选择。著作权诉讼领域侵权与违约之诉的竞合屡见不鲜。选择何种诉因是原告的自由。总体上看，违约之诉的举证较为容易。

【案例48】著作权侵权归责原则与民事侵权归责原则有何联系与区别？

民事侵权的归责原则，是指损害事实已经发生，确定侵权人对自己的侵权行为造成的损害是否需要承担民事责任的原则。归责，是指以何种根据使侵权人承担民事责任。即是以侵权人的过错还是应以损害结果或是以公平考虑作为标准，使侵权人承担民事责任。著作权是知识产权的重要类型，而知识产权属于民事权利。但是，对于著作权侵权的归责原则是否应当等同于民事侵权归责原则我国法学界尚存在争议。以郑成思教授为代表的一些学者认为，著作权侵权的归责应当以无过错责任为原则，以过错责任为例外。而另一些学者则认为，归责原则不同于赔偿原则，前者是解决以何根据承担责任，后者是责任确定后解决怎样进行赔偿问题。根据我国的民事立法和民法的基本理论，民事侵权基本的归责原则仍是过错责任原则，著作权侵权也不例外。笔者赞同前一种观点。

【案例49】2001年著作权法修改决定施行前发生的侵犯著作权行为该如何处理？

我国2001年《著作权法》第59条规定："本法规定的著作权人和出版者、表演者、录音录像制作者、广播电台、电视台的权利，在本法施行之日尚未超过本法规定的保护期的，依照本法予以保护。本法施行前发生的侵权或者违约行为，依照侵权或者违约行为发生时的有关规定和政策处理。"但值得注意的是，2002年《最高人民法院关于审理著作权民事纠纷案件适用法律若干问题的解释》第27条又规定："在著作权法修改决定施行前发生的侵犯著作权行为起诉的案件，人民法院于该决定施行后作出判决的，可以参照适用著作权法第48条的规定。"因此，这类案件虽然应当适用我国1990年《著作权法》的相关规定进行判决，但在确定侵权赔偿数额时，也可以参照适用我国2001年《著作权法》第48条的规定。

【案例50】著作权侵权的行政处罚有哪些方式？

对著作权侵权行为给予行政处罚的机关只能是相关行政管理部门。行政处罚的方式主要有：（1）没收非法所得。（2）罚款。（3）其他的处罚方式。包括警告，没收主要用于制作侵权复制品的材料、工具、设备，责令停止制作和发行侵权复制品，责令停止营业等方式。上述各种处罚方式，既可以单独适用，也可以合并适用。

此外，当事人对行政处罚不服的，可以自收到行政处罚决定书之日起3个月内向人民法院起诉，期满不起诉又不履行的，著作权行政管理部门可以申请人民法院执行。

【案例51】侵犯著作权罪与非法经营罪的法条之间是否存在竞合关系？

过去司法机关在处理著作权犯罪案件时，往往以非法经营罪定罪处理。原因主要有二：第一个原因是因为非法经营罪中"其他严重扰乱市场秩序的非法经营行为"给人以较大的解释空间。第二个原因是因为如果肯定销售侵权复制品的行为可以按照非法经营罪定罪处罚，则对行为人的定罪的数额标准要求明显较低、刑罚处罚明显要重。

笔者认为，侵犯著作权罪与非法经营罪的法条之间不存在竞合关系，因为这两个罪名在构成要件上不存在交叉或者包容的关系。从立法意图上讲，刑法设立侵犯著作权罪，宗旨在于禁止复制发行他人享有著作权的作品，强调的是行为对象的侵权性。而刑法设立非法经营罪，宗旨在于维护市场的准入秩序，禁止没有特定资格的单位和个人违反国家规定从事某些经营活动，强调的主要是经营主体的非法性。

参考文献

1. 郑成思．版权法［M］．北京：中国人民大学出版社，1997.

2. 郑成思．知识产权法［M］．北京：法律出版社，2003.

3. 郑成思．知识产权论［M］．北京：法律出版社，2003.

4. 郑成思．知识产权法新世纪的若干研究重点［M］．北京：法律出版社，2004.

5. 李明德，许超．著作权法［M］．北京：法律出版社，2003.

6. 张玉敏．知识产权法［M］．北京：法律出版社，2005.

7. 孟祥娟．版权侵权认定［M］．北京：法律出版社，2001.

8. 吴汉东，等．西方诸国著作权制度研究［M］．北京：中国政法大学出版社，1998.

9. 吴汉东．知识产权法［M］．北京：法律出版社，2004.

10. 齐爱民．现代知识产权法学［M］．苏州：苏州大学出版社，2005.

11. 冯晓青．知识产权法学［M］．北京：中国大百科全书出版社，2005.

12. 曲三强．知识产权法原理［M］．北京：中国检察出版社，2004.

13. 韦之．著作权法原理［M］．北京：北京大学出版社，1998.

14. 张革新．现代著作权法［M］．北京：中国法制出版社，2006.

15. 费安玲．著作权法案例教程［M］．北京：中国政法大学出版社，1999.

16. 周敏．著作权法案例学理精解［M］．北京：中国经济出版社，2004.

17. 屠振宇，范雪莹，王锰．软件与网络侵权案例学理精解［M］．北京：中国经济出版社，2004.

18. 谭筱清．数字时代知识产权保护的理论与判解研究［M］．苏州：苏州人民出版社，2005.

19. 蒋志培．知识产权法律适用与司法解释［M］．北京：中国法制出版社，2002.

20. 李琛．知识产权片论［M］．北京：中国方正出版社，2004.

21. 史尚宽．民法总论［M］．北京：中国政法大学出版社，2000.

22. 黄立．民法债编总论［M］．北京：中国政法大学出版社，2002.

23. 江平．民法学［M］．北京：中国政法大学出版社，2000.

24. 崔建远．合同法［M］．北京：法律出版社，2000.

25. 张俊浩．民法学原理［M］．北京：中国政法大学出版社，1998.

26. 姚辉．以案说法民法篇［M］．北京：中国人民大学出版社，1999.

27. 叶京生．美国知识产权案例与评注［M］．上海：上海译文出版社，1998.

28. 李响：美国版权法：原则、案例及材料［M］．北京：中国政法大学出版社，2004.

29. 美国版权法［M］．孙新强，于改之，译．孙新强，校．北京：中国人民大学出版社，2002.

30. 法国知识产权法典（法律部分）［M］．黄晖，译．郑成思，审校．北京：商务印书馆，1999.

31. ［美］阿瑟．R. 米勒，迈克．H. 戴维斯．知识产权法：专利、商标和著作权［M］．北京：法律出版社，2004.

32. ［美］戈尔斯坦保罗．国际版权原则、法律与惯例［M］．王文娟译．北京：中国劳动社会保障出版社，2003.

33. [德] 雷炳德. 著作权法 [M]. 张恩民，译. 北京：法律出版社，2005.

34. 北大法律信息网(http://www.chinalawinfo.com/index.asp)、中国民商法律网（http://www.civillaw.com.cn/default.asp）上的相关案例素材。